承平下的暗潮洶湧

權謀、戰爭與改革，
揭開這個短命帝國的榮耀與悲劇

盛世未竟的隋朝

興隋與亡隋——

譚自安 著

雄才大略與荒誕暴政並存，帝國夢走向破滅！

中央集權、制度創新與統治危機，隋朝為何成為歷史的過客？

目錄

目錄

序

記得我寫的第一部歷史書，取名《只三國不演義》。出版時，被改為《三國那些事兒》。至今仍略有憾焉。

只三國、不演義，一直是我寫史秉持的原則。

很小的時候，因為外祖父是舊時代的私塾老師，家裡便常聚集一些本地的資深老師。這些前輩頗有些舊學根底，談吐之間，歷史故事，信手拈來，引人入勝。不獨我聽得忘乎所以，便連很多村民也常偷閒而來，津津有味……長大後，翻閱了很多史學典籍，猛然發現，外祖父們口中的歷史故事，多為演義中的情節，離歷史的真實還有十萬八千里。而聽眾們都以為那就是真實的歷史——假作真時真亦假。

為何外祖父們不去翻閱史書、從中挖掘出真實的歷史故事，而只是從那些演義之中吸收營養？幾千年來，史學大家層出不窮；史學典籍汗牛充棟，卷帙之浩繁，絕不亞於那些演義之作。

個中緣由，顯而易見：

幾乎所有史書的作者，在修史之時，無不神態莊嚴、正襟危坐，他們非常期盼自己編撰的煌煌鉅著，能被立為鑑鏡、能「使亂臣賊子懼」、能「致君堯舜上，再使風俗淳」。為使君王們能從中汲取教訓以知興替，他們往往在歷史的身上強加了太多的沉重、賦予了太多的使命、抒發了太多的感慨，以至一篇未罷頭

序

已雪。然而，到頭來，朝代的興替，依舊反反覆覆，相同的原料不斷地回鍋翻炒，使得「以史為鑑」四字徒然成為響徹歷史天空的口號。再加上這些史書的文字，大多艱澀難懂。於是，幾千寒熱、兩行血淚，常令讀者如負重前行、不時以手撫膺坐長嘆……

作者苦心孤詣。

讀者滿臉風霜。

何苦來哉。

歷史場面固然波瀾壯闊、歷史故事固然驚心動魄，但歷史細節也妙趣橫生、歷史人物也可親可愛（或可憎可恨）……不如有趣一點，不如輕鬆一下。忙裡偷閒，一卷在手，古今多少事，都付笑談中。

於是，我選擇以輕鬆的方式，不求深入、但求淺出，把數千年往事寫下來，分享給喜歡歷史的朋友。若能讓讀者朋友掩卷之餘，會心一笑，於願足矣。

當然，輕鬆敘述，絕非等同戲說。

我在敘述的過程中，始終秉承「只三國不演義」的原則：以史料為唯一依據，去偽存真，把英雄請下神壇，使人物回歸本色，讓歷史恢復原貌。不再怪力亂神，不再狀智成妖，不再天命悠歸，而是梟雄的拚殺、謀略的博弈、血性的較量、人性的碰撞。讓人們理解到：儘管歷史風雲激盪，世事如棋，滄海桑田，但永遠不變的是人性。

十分感謝一直支持我的讀者朋友！

昊天牧雲

第一章

各懷心事，親朋竟是反對派；相互提攜，元勛力助大隋朝

1

西元581年，是一個歷史的轉捩點。

這一年，北周權臣楊堅完成了從權臣到皇帝的身分轉換，徹底終結了鮮卑王朝在北方一百多年彪悍的統治，成為大隋帝國的開國皇帝，跟南陳政權一起，分治天下。華夏大地成為兩個漢人朝廷的對峙。

楊堅由於憑藉外戚的身分，公然奪權，一舉廢掉北周小皇帝宇文闡而成為九五至尊，得國比較容易。楊堅本人靠父親的功勞上位，自己並沒有什麼豐功佳績，最後成為輔政大臣，居然是靠鄭譯等幾個北周皇帝寵臣來動手腳。而且由於在權臣的位子上待的時間不長，還來不及組建自己的幕僚團隊，直到他宣布就任皇帝的那一天，手下仍然沒有幾個彪悍的親信。

楊堅稱帝時，連他本人都覺得有點沒自信。因為連他女兒對他的做法都很不滿意。他的女兒就是楊麗

華，此前就是宇文贇的皇后。雖然宇文贇還在位時，多次揚言要把她做掉，還揚言把他們楊家全部搞定，讓她時刻都生活在朝不保夕的恐懼之中。當宇文贇死後，鄭譯他們矯詔讓楊堅輔政時，她雖然沒有積極參與，但因為北周的嗣子十分「魯莽」、而且還不是她的親生兒子（宇文闡是宇文贇另一個皇后，天元帝后朱滿月的兒子），她最怕一番忙亂之後，大權會落到其他人的手中——那樣一來，她這個太后就不是普通的慘了。因而當她聽說鄭譯他們矯詔之事，內心還是十分高興的。那時，她覺得有父親為她保駕護航，她就可以在太后的位子上安穩地坐著。沒想到，她這個美好的心情還沒有消停，楊堅就已經在一幫各懷鬼胎的人的運作之下，展開了一個「禪讓」活動，自己登上皇帝寶座，直接坐穩江山。她這個新科太后的頭銜，當然立刻就消失了，心頭非常悲傷，只要還醒著，臉上就全是憤怒和悲傷交錯的表情。

楊堅看到女兒的這個表情，覺得也很對不起她，覺得總是讓她當個廢太后，就更不像話了，於是就下詔改封她為樂平公主。於是，楊麗華從原太后變身公主。她怎麼想都覺得身分尷尬，而且更對不起宇文氏。她到這個時候，更把自己當成宇文氏家中的人。

楊堅以為自己已經改封她很久了，宇文氏在她心目中應該已經淡出，於是就勸她改嫁——雖然是喪偶再婚，但畢竟是皇帝的女兒。俗話說，皇帝的女兒不愁嫁。

沒想到，楊麗華堅決不同意，既然嫁了宇文氏，就必須從一而終。楊堅看到女兒態度十分堅決，也沒有辦法。

楊堅終究覺得虧欠女兒太多，就決定在她女兒身上做點補償。楊麗華嫁給宇文贇之後，只生了一個女兒，叫宇文娥英。眼看這個原北周公主到了婚嫁年齡，楊堅就下了一道聖旨，為她隆重擇婿。這一次徵婚，並不是向全國適齡青年，而是本著門當戶對的原則，徵婚的範圍只限於朝廷的貴公子們。

這個聖旨一下，每天到弘聖宮聚集等待面試的官二代帥哥們都有一百號人。

楊麗華雖然對自己再改嫁來個堅決不從，但對女兒的終身大事，還是十分關心的。她每天都坐在帷帳之中，考核這些貴公子。這些考生也像現在很多求職的資優生一樣，先文情並茂、文采飛揚地進行一番自我介紹——當然，重點還是介紹自己的家世，著眼點都在靠爸。然後由楊麗華出題，考他們的才藝——總不能讓自己的女兒嫁給一個只有個顯赫的家世、成堆的金銀，卻什麼才藝都沒有的人——那會多無趣啊。她一一目測之後，覺得不合適的，就讓人帶走，直接宣布淘汰。直到，她看到李敏時，才覺得很滿意。李敏就這樣成為楊麗華的乘龍快婿。那些競爭對手無不向他投去嫉妒的目光。

李敏當然也心情大好。此時，所有的人都不會想到，多年之後，其結局不是普通的慘。當然，這是後話，以後再談。

如果只有這個原太后女兒不開心，也沒有什麼。可是連榮建緒對楊堅的「禪讓」也很不開心。他是楊堅的老朋友。楊堅展開「禪讓」的準備工作時，榮建緒已接到任命書，準備到息州當刺史。他正要出發，楊堅對他說：「老朋友不必這麼忙，再等一等，我們可以共享榮華富貴。」此時，楊堅正迫切地需要幕僚，他認為自己這麼一說，老朋友就會爽快地留下來，與他一起「共享富貴」，沒想到，老朋友卻臉色大變，說：「大哥說的這些話，我很不願意聽。」害得楊堅萬分尷尬。

當然，榮建緒雖然把話說得很絕，好像自己是當代的伯夷、叔齊一樣，可是等到老朋友真的對北周朝廷篡位奪權後，他並沒有跑到首陽山那裡來個不吃「隋食」，而是繼續當他的地方大官，而且也還跟別的刺史一樣前來朝見楊堅。楊堅一看，你不是說不想要我的富貴嗎？怎麼現在又來了？他當場對榮建緒說：「老朋友，你現在後悔了吧？」

榮建緒雖然骨頭的硬度不高，但嘴巴的硬度卻很高，楊堅的話才一落，他就一邊叩頭一邊說：「陛下，我雖然比不上徐廣，但跟楊彪當時的情形一樣。」

這話聽起來，好像不怎麼激烈，可是你要是熟識徐廣和楊彪，就會知道這話對楊堅的刺激有多麼巨大。徐廣是東晉祕書監，也是《晉記》的作者，更是司馬氏的幕僚。當年桓玄篡位、晉安帝被迫從皇宮裡搬出時，別人都不敢表露態度，而他卻陪著晉安帝從宮中一路走來，而且一路痛哭，悲痛的程度比晉安帝還要高（晉安帝司馬德宗是個白痴，又是個啞巴，表情一點也不豐富）。後來，劉裕代晉、晉恭帝禪讓時，徐廣又一次放聲大哭。那一段時間，大家看到的他，都在淚流滿面。謝晦對他說：「你天天這麼以淚洗面，不值得，也有點過分了吧。」他卻說：「我跟老大不同。老大是新皇帝任命的佐命之臣，當然心情爽快。我深受大晉的厚恩，怎麼可能忘記舊主？」

劉裕並不因為徐廣不忘舊主就下令把他做掉，而是又任命他為中散大夫。可是他卻堅守自己的原則，堅決不做劉宋的公務員，上表堅辭劉裕的任命。劉裕好人做到底，同意了他的請求，然後賞賜他很多錢財，讓他的日子過得很優渥，而且一直活到元嘉年間，死的時候已七十四歲。

至於楊彪，很多人都知道。楊彪對漢朝很忠心，即使在獻帝落難時，仍然緊隨左右，好幾次差點被郭汜和曹操砍死，但又都被人救了下來。後來，曹氏父子對他還是很禮遇的，但他卻很不願領曹氏父子之情。黃初二年，曹丕想任命楊彪為太尉。但楊彪仍然推辭，而且理由就是：「我曾當過漢朝的三公，這些年來，國家動盪不安，我卻不能為漢朝立有一點功勞，如果現在又做大魏的臣子，於國於己，都不是件光彩的事。」如果這話對著別人講，楊彪那條老命就會當場被宣布終止。但曹丕卻不為難他，而是收回成命，然後讓楊彪繼續活下去，待之以禮，還賜他延年杖、馮幾。這麼一連串的待遇下來，讓楊彪也不好意思再嘴硬下去了。於是，曹丕又拜他為光祿大夫，品級為中二千石，朝見時，班位僅次於三公（原本讓他當太尉，現在待遇低了一級）。結果楊彪活到八十四歲才掛掉。

你把這兩人的經歷和結局拿來一比照，就知道這兩位老人家完全可以配得上「老奸巨猾」四個字，利用皇帝的虛榮心，在保住幸福生活的同時，還獲得巨大的聲名——這可是當時很多士大夫做夢都想得到的啊。

現在榮建緒居然把自己比作這兩人，楊堅一聽就氣爆了——原來你這個老朋友居然明目張膽地學楊彪學徐廣，只想拿到好處，卻不願公開做自己的親信——楊堅正需要幫手時，老朋友卻在大庭廣之下放出這個嘴臉，別人還會跟自己保持一致的高度嗎？楊堅當場就發飆起來，指著榮建緒的鼻子大聲說：「朕雖然沒有讀太多書，不知道這些書上的典故，但也知道你這是在對朕不恭敬。」

大家知道，「不敬」之罪向來是大罪。這個帽子一扣上來，在場的人都嚇得手心全是汗。榮建緒也不敢再說什麼了。他把徐廣和楊彪的故事擺出來，大概也是想讓楊堅這個老朋友像劉裕和曹丕安頓那兩個人一樣處置他，他就靠這個佳話，活得比所有大臣都舒適。沒想到，卻惹得老朋友龍顏大怒起來。當然，這個細節也有另一個版本，說是楊堅聽了之後，並沒有大動肝火，而是笑著說：「朕雖不解書語，亦知卿此言不遜也。」當然，不管是勃然大怒，還是強作笑顏，楊堅此時的心情一定是不愉快的。當然不愉快的楊堅還是很要面子的，沒有因此加罪於老朋友，繼續讓他當刺史，最後榮建緒一直領著高官的薪資到死的那一天。

除了這兩個反對派外，還有一個反對者。

也是個婦女界人士。

她是竇毅的女兒。

可能很多人對竇毅有點不熟悉。

竇毅的來頭其實是很大的。

他是宇文泰的女婿。曾經跟隨宇文泰參加過殲滅竇泰之戰以及著名的沙苑之戰，立有大功。後來，在出使突厥時，當面譴責突厥可汗的兩面三刀，迫使突厥轉變立場，繼續成為北周的盟友，挫敗了北齊聯合突厥對抗北周的圖謀。他也因此立功而受封上柱國，進入最高決策層。宇文泰當年設定的最高決策團隊就是史上有名的「八柱國」。史上第一代八柱國的名單是：宇文泰、元欣、李虎、李弼、趙貴、于謹、獨孤信、侯莫陳崇。

這個團隊基本上囊括了當時最生猛的歷史能人。宇文泰是大權在握的老大，元欣是北魏貴族裡最先緊跟宇文泰的人，就因為選擇正確，得以成為八柱國裡排名僅次於宇文泰的大老。但他的水準有限，宇文泰對他很是放心。他在北周時期，占著大位毫無作為，但以他為代表的元氏家族卻在這個時代又興旺發達起來。他們在北周代西魏時，不但絲毫沒有表現出不滿的情緒，反而在宇文氏坐穩天下後，還與宇文氏頻繁通婚，權勢一點也沒有被削弱。當然，到楊堅取代北周時，元氏家族的代表人物元胄又堅定地站在楊堅的立場上，為楊堅篡周立下了大功。

趙貴在生前就非常活躍，為宇文氏立了很大的功勞，也深受宇文泰的器重。可是在宇文泰死後，不服宇文護，聯合獨孤信準備作亂，但由於獨孤信在最後關頭猶豫，喪失良機，於是兩人都被砍了頭。趙貴這一族就此消失。

八柱國中，被宇文護砍頭的除了趙貴和獨孤信之外，還有那個侯莫陳崇。侯莫陳崇是標準的鮮卑猛人，出身武川，先是緊隨賀拔岳，一路衝鋒在前，表現得十分勇武。後來歸附宇文泰，成為宇文泰的幹將。在宇文泰接過賀拔岳的班時，發揮至關重要的作用。宇文泰死後，他雖然沒有像趙貴那樣，要咬牙切齒地謀劃以武力推翻宇文護的反動統治，但他並不看好宇文護。只是他城府不深，居然把這個想法洩露了出來。北周保定三年，他隨宇文邕到原州視察時，還沒有完成既定議程，宇文邕就在深夜突然返回長安。大家都感到驚奇。因為當時仍然是宇文護當權，宇文邕只是掛名的法人代表，做事無需如此急促。侯莫陳崇並不驚奇，他悄悄地對自己的一個親信常昇說：「我曾聽某些大師說過，宇文護老大今年的命運不怎麼吉利。現在皇上突然連夜回京，看來晉公（宇文護）真的已經掛了。」

本來，侯莫陳崇的這個「爆雷」，也跟演義裡楊修說的一樣無聊，並沒有什麼政治野心，而只是為了表現一下自己的聰明，有從表象看穿本質的能力。沒想到，常昇也是個口無遮攔的人，沒多久，這些話就以小道消息的形式到處傳開。結果宇文邕也知道了這件事。

宇文邕當時正活得如履薄冰，突然聽到這些話，怎麼可能不勃然變色？宇文邕馬上在大德殿召集公卿，當眾猛批侯莫陳崇。侯莫陳崇在權力場上打滾多年，一看這個局勢，立刻知道自己真的危乎殆哉了。

他這才真切地領會到「禍從口出」的深刻含意。這個曾經在戰場上，衝殺在第一線的職業軍人，這時已經面如土色，汗如雨下，不斷地叩頭請罪。

宇文邕把他當眾罵了一輪之後，並沒有對他怎麼樣——宇文邕其實比他更盼望宇文護死去。但宇文護對侯莫陳崇的憤怒程度就無比巨大了。他自從當權臣的第一天起，心裡本來就對宇文泰配置的八柱國疑心重重。現在八柱國中，就侯莫陳崇碩果僅存了，如果不除，他仍然寢食難安。只是侯莫陳崇向來只是一個職業軍人，除了到戰場上死拚之外，並沒有什麼把柄讓他握住，這才讓侯莫陳崇活到今天。現在他居然說出這樣的話來——這可是自己找死的話啊，我不殺你還真對不起你了。他也不公開侯莫陳崇的罪狀，當天夜裡直接派兵包圍侯莫陳崇的豪宅，然後逼他自殺。這個曾經滿臉橫肉在戰場上揮刀砍人如麻的戰將，最後只能一臉絕望地橫起大刀抹向自己那粗壯的脖子，一死了事。他一輩子都表現得很純樸，硬要在這個時候表現一下聰明，結果聰明反被聰明誤。

八柱國中，于謹的結局很不錯。他幫宇文護穩住了權力根基，深得宇文護的信任，得以在決策層裡壽終正寢。于謹的兒子于翼也是個猛人，很早就跟宇文泰打，在他父親死後，自己也成了柱國。他還有一個身分就是宇文泰的乘龍快婿。按他的這個經歷以及他的身分，他應該是宇文氏最堅定的衛士。可是當楊堅作亂、三大總管起來跟楊堅對抗時，他卻堅定地站在楊堅的立場，為楊堅穩定局勢作出了巨大的貢獻。于氏家族雖然在于翼之後，沒有什麼傑出人物，但其家族在隋朝，還是比較旺盛。

除了這幾個柱國外，還有李虎、李弼和獨孤信三個柱國。這三個柱國生前雖然比不上于謹他們那麼活躍，但這三個人在南北朝時期羅織的關係網，成為之後很長一段歷史時期中最厲害的力量。看看這個關係網的組成，你就知道它有多厲害了：李虎是李淵的爺爺。李弼則是李密的爺爺。獨孤信雖然死得有些狼狽，但他留下的遺產卻十分可觀：他既是楊堅的岳父，又是李淵的外祖父。後來的歷史方向盤都是由他的後代掌握。

可以說，宇文泰網羅的八柱國是當時最厲害的政治組合。

竇毅雖然不是第一批八柱國的成員，但他在老一輩柱國們凋零之後上位，其權力也是不可小覷的。他雖然是宇文泰的女婿，但在楊堅推翻他岳父開創的大周政權時，他並沒有為宇文氏拚死到底，而是認清形勢，站到楊堅的立場上。竇毅雖然已經轉換成大隋王朝的權貴，但他的女兒在這方面一點不跟他保持一致的觀念。她出生於這樣家庭，從小就過著幸福的生活。她的舅舅就是北周武帝宇文邕。據說這個美女剛出生就長髮過頸，三歲時頭髮已經與身高一樣長了——這個傳說你相信嗎？但不管你信不信，史書就是這麼寫的。她的舅舅看到她太可愛了，就讓她入住宮中，親自撫養，讓她享受公主的待遇。

她雖然過著公主的幸福生活，但她的見識卻遠遠超過一般公主。她才六七歲的時候，就勇於勸說他的舅舅。大家知道，當時北周為了對抗北齊，就跟突厥弄了一個和親政策，宇文邕娶了突厥公主為妻。可能是這個突厥公主長得並不怎麼養眼，身體很健壯又性格不溫順、顯得沒有受過太多教育，因此宇文邕並不怎麼喜歡她。可能很多人都認為，這是宇文邕個人感情的事，跟別人無關。可是年幼的竇妹妹卻知道，舅舅跟皇后不和諧，就是北周跟突厥的關係不和諧。跟突厥的關係一緊張，聯突抗齊的策略意圖就等於打了水漂。她直接就過去責罵舅舅，要求舅舅為了國家的未來，一定要克服這個心理障礙，去跟皇后恩愛一點，舅舅你在後宮裡，多付出一點愛，北周的安全就多一層保障，舅舅別的可以任性，但這個萬萬任性不得啊。她的原話是這樣的：「四邊未靜，突厥尚強，願舅抑情撫慰，以蒼生為念。但須突厥之助，則江南、關東不能為患矣。」

宇文邕一聽，不由得愣住了，這小外甥女居然能說出這些話來，而且這些話說得太有道理了，便「深納之」。

這件事情很快就被他的父親竇毅知道。竇毅第一時間的反應是大為驚異，然後斷定他的這個女兒絕非尋常之輩，立刻對他的妻子宇文氏說：「我這個女兒真不普通，千萬不要隨便讓她嫁個平庸之輩。一定要幫他找個好的帥哥。」

到隋朝取代北周時，竇美女的父親不敢說什麼，乖乖地當了大隋的高官，但她卻不服氣。當她聽到楊堅受禪的消息時，氣憤得撲倒在殿階下，痛哭著說：「恨我不為男子，救舅氏之患。」

竇毅和她的母親一聽，大驚失色，急忙上前捂住她的嘴巴，說：「好孩子，你不要亂說了。這會招來滅族之禍。」

此時，她才十一二歲。

竇毅夫婦對她就更另眼相看了。

後來，竇毅決定為她找女婿時，果然沒有像別的人那樣，挑個門當戶對、然後來個媒妁之言，把她嫁進豪門就萬事大吉，而是弄了一個別開生面的徵婚方式。這個方式，通俗一點說，就是比武招親。當然這個比武招親並不是設個擂臺，讓帥哥們在擂臺大展拳腳，打個你死我活之後，誰勝誰就跟美女喜結良緣，而是把遊戲設定得很特別：在門屏畫兩隻孔雀，求婚者每人發兩支箭，誰射中孔雀的兩隻眼睛，誰就可以攜手美女雙雙把家還。公子們知道之後，都前來應徵。可是當他們嗖嗖地把兩箭射過去之後，才發現沒有一支箭射中畫裡的孔雀眼睛，都灰溜溜地離開現場。

最後一個帥哥上場。

這個帥哥就是李淵。

大家已經知道，李淵就是八柱國之一李虎的孫子。《新唐書》裡也幫他編了個與眾不同的地方：體有三乳。至於這三乳到底有什麼作用，書裡就不再解釋了。反正他就是與眾不同。由於他父親死得早，他在七歲時就繼承了李昞唐公的爵位。他雖然很早就成為沒爸爸的孩子，但生於這樣的家庭、再加上他母親跟楊堅的皇后又是姐妹，他的生活是不用愁的。當他聽說竇毅為美女徵婚時，也前去試試。不過，他的動作有點慢，他趕到現場時，那些大家公子都已經把兩箭的指標射完，垂頭而出。這時竇毅看到所有的人都已經被淘汰出場，可能心裡都有點涼了——如果沒有人能射中畫屏裡的孔雀眼，他這個才貌雙全的女兒豈不嫁不出去了？當李淵入場時，竇毅心裡應該也沒有多大把握了。身為朝廷的上柱國，他當然認識這個前上柱國的孫子，知道他家的門第也顯赫，但好像李淵小時候並沒有做出什麼讓人眼睛一亮的情節來。只怕他上場之後，兩箭射過去，也會像其他人那樣全部脫靶。

李淵的抗壓性很不錯，看到一大幫競爭對手雖然來得很早，但都已經交了白卷，心裡大喜，健步上前，領取了兩支箭，在大家的注視下，嗖地射過一箭。那些準備喝倒彩的人，耳裡聽到利箭中靶的聲音，定睛一看，只見箭尾顫個不停，而箭頭已經深深地插入孔雀的一隻眼睛。那些準備噴薄而出的幸災樂禍的聲音一下就被堵塞在喉頭，噎得眼珠都暴突出來。

李淵不慌不忙，再次拈弓搭箭，向孔雀的另一隻眼睛射去。強弓聲響中，那支箭直直破空而去，果然穩穩地射中屏雀的另一隻眼。

竇毅開心得差點跳起鮮卑大舞來。

於是，李淵就順利成為竇毅的女婿，與竇美女結成百年之好。之後，這對夫妻先後生下了四個兒子：李建成、李世民、李元吉、李玄霸！

你想想，如果李淵這兩支箭沒有射中，他能得到這個老婆嗎？他能生出李世民這個歷史嗎？可以說，中國後面的歷史過程，就是靠李淵這兩箭射出來的。這次徵婚，最後還留下了一個成語：雀屏中選。

竇美女對大隋有著刻骨的仇恨，這對李淵父子後來的觀念一定有著非常大的影響。

當然，她現在人微言輕，除了在自己家裡發洩一些強烈的仇恨情緒之外，對楊堅不會造成一絲一毫的影響。

2

反對楊堅的這三個人，一個是他的女兒，一個是他的老朋友，另一個是他老同事的女兒，而堅決充當他親信的卻是兩個從北齊那邊轉換身分來的能人。

一個是李德林，另一個是高熲。

李德林原本是北齊的名士。他也是個官三代，其父李敬族曾任太學博士、鎮遠將軍。李德林還很小的時候，就表現得十分聰慧，才幾歲的時候，就拿起左思的〈蜀都賦〉來讀，讀了十多天，就已經爛熟於心，把每個字都刻進了腦細胞。當時北齊的能人高隆之看到之後，大為驚嘆，然後到處為他傳頌這個神奇的故事，之後還下了個結論：「若假其年，必為天下偉器。」

高隆之這麼一打廣告，弄得鄴城各界人士的神經都被挑動起來，紛紛跑到他的家裡，像參觀外星人一樣去看看這個神童到底長什麼樣子。據目擊者說，那個月裡，他家門前的停車場上每天都停滿了車，家裡擠滿了參觀的人。

從他的這個表現上看，他的名氣比後來的仲永還要厲害得多。不過，這個神童後來並沒有成為仲永。他十五歲後，就已經開始大量閱讀經典文集，每天的閱讀量都幾千個字。大家不要以為幾千個字是很少的——現在很多學生一個晚上在被窩裡都能看完一本厚厚的科幻小說，看完之後還能講得口沫橫飛、不亦樂乎，那時讀的可都是文言文啊。要把幾千字的文言文讀懂讀通，絕非易事——就是當時的很多學者，為了替某部經典訓詁作注，往往要花掉一大半輩子的精力。這麼一番苦功下來，李德林對古代典籍、天文地理、陰陽之學，無不通涉。他不但學問越做越強，知識越來越淵博，而且還「善屬文」，寫出的文章，文辭懇切、思路清晰、行文流暢。

沒多久，高歡的文膽魏收讀到他的文章後，也是大為興奮，大聲對李德林的父親說：「賢子文筆終當繼溫子昇。」魏收身為北時東魏最厲害的作家，高歡幾乎所有的文書都由他起草和把關，向來十分自負，而他才一接觸到李德林的大作，就表現得如此驚豔，直接把李德林比作溫子昇。可能很多人對溫子昇不怎麼熟悉，但一定知道他的爺爺。他的爺爺就是東晉的名臣溫嶠。當然到他出來混的時候，東晉已經成為歷史，他已經成為北魏人。北魏孝明帝元詡初年，朝廷在全國選拔一批才子補足御史之職時，全國共有八百人應徵。一個職務八百人來搶，比現在的公務員考試還要難多了。而溫子昇最後名列前茅，毫無懸念地被補為御史，一時間名聲大噪，成為當時無人能及的名人。而他當時年僅二十二歲。他的詩文與當時的邢劭齊名，大家把他以及邢劭、魏收一起稱為「北地三才」。在這「三才」當中，他的名氣又是最大的。當時北魏的濟陰王元暉認為，溫子昇的詩文超過南朝的謝靈運和沈約這兩個文壇大老。後來，蕭衍讀到他的作品之後，也伸出大拇指，由衷地誇讚：「曹植、陸機復生於北土。」南朝的另一個大才子庾信出使北時，讀到他作的〈韓陵山寺碑〉也是讚嘆不已。他出使回來之後，有人問他對北地的文人有什麼看法？他哈哈一笑：「唯有韓陵山一片石堪共語，薛道衡、盧思道少解把筆，自餘驢鳴犬吠，聒耳而已。」這幾句話，把江南名士的狂放姿態表現得很到位。不過，他還是很認可溫子昇的水準。在這裡，他又為我們創造了一個「驢鳴犬吠」的成語。溫子昇的其他故事，在拙作《道不盡的南北朝》一書裡，已經敘述。南北兩朝的大文人，對溫子昇都這麼誇讚，可見溫子昇當時的文名有多高——稱為北地第一才子，也毫不過分。現在魏收直接把李德林比作北地第一才子，可見李德林的水準，真不是蓋的。

按照李德林的這個聲勢發展下去，他在北齊的前途一定無限光明。可是當他十六歲時，他的父親突然因病死去。父親之死，對於這個大才子而言，完全可以稱得上最為沉重的打擊。他雖然官二代，但他的家庭並不富裕。十六歲的李德林萬分悲痛，親自駕著牛車，護送父親的靈柩回故鄉安葬。他在守孝期間，更是嚴格遵守當時的風俗。當時的風俗是，父母去世後，孝子在治喪期間都要穿麻衣孝服，並光著腳。當時正好是臘月，麻衣是很薄的。北方的寒冷程度大家都是知道的。因此，大家都勸他穿上棉衣棉鞋，別把自己也凍死了。可是少年李德林就是不聽，每天仍然穿著薄薄的麻衣、光著雙腳在父親的墓前，盡著孝禮，一直堅持到喪事的結束。這事一傳開，他的名氣又廣泛地傳開，讚美之聲不絕如縷。當時，有一個叫崔湛的高官，正休假在家，聽到李德林的故事後，立刻感動得不能自持，帶著一大批貴重的禮品親赴李德林家弔唁，要見識一下這個人人稱頌的大孝子兼大才子。他當時要見李德林的心情太急切了。他們家離李家的路程有十多里，按照正常騎馬行走，也不用花多少時間，完全可以悠閒而去。可是他為了盡快見到這個心儀的少年才子，才一翻身上馬，就策馬如飛，一路風馳電掣，也不管後面的隨從能否跟得上。當他一口氣跑到李家門前時，他那匹馬儼然已經累得要跪下來，而他身後也只有五個隨從跟得上，那一批貴重禮品更是還在幾里之外的路上。崔湛說，只有這樣，李德林才不會責怪他太炫耀。這個情節又幫李德林增添了一個佳話，讓大家繼續傳頌。

當然，他在居喪期間雖然佳話美談不斷，可是父親之死，卻斷了他生活的來源，而且他的母親又抱病在身，使得他的生活直接從官二代落入窮一代的境地。李德林並沒有氣餒，生活可以清貧，但志向不能下跌。他繼續咬著牙關，努力鑽研學問，不斷豐富自己的知識。一段時間過去後，母親的病也有所好轉。母親看到他再這樣下去，他們全家就會餓死，就逼著他去當公務員。他被母親一逼，心裡立刻樹立起「治國平天下」的偉大理想，從此之後熱衷於仕途，決心拚盡全力到官場上大顯身手。

這時，他早已是北方無人可比的大名士。有了那麼隆重的廣告效應，很多大老都爭著把他攬入麾下。定州刺史高湝聽說他要出仕之後，在第一時間把他召入州館。高湝絕對是李德林的超級粉絲。小李入館之後，高刺史一天到晚都來到州館，跟神童偶像聊天，最後聊成忘年之交，聊得情同手足。

聊得情同手足之後，高刺史認為，李老弟如果只在定州這裡，實在太屈才了，就對他說：「老弟。我有一言相告。你是大大的人才，我真盼望你天天跟我在一起，跟我聊天。可這樣一來，就大大地浪費和埋沒了人才。浪費錢財、浪費時間都是非常大的犯罪，而浪費、埋沒人才，更是罪該砍頭。現在你在這裡跟我混，雖然朝廷還沒有派人指責我，但我也怕冥冥之中受到神靈的怪罪啊。」

李德林來到定州，本來就是要當官的，而當官最便捷的途徑就是到首都官場混。他聽了高老大的話後，心裡高興得要命。要知道，高湝可是高歡的兒子啊。高湝說過這番話後，就在天保八年（西元558年），親自處理，透過推舉秀才到朝廷參加考試的方式，把李德林當作秀才推薦到鄴城。當然，他並沒有推薦過就完事了，他還替時任尚書令楊遵彥寫了一封信。他在這封信裡是這樣說的：「燕趙固多奇士，此言誠不為謬。今歲所貢秀才李德林者，文章學識，固不待言，觀其風神器宇，終為棟梁之用。至如經國大體，是賈生、晁錯之儔；雕蟲小技，殆相如、子雲之輩。今雖唐、虞君世，俊乂盈朝，然修大廈者，豈厭夫良材之積也？吾嘗見孔文舉〈薦禰衡表〉云：『洪水橫流，帝思俾乂。』以正平比夫大禹，常謂擬諭非倫。今以德林言之，便覺前言非大。」把李德林大大地誇了一番，說他治國理政的水準可以跟賈誼、晁錯同列；文章水準則完全可以跟司馬相如等人相比，是真正的國之棟梁。

楊遵彥此前也聽說李德林的故事，現在看到高老大如此不吝讚美之辭，心裡就更充滿了好奇之心，著實想眼見為憑一番。他當場要李德林寫一篇〈讓尚書令表〉。

李德林當然沒有推辭，拿過筆來，伏案疾書，而且「援筆立成，不加治點」。也就是說，李德林只用片刻的功夫就把這篇文章寫好，而且從頭到尾一氣呵成，不做絲毫修改。

楊遵彥一看，果然大呼過癮。他覺得如果光自己一個人看到這樣的美文，實在是太自私了，便拿著李德林的美文來到吏部郎中陸卬那裡，讓老陸也分享。老陸看過之後，更是拍案叫絕：「已大見其文筆，浩浩如長河東注。比來所見，後生製作，乃涓澮之流耳。」陸卬是吏部郎中，做的就是考核官員的工作，看到李德林的水準之後，馬上斷定小李以後必成大器。於是，就要求他的兒子多與李德林交往，而且還告誡他的兒子說：「汝每事宜師此人，以為模楷。」

那時侯的考試，要求還是很嚴格的。雖然設有一等甲科，但很少有人能被選入一等甲科。而且主考員又是楊遵彥。老楊做事比別人更嚴。在這場比拚中，李德林不光在治國方略等科目中樣樣名列第一，就是騎射也是無人能及，終於進入甲科。

照理說，有了這些鋪陳，現在又考了個全國第一，他一進官場，就完全可以飛黃騰達。沒想到，最後朝廷只授了他一個殿中將軍。這個官名看起來，好像很拉風，其實是一個既沒有實權又沒有具體事情可做的散官——跟領空餉差不多。李德林去當官，可不是只想搶個鐵飯碗混飯吃，而是要實現自己「治國平天下」的偉大理想，因此他對這個職務很不滿意。可以說，當他拿著高湝的推薦信、信心滿滿而來，又在楊遵彥的面前有了驚豔的表現，再考了個全國第一，他的信心是十足的。可是最後卻是這個結果，讓他心裡涼了半截。他再次評估北齊的政權，覺得此時已經處於「天保季世」，跟高洋這樣的皇帝混下去，也不會混出什麼名堂來，於是他稱病辭官，又回到老家那裡，繼續關起門來讀書，過起了逍遙的清貧生活。

不過，楊遵彥仍然沒有忘記他。兩年之後，楊遵彥奏請朝廷，說讓李德林這樣的青年才俊在家賦閒，實在是浪費人才，不如把他召到朝中，讓他商議國事。

於是，李德林又成為朝廷命官。

沒多久，高演即位，李德林被派到晉陽。大家知道，鄴城雖然是首都，但北齊真正的權力中心卻是在晉陽。李德林看到自己被分配到晉陽，心情還是有點小得意的，文思就泉湧起來，寫了一篇〈春思賦〉。這個作品一面世，就被人們廣為傳頌，人人都說整篇文章極盡典雅華麗之能。

沒多久，高湛又看上了他。高湛是高演的弟弟，更是高演的同盟軍，全力配合高演廢掉高殷，奪得皇位，在北齊權勢熏天。此時，他的職務是宰相。他把李德林調回鄴城，與高湛的另一個心腹高元海等人共掌機密，進入了決策圈，並任命他為丞相行參軍，成為高湛親密同袍之一。

這一次，他算是跟對人了。因為沒多久高演就死去，高湛即位成為新皇帝。之後，他在高湛一朝中，不斷得到提拔，一直做到通直散騎常侍，與當時的中書侍郎、副侍中趙彥深一起「別典機密」。當他在官場上春風得意的時候，他的母親卻病逝了，他只好離職守喪。李德林絕對是個大孝子，在守喪期間，悲痛得「勺飲不入口五日」——連續五天粒米不進、滴水不沾。他的父親去世時，正值嚴寒，而母親去世則就是炎夏時節。他熱得遍體生瘡，而依然「哀泣不絕」。他的朋友陸騫和宋士素看到他這樣，就跟當時的名醫張子彥一起，幫他調製湯藥，可是他卻拒絕服用。大家看到他都已經渾身紅腫、滿目瘡痍了，還這麼硬撐下去，真擔心他會死去。可是幾天一過，他竟然奇蹟般地痊癒了。所有的人都認為，這是因為他那一片孝心，感動了老天爺。

太傅巴叔仁覺得光是稱讚李德林的事蹟是遠遠不夠的。他上奏朝廷，把李德林感動北齊的事蹟全部敘述了一遍。朝廷嘉獎了李德林。當時，高湛真的很需要他。在他守孝剛滿一百天，就對他來個「奪情起復」，也就是強行命令他出來工作。他以身體太過虛弱為由，又奏請辭官回鄉。

高湛雖然壞事基本做絕，但卻很喜歡被歌頌。他有這個嗜好，手下就一定會有歌功頌德的大臣。中書郎中杜臺卿很快就獻上了一篇〈世祖武成皇帝頌〉。高湛一看，老杜雖然寫得工整用心，但因為能力有限，還不夠肉麻，叫和士開拿著這個文稿去找李德林，要求李德林重新操刀。李德林馬上進獻頌書十六章，把高湛寫成古往今來獨一無二的大聖君，堯舜都要稍遜一籌。高湛讀得全身細胞都活躍起來，臉上滿滿是幸福的笑容，大聲叫好，這才是大文豪啊。當場獎勵李德林一匹名馬。

可以說，李德林在暴虐的高湛手下，混得真是風生水起，一路高歌。

他在這個時候，只想著如何把官做得更高更大，因此不但努力工作，而且人際關係也處理得不錯。即使性格怪異又非常高傲的祖珽，對他也很尊重。一些祖珽的親信看到祖珽很厚待李德林，心裡就不服，便對祖珽說李德林是趙彥之的朋黨，萬萬不可相信。

祖珽卻說：「呵呵，我還嫌趙彥深待李德林不厚呢。以後內省的文件，都可以託付給他。你們不要亂說他的壞話。」

沒多久，李德林被提拔為中書侍郎。

再沒多久，宇文邕東征，滅了北齊。宇文邕是一個很重視人才的君主。他早就聽說過李德林的名字，宣布抹掉北齊之後，他做的第一件事就是積極招攬北齊朝廷的人才。對於李德林，宇文邕早已如雷貫耳。因此，李德林是宇文邕重點招攬的人員。宇文邕進入鄴城的第一天，就派小司馬唐道和跑到李德林家中，把李德林請過去跟他見面。

李德林看到宇文邕這麼看重自己，當然很感動——此前，他效力的北齊朝廷，幾個皇帝和權臣對他都十分重用，但這些皇帝都是史上少有的奇葩而暴虐之君，身邊活躍著一堆壞事做絕的奸臣，政治生態十分惡劣。他躋身其間，除了能表現一下自己的文才，其他拳腳是無法施展的。雖然日子過得很舒適，在人前人後，也很拉風，但心情一定不會太暢快。現在看到宇文邕這麼看重自己，他也知道宇文邕是當世少有的有為之君，跟這樣的主公混，一定會讓自己的抱負得到實現。他馬上帶著感激之情，跟唐道和到行轅中拜見宇文邕。

宇文邕跟李德林一談之下，不由得佩服，盛名之下，果有其實。當時，北周還在執行著宇文泰制定的制度，比如那些官名，幾乎都抄襲著北周的設定。宇文邕覺得這個制度已經有點不適合當今社會發展的需求了。他知道，北齊高氏的官制全部承襲了原北魏的官制。而北魏體制的設定，全由南朝投奔過來的王肅操刀，跟漢魏以來的體制一脈相承，跟北周有著很大的不同。因此，他又向李德林了解北齊的政治、教育等制度。兩人在內省談了三天三夜。宇文邕啟駕回長安時，也把李德林帶回去。到長安之後，宇文邕任命李德林為內史上士，主要負責草擬詔書以及其他重要文告。李德林另有一個工作就是負責選用原北齊人才。

李德林在長安獲得了宇文邕非常大的信任，超過他在北齊時的境遇。

宇文邕對李德林的能力和工作效率十分滿意，他曾用鮮卑語對大臣們說：「我常日唯聞李德林名，及見其與齊朝作詔書移檄，我正謂其是天上人。豈言今日得其驅使，復為我作文書，非常大異。」他覺得李德林所撰寫的詔書和文告好到不可思議的地步。

紇豆陵毅說：「我聽說聖明之主，如果得到麒麟鳳凰這些所謂的祥瑞之物，那是為聖德所感。可是這些瑞物來了之後，又有什麼大用呢？現在李德林能來接受陛下的驅策，也是因為陛下聖德感致啊。陛下得到李德林，既是瑞詳又能大用。可以說，得到李德林，勝於麒麟鳳凰遠矣。」

如果宇文邕不那麼短命，李德林之後在歷史上的作用，將會是另一番模樣。

但宇文邕滅北齊沒多久，自己也英年早逝了。

宇文邕一死，曾經顯得生機勃勃的北周王朝也直接陷於動盪不安的亂局當中，宇文贇一接大權，立刻就縱欲無度，一天到晚都在胡來，大家對北周都感到無比絕望。楊堅就是在這樣的局勢下，開始打造自己的權力基礎，做好代周的前期準備工作。他這時最需要的是人才。他比誰都知道李德林是個大才。當他成為北周的首席大臣之後，就迫不及待地要把李德林拉進自己的朋友圈。他派楊惠去當李德林的說客。

李德林經歷過好幾任奇葩皇帝，可說是閱人無數，從政經驗無比豐富，老早就看出宇文贇會把北周弄死，對北周王朝也已經絕望，也老早就斷定以後這個天下將是楊氏的天下。這時，得到楊堅的盛情邀請，不由大喜過望。他也不再說什麼場面話，直接就把自己的態度鮮明地表達出來：「德林雖庸芃，微誠亦有所在。若曲相提獎，必望以死奉公。」此前，他事過幾朝皇帝，雖然也盡心盡力，但從沒有說過以死相報之類的話。這次，他直接把自己變成了楊堅的心腹。因為他知道現在只有楊堅可以依靠，更知道現在楊堅迫切需要心腹。

楊堅馬上把李德林召入府中，共商大計，成為楊堅的頭號謀主，後來，李德林在楊堅的奪位活動中，屢獻奇謀。而且他在為楊堅處事日常事務中，精力旺盛、思維系統運轉得飛快，各種軍事文書，都經過他的手，早晚從不停歇，一天之中，處理的事務超過百件。有時戰機緊迫，幾件事需要同時處理，他就把幾個祕書叫來，同時口授給他們，意思各自不同，出口成文，準確無誤，從不需要修改。

在這個時期，李德林成為楊堅最為倚重的得力助手。當時，三大總管武裝對抗楊堅，北周五王也在圖謀，王謙又在蜀地響應尉遲迥，把北周大地弄得一片混亂，千頭萬緒，同時湧到楊堅面前，全靠李德林這個幫手，為他處理完畢。

3

楊堅的另一個得力助手就是高熲。

高熲原本也是東魏人，自稱是渤海人。他父親高賓曾在東魏的官場上混，當過龍驤將軍、諫議大夫。高賓對高氏把持東魏十分看不慣，最後居然來個叛國投敵，帶著一家老少投奔西魏，成為西魏的官員，先後當過直散騎常侍、撫軍將軍、大都督。後來，他被分配到獨孤信的手下，成為獨孤信的屬官，並被賜信獨孤氏。後來他又做到鄀州刺史，進位驃騎大將軍、開府儀同三司，治襄州總管府司錄。雖然工作換了很多，但他並沒有做出什麼值得史家記載的事蹟來。到天和六年終於卒於任上。

高賓雖然當過高官，但在那個亂世裡，表現得也平庸，可是他卻生出了一個不平庸的兒子高熲。高熲還在很小時候，就表現得十分聰明而有器度。在智商方面，與李德林比起來，雖然不相上下，但個人的志趣卻有很大的差別。李德林從小就一頭栽入經史典籍之中，學問做得出類拔萃。而高熲只是略涉書史，當然他的文章寫得也很不錯，但比起李德林當年來，還是有一段差距的。

李德林還是小屁孩時，大家都一致看好他。高熲還小的時候，大家也看好他。不過，看好的角度卻不一樣。大家看好李德林，完全是為他的學問折服，小小年紀就學了那麼多知識，寫得那麼好的一手文章，這樣的資優生以後不出人頭地，就沒有天理了。但人們看好高熲的，卻是他還小的時候，家裡有一棵柳樹，高達百尺，而且繁茂挺拔如蓋。大家一經過他家的門前，看到這棵非同尋常的柳樹，馬上就想到劉備當年的故事，於是都說：「此家當出貴人。」一棵樹能決定一個人的前途命運，這個你相信嗎？

不過，你相信也好，不信也好，當時人們就是這樣認為的。

高熲十七歲時，就被宇文憲引為記室。記室的工作職責就是負責撰寫章表文檄，如果文章寫得不好，是萬萬不可勝任的。宇文憲是當時軍方頭號人物，能在他那裡當記室，說明高熲的能力不是蓋的。宇文憲是北周平齊的大功臣，因此高熲也跟著在平齊之役中立了功，被拜開府。之後，他又跟宇文盛平定了隰州的叛亂。他提拔的速度遠遠比不過後來的同事李德林。李德林一出來，立刻得到高層的賞識，直接得以參與機密。而高熲卻從最基層做起。但他跟隨的是宇文憲，經歷了幾次大戰，大大提高了自己的軍事能力，為日後的崛起奠定了堅實的基礎。

楊堅輔政之後，睜著那雙渴望的眼睛到處找人才。他很快就發現，高熲雖然職務不高但能力高，不但精明強幹，更重要的是精通軍事，極富智計，要是能把他拉進自己的團體，那真是太好了。楊堅又派楊惠出馬，去當高熲的說客。高熲這時的職務並不高，而且對北周的前途也是充滿了絕望，看到楊堅集團過來拉自己入夥，也是萬分高興，說：「願受驅馳。縱令公事不成，熲亦不辭滅族。」李德林表態時，只是說

「願以死奉公」，而高熲則把全族性命都押上了，決心比李德林更上一層樓。雖然楊堅當時到處拉人入夥，但這時他手下的心腹也僅限於劉昉、鄭譯等幾個小人。這幾個人興風作浪、把政局攪得一塌糊塗之事那是很有本事的，但離王佐之才還差十萬八千里，楊堅就更加倚重高熲了。

後來，楊堅與尉遲迥對決，前線已經吃緊，危在旦夕，楊堅集團手下無人敢到前線去接手指揮權時，高熲主動請纓，終於在危急關頭，力挽狂瀾，一戰而擊敗尉遲迥，為楊堅穩住了局勢，一舉成為大隋王朝的頭號功臣。

4

楊堅也像其他開國皇帝那樣，搶過皇權之後，對前朝的勢力仍然很不放心，仍然恨不得把他們滅絕。虞慶則猜透了楊堅的這個想法，就建議楊堅盡滅宇文氏。

楊堅的另外兩個得力助手高熲和楊惠雖然知道，這樣做對楊堅是會產生很大的負面影響，但他們也知道楊堅心裡想的是什麼，因此也都迎合著楊堅的胃口，違心地表示贊同虞慶則的提議。

只有李德林站出來固爭，認為萬萬不可。

如果楊堅此時頭腦冷靜，一定會認真考慮一下李德林的意見，但現在楊堅一想到宇文氏的存在，心裡的怒火就熊熊燃燒，現在聽到李德林的這些話，怎麼可能冷靜得下來？你李德林不是說以死事我嗎？現在怎麼為我的死對頭說情了?他勃然作色，指著李德林大喝:「你這個書呆子，只會讀死書，不足與議此大事。」

李德林自從發誓當楊堅的心腹後，曾經幫楊堅提出很多建議，為楊堅破解了很多難題，幾乎是算無遺策。此前，只要是李德林提出的建議，楊堅總是「深納之」，採納得和顏悅色，從來沒有責罵過李德林。這時突然大罵李德林是個不足議事的書呆子，可見其心頭的怒火已到了無以復加的地步。而李德林更是萬萬沒有想到，自己就這個建議，就惹得楊堅如此雷霆震怒，哪還敢說什麼?

楊堅罵完李德林之後，凶相畢露，把宇文泰的孫子宇文乾暉、宇文絢以及北周幾代皇帝的子孫都抓起來，全部砍死。殺完了這些人之後，楊堅對李德林仍然不能釋懷。從此之後，李德林這個楊堅曾經的文膽，直接被冷處理，再也沒提拔。由此可見，一代雄主楊堅其實是個「性至察而心不明」的老大，胸襟實在太狹小。

這時，他又找到了另一個人才。

這個人就是後來大名鼎鼎的蘇威。

蘇威也是個官二代。在楊堅手下的幾大巨頭中，李德林和高熲雖然都是官家子弟，但他們上一代的職務並不大，對歷史過程沒有一點影響，而蘇威的父親卻不一樣。他的父親是大名鼎鼎的蘇綽，是北周制度的總設計師。蘇綽雖然很有能力，大得宇文泰的信任，但壽命卻不長。蘇威才五歲的時候，蘇綽就撒手人寰，讓蘇威成為沒父親的孩子。也許是他少年喪父，雖然字無畏，但其實天生膽小。膽小的蘇威十分聰明。宇文護當了大塚宰後，聽說蘇威長得帥又有能力，就召見了他。果然跟傳說沒有什麼兩樣，於是，也不問蘇威願不願意，直接把自己的女兒許配給他。能成為當朝第一號權臣的女婿，是很多人求之不得的事。可是蘇威卻一點不高興。他不高興並不是因為宇文護的女兒長得不漂亮，而是因為他看到宇文護太過擅權，馬上對照過往歷史，就預感到宇文護這樣的權臣是不會有好下場的。如果宇文護沒有好下場，身為女婿，還能有什麼好下場？於是，他就怕起來。怕起來的蘇威又不能做別的，便逃入山中，當個失聯人員，提前跟宇文護劃清界線。他的叔叔一看，你這小子吃錯什麼藥了啊，追到山裡，又把他逼了回來。他雖然當不成失聯人員，但仍然不願跟岳父靠得太近，於是就經常到山中的寺院裡長住，一天到晚，青燈古佛，讀書寫字，不聞窗外事。

後來，歷史情節果然像他預測的那樣，宇文邕終於搞定宇文護。由於他一來就跟宇文護劃清界限，後來並沒有被當成宇文護反動集團成員，不但沒有被清算，反而被封為下大夫。可是他仍然不看好北周，因此都拒絕接受朝廷授予他的職務。不過，他還是很講道義的。他叔叔的女兒，也就是他的堂妹嫁給元世雄。蘇威的膽子很小，但元世雄的膽量很大，居然仗著是大周的勛貴，勇於跟突厥挑釁。後來，北周調整外交政策，跟突厥通好，以共同對付北齊。突厥這時還記得元世雄這個仇人，對北周提出一個要求：必須把元世雄夫婦交給他們，他們才會跟北周建立良好的外交關係。北周當局當然不會因為元世雄夫婦而搞砸聯突抗齊的大計。他們毫不猶豫地把這兩個膽量很好的夫妻送到突厥那邊，要殺要剮由你們宰割。

元世雄到現在才知道，自己在北周皇帝面前，根本就是個屁。

元世雄夫婦到突厥那邊時，都以為這次真的完了——大周朝廷都救不了自己，誰還能把他們從水深火勢中拉過來？

但蘇威這時卻挺身而出。當然，他並沒有像那些猛漢那樣，殺進突厥地盤，硬生生把堂姑媽夫婦搶回來。他深入的研究突厥人，知道突厥人雖然反覆無常，不好打交道，但愛財如命的做人原則是從沒有動搖過的，當年他們明明跟北周都簽好了同盟協議，北齊使者帶著一大堆黃金過去，他們立刻兩眼放光，然後看在那堆金子的面，果斷撕毀了墨跡未乾的周突雙方的友好協議。所以，蘇威決定用金錢把堂姑媽夫婦贖回來。他變賣了所有的田地，再加上手上的鉅額存款，全部送到突厥那裡。突厥人看到這麼多金錢，立刻一笑泯恩仇，把已經死到臨頭的元世雄夫婦送了回來。這事讓蘇威的名聲大漲一圈，並獲得了輕財好義的評價。之後，他又被拜為開府。可能很多人對開府這個職務也不大了解。此前的史書中也多次出現這個官名，比如開府儀同三司等等。其實，我們完全可以從字面去理解，開府就是有權成立自己的府署，可以選拔任命自己的屬官。這個權力很大。開府儀同三司，就是開府的人享受到三公的級別，為正一品。不過，現在蘇威的開府，並沒有儀同三司這個字尾，但級別也很已經很高了。北周時的開府，是軍職。宇文泰設定了八柱國之後，又仿周典設定六軍。這些部隊的士兵主要是流入關中地區的六鎮軍人以及在關中的鮮卑諸部士兵。沒多久，他率這六軍與高歡大戰，被打得大敗，損失巨大。大敗而回之後，宇文泰又不斷地收編關隴漢人豪族的鄉兵部曲，編制成軍，然後在蘇綽的幫助下，建立起一套很有北周特色的兵制。這個系統裡最高級別就是八柱國，依次下來就是十二大將軍、二十四開府，形成了史上的府兵制度。為什麼是八柱國？大家知道，柱國在周朝就已經有這個概念，而八柱國裡的八字，卻是來源於鮮卑八部大人的「八」。八部大人是鮮卑族還處於部落時期的制度，大致是分為八個部落，每個部落設定一個老大，稱為八部大人。當然也有人說，是拓跋鮮卑的一種政治制度，將其所轄的部落分為七個部分，由自己的七個兄弟率領，再加上其本家，形成宗室的八姓。這八姓就是：穆、陸、賀、劉、樓、于、嵇、尉。到底哪個說法是最準確的，我也不知道。但這個「八」的確是來源來於鮮卑的舊制度。宇文泰雖然熱衷於復古，但骨子裡仍然沉澱著堅定的鮮卑觀念。下面的十二大將軍，分屬於八柱國。八柱國中，宇文泰是全軍統帥，不需要府下再有大將軍，而元欣是西魏宗室的代表，是不能讓他有軍權的，他當八柱國只是一種政治需求掛上名而已。於是，剩下六個柱國，每個柱國統率兩軍，成為六軍，跟周朝的六軍之制又相符了。十二大將軍每人又統帥兩個開府，就有了二十四開府。

蘇威當時就是二十四開府之一，級別已經很高了。他當開府時，宇文邕已死，北周政局已經急轉直下，但他沒有再推辭——家產都已經拿去贖回堂妹一家，再不當官只有喝西北風了。

高熲投到楊堅帳下之後，就天天在楊堅面前誇蘇威，說蘇威的能力一點不比他父親差。楊堅老早就聽說過蘇威的名字，現在看到高熲這麼賣力地推薦他，就派人去把他召來。蘇威來到丞相府之後，楊堅把他引入自己的臥室裡。交談後，楊堅只覺大得我心。於是，蘇威就成了楊堅的心腹。他在楊堅那裡混了一個多月，看到楊堅已經緊鑼密鼓地展開受禪活動，膽子又縮起來，一言不發，直接逃到鄉下。

高熲一看，老蘇你也太不像話了吧？這麼沒有立場。他建議楊堅把這個革命的逃兵追回來。

楊堅對蘇威的了解還是很透徹的，揮了揮手說：「他既然不願參與我的大事，就讓他暫時在鄉下一段時間吧。不要為難他了。」

楊堅即位後，馬上派人去徵召他回來，拜為少保，沒多久又命他兼任納言。蘇威既然已經逃避過楊堅，這時要是愉快接受任命，面子也有點掛不住，就上表全部辭讓。楊堅當然知道他這個辭讓是裝的，便下詔不許。於是，雙方臉上都有光。蘇威就這樣跟高熲、李德林等人成了楊堅手下最厲害的得力助手。

蘇威雖然向來表現得很膽小，但他的膽小也是選擇性的。他在楊堅面前一點不膽小。

有一次，楊堅跟他的皇后一起喝酒，喝到一半時，來了興致，把蘇威、高熲、楊素以及楊雄幾個心腹叫來一起喝，喝到該對酒當歌的狀態時，他對四人說：「太史曾對我說，我的命運只能當三年皇帝。三年，三年啊。轉眼就到了。這讓我很鬱悶。所以，我才擺了這個酒宴，請你們來商議個事情。就是準備在南山險要之處，築好城堡，將來要是遇到事變，我們就一起固守那裡。怎麼樣？」

大家正喝得面紅耳赤，突然聽到這些話，不由得都愣住了。高熲、楊素和楊雄面面相覷，不知說什麼才好。

蘇威卻正色進諫：「陛下，周文王那樣的聖君，一生一世都在修養道德，在其任內，都還有地震災害的事發生；宋景公對人仁慈，一句話就使他災星退避三舍。只要陛下崇尚道德，自會得到老天的護佑。如果放棄道德，只想借險自固，即使那些曾經是陛下最親信之人，也會變成你的仇敵。到時，縱有南山的險固，陛下又如何能保全身家性命呢？」

在場的那幾個酒友，沒想到蘇威居然勇於說出這種激烈的話來。李德林當時就為宇文氏說幾句話，到現在楊堅都還耿耿在懷。

沒想到，楊堅聽了蘇威的話後，立刻點頭大讚，並當場敬了他一杯酒。

蘇威雖然少年喪父，但他對父親的一番話仍然牢牢地記在心裡。

當年蘇綽為宇文泰理政時，由於戰亂頻繁，西魏的國家用度，入不敷出。為了保證國家戰時的開支，蘇綽就制定了徵稅法。這個徵稅法制定後，蘇綽就一聲長嘆：「我制定的徵稅法，就像是拉開的弓，只是為了在戰亂之世滿足國用，並不是治平之世的作法。以後哪位能人能將這把拉開的弓鬆弛下來呢？」蘇綽發出這個感慨時，蘇威的年紀還很小，但他硬是記住了，一直記到現在。他認為父親拉了弓，現在自己就有責任把弓鬆下來。這時，他成為楊堅的左右手時，他就奏請朝廷減少賦稅和勞役。

楊堅愉快地接受了。

蘇威來到宮中，看到宮中幔帳的掛鉤都是用銀子打造的，就在楊堅的面前，大力講敘節儉的故事和好處。楊堅聽著聽著，臉色都變了，馬上下令把這些蘇威認為奢侈的裝飾品全部去除。

還有一次，楊堅被某個人惹火了，大怒起來，準備下令把那人殺掉。

大家雖然都認為楊堅的這個做法，太任性了，但誰都不敢多嘴。可是蘇威卻不怕，大步入宮，大聲勸諫。楊堅怒火更熾，指著蘇威厲聲大喝：「我不但要殺他，而且還要親自動手。」說完，就氣沖沖地大步而去。

蘇威仍然沒有懼色，竟然用身體攔住他的去路。

楊堅又來個移形換位，閃身出了宮殿。

蘇威仍然沒有妥協，又追過去，繼續攔在楊堅的面前。

楊堅看到蘇威如此不依不饒，只好一甩衣袖又回到殿內。

楊堅氣呼呼地坐了片刻，腦袋終於冷靜下來，理解到自己這麼做，真的太不像話了，派人去把蘇威叫進宮殿，然後向他致謝：「你能這樣大膽諫阻，我真的沒有什麼值得憂慮了。」當他說這些話時，他一定忘記了李德林的進諫。

楊堅因此而獎勵蘇威兩匹馬，十多萬錢。

沒多久，楊堅又任命蘇威兼任大理卿、京兆尹、御史大夫，原本的官職仍然保留。

持書侍御史梁毗認為蘇威一人身兼五職，每天都陷於繁重的公務之中，卻為了霸占職位沒有舉薦賢能代替他自己，就彈劾了他一把。

楊堅對梁毗說：「蘇威懷著遠大的抱負，勤於公務，故而暫時沒有精力舉薦賢能。給他一點時間吧，不要這麼著急。」

楊堅對蘇威的工作十分滿意，當面對蘇威說：「一旦被重用，就全力施為，毫不懈怠。如果不被重用，就退而隱居，遠離官場。這個也只有我和你可以做到。」

楊堅這時對蘇威的信任已經到了無以復加的地步，他對眾大臣說：「如果蘇威沒有遇上我，他就無法實現他的抱負，無法施展他的才華。如果我沒有蘇威，我怎麼去實現自己的主張呢？」他的原話是：蘇威不值我，無以措其言；我不得蘇威，何以行其道。楊素才辯無雙，至於斟酌古今，助我宣化，非威之匹也。威若逢亂世，南山四皓，豈易屈哉！

高熲此時絕對是大隋的首席大臣。但他這時頭腦還很冷靜，他怕自己身居高位，權勢太重，並非好事，因此就想辦法避開。他推薦蘇威之後，看到蘇威表現很優秀，楊堅對蘇威也很重用，就上了一表，說蘇威的程度比他強了很多，為了國家的前途，他願意讓位給蘇威。

楊堅一看，原本以為高熲只會玩詭計，在戰場上勇於進取，原來還有這種謙讓的美德啊。就準備來個成人之美，允許他解除僕射之職。可是過了幾天，楊堅突然又想到：「蘇威在前朝時，硬是隱居不仕，即使逼著他，他還是跑到寺院裡待著。後來高熲居然能讓這樣的賢才當我的心腹，可見高熲的能力啊。自古以來，舉薦賢才的人都要得到最高的獎賞，我怎麼能讓他去官離職呢？」又不批准高熲的辭職請求。

就這樣，高熲和蘇威就成了大隋政壇上最強而有力的組合。

其他幾個大臣一看，羨慕不已。

尤其是盧賁和劉昉兩人。

5

盧賁和劉昉絕對是楊堅集團最資深的親信。當年楊堅被推到首輔之位時，大家對他還不怎麼服氣，不可預見的事隨時可能發生。楊堅就是靠著盧賁以橫蠻的手段，把群臣壓服，然後又靠盧賁闖開東宮，使得楊堅能夠進入東宮，最終把大權拿下。而且盧賁也是最先勸楊堅應天順民的人。而劉昉和鄭譯更是透過動手腳，把楊堅直接推到首輔之位，的確為楊堅立下了大功。他們認為，不管論功行賞、還是論資排輩，他們都應當排在高熲和蘇威之前。可是現在他們卻被這兩人甩了幾條街——雖然級別不相上下，但手中的權力卻差得太遠了。高熲和蘇威那是在主持中央日常工作啊。大隋的大政方針，都是由他們來制定，他們這些資深人員，都成了靠邊站人員，心裡非常不服。

劉昉本來就是宇文贇的寵臣。在宇文贇時代，就「以技佞見狎，出入宮掖，寵冠一時」，只是後來看到楊堅名重一時，又是皇后的父親，這才轉過來投靠楊堅，極力幫助楊堅成為輔政大臣。他和鄭譯幫助楊堅，並不是為眾多人民謀利益，而是為了日後能繼續弄權。沒想到，楊堅不是宇文贇，楊堅需要的是為他治國理政的大臣，而不是跟他沒日沒夜玩耍的寵臣。他們那一套在楊堅這裡根本吃不開。楊堅對他們當初的力挺之恩雖然牢記於心，但也只是讓他們領著全國最高薪資，享受最高待遇，卻沒有讓他們在權力場裡動手腳，整天在大臣們面前揮舞著權力大棒，玩著順昌逆亡的把戲。他們悠閒地過了一段時間，開始覺得權力大不如前。

發覺權力大不如前的盧賁和劉昉，立刻達成共識：必須把高熲和蘇威這兩個人拉下馬。

如果現在皇帝是宇文贇之類的，他們就會在皇帝面前說幾句高熲和蘇威的壞話，這兩個人瞬間就會成為他們砧上魚肉，要砍要殺全憑他們的心情。可是現在楊堅並不是宇文贇，他們要是敢到楊堅前面進這兩人的讒言，只怕還沒有畫上句號，他們的生命就先畫上句號了。

但這也難不倒他們。兩人一番溝通之後，決定來個曲線害人。他們先是找到上柱國元諧、李詢以及華州刺史張賓三人，說我五人聯手，把高熲和蘇威弄下去，然後我五人小組當執政大臣。這三人對高熲和蘇威也很不滿意，聽了兩人的鼓動之後，迅速跟兩人組成同盟。當然，他們知道，即使是他們五人同心同德，仍然沒有推翻高熲和蘇威的力量。他們決定把楊勇拉進來。

楊堅這時生有五個兒子，但除了楊勇現在成年之外，其他四個兒子的年紀都還小。次子楊廣這時也才十二歲。因此楊堅在作亂時，他的兒子基本上都幫不上多大的忙。他當上執政大臣時，就立楊勇為世子，拜大將軍、左司衛，封長寧郡公，大象二年九月，楊勇再被任命為洛州總管、東京小塚宰，總領統管北齊之地。後徵召回京，進位上柱國、大司馬，領內史御正，管理宮禁防衛。但這只是放到地方歷練、鍍鍍金而已，並沒有真的成為朝廷的能人。楊堅即位後三天，就按傳統規矩立楊勇為太子，令他參與軍國政事的決斷。

所有人看到這個情況，都覺得楊勇的接班人地位已經穩如泰山了。

可是，楊堅的心裡卻十分喜歡次子楊廣——儘管楊廣現在才十二歲。楊廣雖然年紀不大，但長得「姿儀俊美」，而且腦袋聰明，小孩子身上的各種可愛，他幾乎都有。於是，楊堅任命他為并州總管，由此可知，楊堅對他喜愛的程度。五人由此斷定，看到楊廣這麼得到楊堅的喜愛，身為太子的楊勇心裡一定不開心。

五人經過密商，決定由盧賁出面，去當楊勇的說客。盧賁才剛剛聯絡上楊勇，還沒有把他們那個一點不純的動機說出來，其密謀就全面洩露出來。

楊堅大怒，下令徹查到底。

五人立刻亂成一團。最後劉昉把所有的責任都推到張賓和盧賁的頭上，讓兩人成為最大的代罪羔羊。這個團體還在北周時代就是著名的奸臣，大家對他們早就恨之入骨，只是因為他們幫了楊堅的大忙，有楊堅護著他們，因此大家也就敢怒不敢言。沒想到，他們現在居然弄出這個事來，要陷害國之棟梁，打亂大隋王朝，那真是罪該萬死。打死他們的機會終於來了。於是，都紛紛出來，強烈要求把張賓和盧賁處死。楊堅雖然很恨這兩人，但他們畢竟是他的舊交，又在關鍵時刻幫他穩住局面，實在不忍心砍了他們，就將兩人開除公職了事。

另一個奸臣、同時也是楊堅上位的關鍵人物鄭譯，他雖然沒有參與這次活動，但也已經被邊緣化。幾個月之後，楊堅就讓他以上柱國歸第。他離休時，楊堅還賜給他大量財宣。鄭譯心裡很鬱悶，覺得自己這就被疏遠了，心有不甘，但又沒有別的辦法，更不敢像劉昉他們那樣密謀作亂。他就請來道士，設壇作法，希望能為他消災祈福，再次讓他重返權力核心。沒想到，他還是宇文贇手下時，天天誣告別人，身邊的婢女也慢慢地學會了這招。道士才剛剛撤出，香煙還在半空繚繞，他的一個婢女就已經風姿綽約地到相關部門告發他，說他請巫師來詛咒朝廷。大家知道，歷史上已經出現過多次詛咒的案例，處理起來，基本是殺無赦——即使是太子，如果被抓了個正著，同樣也會被手起刀落。大家看到終於抓到他的把柄了，看看大奸臣怎麼跑。御史臺看到婢女都出來控告他了，也站出來彈劾他，說他長期與母親分居，對母親非常不孝。數罪一下，楊堅想保他也沒有辦法了。但楊堅仍然念在他的力挺上，只將他開除了事，而且還特地下了個詔書說明：「譯若留之於世，在人為不道之臣；戮之於朝，入地為不孝之鬼。有累幽顯，無所置之。宜賜以《孝經》，令其熟讀。」然後命令他跟母親一起生活。

6

楊堅對這幾個奸臣很寬容，但對被他廢掉的周靜帝宇文闡卻仍然恨不得讓他死去。

北周退出歷史舞臺前，仍然跟南方的陳朝有聯絡，還有使者往來。

開皇元年的四月，南陳的使者韋鼎等人拿著國書來到長安。他們接受的任務是出訪北周。可是他們來到長安時，北周已經成為歷史名詞。楊堅聽說南陳代表團來了，心裡不由一陣冷笑，你們不是想跟北周舉行雙邊會談嗎？可以啊。他派人帶著那個代表團，來到宇文闡目前的封邑裡，跟他見面。如果是別的亡國之君，突然看到一個外國使團過來跟自己見面，心裡一定是五味雜陳，欲哭無淚。可是這時宇文闡才八歲。而八歲的他，這幾個月來，被人從皇宮裡趕出來，然後來到這個沒有一個熟人的地方。他並不知道，他現在是廢帝一個，身上還帶著一個特殊的政治符號。他只是覺得這個地方一點也不好玩。當他突然看到南陳來的代表團時，更是一臉的懵懂。而韋鼎一行人就更加尷尬了。你想一想那個場面，就知道這個尷尬的情景了。

由此可知，楊堅此時對南陳已經沒有耐心了，同時對宇文闡也沒有耐心了。

當然，對南陳沒有耐心，他一時還沒有辦法，但宇文闡現在就捏在他的手心，生死都由他。楊堅在讓宇文闡跟南陳外交使團舉行會見之後，就派人過去，偷偷地做掉了這個讓他寢食難安的小屁孩。宇文闡到死都不知道，楊堅為什麼這反恨他——其實說怕才是最適合的。

楊堅以為，只有讓宇文闡從這個世界上消失，他才可以完全可以放下那顆心，不用再老想著去築南山之險以固守了，才可以放下心來去征服南陳，統一全國。

很多人都以為，他清除宇文闡之後，那雙目光就會鎖定南陳。

第二章 雪上加霜，虛弱南陳生變故；長孫定計，彪悍突厥終臣服

1

楊堅比誰都想打滅南陳。首先，他雖然成功地改朝換代，但由於在北周朝廷裡混的時間還不久，在實權部門沉澱的時間不夠長，權力基礎相對薄弱，聲望還沒有樹立，因此迫切需要一場大戰的勝利來彌補這個缺點。只有發動對南陳的戰爭，打過長江去，統一全中國，建立不朽之功勛，才能讓他的形象強硬地樹立。其次，即使沒有這個缺點，但完成大一統之戰，也是任何一個統治者夢寐以求的。

楊堅在即位後的第二個月，他就已經開始籌劃伐陳之戰了。他問高熲，誰可帶兵打過長江去？

高熲推薦了兩個人：一個是賀若弼，另一個是韓擒虎。

賀若弼是將門之後，他的父親就是北周著名的戰將賀若敦。賀若敦十七歲的時候，東西魏正打得如火如荼，各個能人都忙著選邊站。當時賀若敦的父親賀若統任東魏潁州長史，但他不看好東魏，想把他的老

上級潁州刺史田迅抓起來，作為投名狀，向西魏投降。可是在做完準備工作之後，又猶豫了。賀若敦馬上進見父親，勸他做事要果斷，否則必遭其亂。於是，賀若統決然行事，把田迅抓了起來，連同潁州獻給了西魏。而賀若父子則變身為宇文氏集團的將領。

賀若父子都是以驍勇聞名的。賀若敦投西魏後，表現神勇，曾經在大戰危急時刻，揮刀上陣，一口氣手斬七八人，挽回敗局。後來，他被分配到獨孤信的手下。在攻打洛陽之戰中，被敵人包圍，大家都嚇得面如土色，但賀若敦卻毫無懼意，左右開弓，箭不虛發，硬是穩住陣腳，讓獨孤信都覺得驚異不已，把他推薦給宇文泰。宇文泰把他召到自己的帳下，任命他為都督。有一次，賀若敦隨宇文泰到甘泉打獵。當時，由於參與圍獵的士兵們動作不協調，很多人沒有占據到指定位置，造成了很多漏洞，大多數野獸都從缺口中逃了出去，弄得宇文泰大怒。大家看到老大怒得臉都發綠了，這才覺得問題很嚴重，大家都怕了。大家很想盡最後的努力，把獵區裡的獵物們全部捕到手。可是當大家的目光一致地投向獵區時，那裡只剩下一頭正驚慌失措到處亂竄的鹿了。而那隻鹿也正在突圍而走。按照以往的經驗，即使現在大家全力以赴，捨死忘生地去追捕，恐怕也追不到那隻鹿了。如果這隻鹿再跑掉，那麼這場聲勢浩大的圍獵活動，最後只會打零分。宇文泰那張老大的臉，一定會氣得發生爆炸事故。正在這時，賀若敦躍馬而出，向那隻鹿狂追過去。那鹿跑上東山，賀若便棄馬徒步而追，只看到一人一鹿，在山上奔跑，場面扣人心弦。最後，賀若居然在半山腰上追上那隻鹿，並一舉將牠拿下。

宇文泰雖然因為圍獵幾乎毫無所獲，但看了這場精彩的表演，不由轉怒為喜，不再問責諸將。宇文泰後來不斷地提拔賀若敦。賀若敦也沒有辜負自己這身武藝，更沒有辜負宇文泰的期望，南征北戰，立了很多戰功。宇文泰很看重他，但宇文護對他卻一點不看好。很多資歷比他淺、功勞比他大的人都成為大將軍了，唯獨賀若敦不是，賀若敦心裡很不舒服。後來，他率軍在湘州與南陳大將侯瑱鬥智鬥勇，在深陷重圍、外無援兵的情況下，居然全軍而還。可是宇文護非但沒有給他一個表彰，反而以失地戰敗之罪，把他的職務全部免掉了。賀若敦就更加氣憤了，更加氣憤的賀若敦就不斷地口出怨言。這些怨言傳到宇文護的耳朵裡，讓宇文護大怒，下令把他徵還，然後賜死。

賀若敦在臨死時，把他的兒子賀若弼叫來，作最後的交代：「我這輩子最大的願望就是平定江南。但現在我的這個願望已經不能實現，只有希望你去實現了。我因為這張嘴巴而死，請你一定要好好汲取教訓。」他的原話是：「吾必欲平江南，然心不果，汝當成吾志。吾以舌死，汝不可不思。」說完，他取出一根針，刺破賀若弼的舌尖，讓他血流出嘴，「誡以慎口」。從賀若敦的這個動作看，他對這個教訓真的有足夠的理解，以為自己幫兒子刺舌出血，就一定能讓這個兒子日後不再禍從口出。可是一個人的性格是很難改掉的。後來賀若弼仍然栽在舌頭上——當然此是後話，暫且不談。

賀若弼是在西魏出生的，算是徹頭徹尾的西魏人。他還年輕就「慷慨有大志」，不但驍勇，而且精於弓馬，還能寫文章，大量閱讀各種書籍，是典型的文武雙全人才。這樣的人想不出名都難，因此他老早就在北周那裡成為著名人物。北周能人宇文憲聽說之後，就把召來當自己的記室，不久後任小內史，負責當太子宇文贇的左右。開始時，他還記得父親的臨終告誡，把嘴巴管得很嚴。當時，宇文贇表現得很差，王軌實在太看不順眼，就跟賀若弼商量，把宇文贇的事向宇文邕反映一下。王軌做事很有效率，在眾人面前，直接對宇文邕說：「太子沒有做帝王的才能。這事，我也曾跟賀若弼討論過，不信你問問他。」宇文邕當時是很注重對太子的培養的——雖然最後他沒有培養出一個好太子來，但那是另一回事了。他聽了王軌的話後，大吃一驚，急忙把賀若弼叫來。

王軌看到賀若弼進來後，滿以為賀若弼會按他們討論的做，大聲贊同自己的話。沒想到，賀若弼經過一番思考後，馬上知道，太子雖然胡來，但他的那些胡來宇文邕是不知道的，因此其太子的地位已經不可動搖，他再怎麼反映太子的問題，都已經沒有用。如果一定要反映，以後他們的後果會很嚴重，他就會像他的父親那樣被別人砍頭。於是，他對宇文邕說：「皇太子養德春宮，未聞有過。」

宇文邕一聽，鬆了一口氣，但宇文邕也不是笨蛋，知道王軌的為人，絕對不是一個亂說話的人，因此只是在那裡黯然不語。

賀若弼和王軌出宮之後，王軌埋怨賀若弼做人太不上道了，就這麼出賣了他，簡直是個無常的小人。賀若弼卻一點也不臉紅，理直氣壯地說：「這不是我的錯，而是你的失誤。你怎麼連一點常識也沒有？太子是未來的皇帝，我們怎麼能隨便對他的事評論？要是說錯了話，後果是十分嚴重的。原本以為，你老兄只是以密件的形式向皇上祕密反映一下，可你居然在大家面前公開出來？試問，這些話能公開嗎？」

王軌一聽，只好啞口無言。宇文贇即位後，果然就把王軌誅殺——又是一個典型的禍從口出的案例。

後來，賀若弼隨韋孝寬攻打南陳。這一次，他們真的氣勢如虹，一口氣攻下十座城市。此戰雖然韋孝寬掛帥，但賀若弼攻下的城池最多。再後來，他也成為楊堅的心腹。

2

再說一說韓擒虎。

韓擒虎也是將二代，他的父親叫韓雄，從少就表現得很勇敢，而且武打能力很高，工於騎射。後來，隨宇文泰西遷，身經百戰，官至使持節、都督、中徐虞洛四州諸軍事、中州刺史，最後卒於任上。韓擒虎從小就長得十分粗獷、高大威猛，性格也跟他的長相一樣，慷慨豪邁。不管從正面看還是背面看，都能看出一副英雄豪傑之相，與他的名字倒很相符。更重要的是，他的外表雖然粗獷，但喜歡讀書，讀書人必讀的經史及百家之言，他都看了一遍，雖不算精通，但也能略知大旨，到處吹牛是沒有問題的。

宇文泰一看，覺得他還真不錯，就安排他跟自己那一群兒子在一起生活，想透過他來影響一下自己的下一代。有這樣的才能，又在這樣的環境中成長，韓擒虎想不立功都難。在之後的幾年裡，他參加了很多軍事行動，立了很多功勞，被一級一級地提拔，先後任都督、新安太安，最後提升到儀同三司，最終繼承了他父親的爵位。

宇文邕率兵滅齊時，韓擒虎當然沒有缺席。在這次大戰中，他最搶眼的並不是仗著虎背熊腰，挺槍躍馬，衝在第一線高呼酣鬥，而是進入金墉城，說服獨孤永業放棄抵抗，投降大周，然後進軍平定范陽，因功加授上儀同，並被任命為永州刺史。在這裡，他已經與南陳的勢力接壤了。這時，南陳方面看到北齊已經完蛋，也急著發兵，想趁北周部隊立足未穩，搶點好處。韓擒虎被任命為行軍總管，把打上來的南陳兵擊敗。接著他又跟宇文忻攻下合州。然後他被任命為合州刺史。

合州就是現在的合肥，跟南陳的邊防軍已經非常接近。

南陳軍當然不服，就不斷地出兵江北，跟韓擒虎挑釁，但每次都被韓擒虎打敗，這讓韓擒虎和賀若弼成為北周諸將中，最有對陳作戰經驗的將領。

因此，當楊堅向高熲徵詢誰可以擔任滅陳重任時？高熲推薦了賀若弼和韓擒虎。

於是，楊堅任賀若弼為吳州總管，鎮廣陵；任韓擒虎為廬州總管，鎮廬江。要求兩人暗中做好南略的準備工作。

這兩人還按照楊堅的指示，慢慢做出征南朝的前期準備工作，南陳的邊防軍卻已經先動手了。

開皇元年的九月，陳將周羅睺突然攻打故墅城，一舉拿下。接著蕭摩訶也出馬，突進江北，到處掃蕩。

楊堅得報，也有點惱怒，任上柱國長孫覽、元景山為行軍元帥，帶兵打進南陳境內，命令高熲擔任全軍的總協調，對南陳的邊防軍嚴加防範，這才把南朝的部隊壓得縮回去。

楊堅雖然恨不得馬上把大軍開過去，把還偏安一隅的南陳搞定，但他也知道，南陳還是有點實力的，他還必須先把國內的事務弄清楚，把綜合國力再提升幾個等級，然後才可以起大兵，一舉拿下江南。

南陳雖然囂張了幾下，但畢竟國力弱小，又無名將，被楊堅的兵力一壓，就不敢再有什麼動作了。

3

這時，大隋周邊的勢力除了南陳之外，還有突厥和吐谷渾。

吐谷渾在西南邊地，歷來不慍不火，有時覺得寂寞了，出來添個亂，被大集團一輪棍棒打過去，立刻又收斂了，所以只是個小麻煩。突厥卻向來彪悍，常常一言不合，就派騎兵打過來，瘋狂擄掠之後，又回歸老家。以宇文泰和高歡之能，尚對他們毫無辦法，爭相以和親的方式來換取和平。楊堅這時覺得自己的力量已經不是原本的北周了，不必繼續在突厥面前，低聲下氣，待突厥開始「禮薄」。

突厥向來愛財，看到楊堅給的東西越來越少，心裡很不高興。大家知道，他們一不高興，就會製造流血衝突。

本來，在楊堅代周的這個時候，就是他們作亂的最佳時期，可是剛好在這個時間點，他們的老大佗缽可汗突然得病死了。

他臨死的時候，對他的兒子庵邏說：「我哥哥木桿可汗沒有讓他的兒子接班，而把可汗的位子傳給我。所以說，這個位子本來就應該是大邏便的。我死後，你們應該把它讓給大邏便。」

他死了之後，突厥的貴族都決定按佗缽可汗的遺囑處理，讓大邏便當老大。可是又覺得大邏便的母親出身貧賤，怕許多突厥人民不服——突厥人本來也是很勢利的，而庵邏的母親出身高貴，向來得到大家的尊重，因此都想立他當可汗。

大家還在會上討論得在紅耳赤，那個攝圖來了。

攝圖也是木桿可汗的兒子，目前是主管東面部落的小可汗——當時突厥仍然是部落制度，由很多小部落組成。

他也是個很有性格的人，一來到現場，馬鞭一扔，馬上大聲叫嚷：「如果讓庵邏當老大，我就帶著兄弟們擁護他。要是讓大邏便當可汗，我馬上就回到邊境，扛起武器殺過來。」

大家一看，那好啊。你們兄弟都是這個態度了，我們還有什麼話說。再加上攝圖本人武打能力高，手下武裝人數眾多，實力很雄厚，誰也不敢得罪他。於是，庵邏就被確立為突厥大可汗的接班人。

如此一來，庵邏成為大可汗就只差一步了。

但這一步卻不好走。

大邏便不能當可汗，不敢對攝圖怎麼樣，但卻不服庵邏，一有機會就當眾把庵邏侮辱一番，讓庵邏把面子都丟到垃圾桶裡。而庵邏性格又軟弱，只能被動地接受侮辱，而不敢對大邏便怎麼樣。最後，他實在受不住，就又把大家集中起來開會，說我無能無德當不了大家的首領，現在決定把可汗之位讓給攝圖。他是木桿可汗的兒子啊。

大家當然沒有意見，說：「木桿可汗的四個兒子中，攝圖最賢能。他完全有能力帶領全體突厥人民從勝利走向勝利。」

攝圖一看，呵呵，什麼母親尊不尊貴，全是屁話。最後還是實力說了算。他愉快地接受了大可汗之位，號稱沙鉢略可汗。不過，他還是讓庵邏到洛水居住，稱第二可汗。

他以為他安頓了庵邏就沒事了。但大邏便又過來找他，說：「我和你是親兄弟，都是可汗的兒子，都有權繼承父親的政治遺產。現在你當了大可汗，我卻什麼都得不到。這是什麼道理？」

攝圖開始出場時，雖然表現得很蠻橫，但當了可汗之後，就不好繼續囂張了，被大邏便一恐嚇，也開始有點害怕，急忙任命大邏便為阿波可汗，讓他帶著自己的部屬，在自己的地盤裡執行高度自治。後來，他還任命自己的一個叔叔當西面可汗，稱為達頭可汗。這些可汗各統部眾，分居四面。不過，由於攝圖個人能力彪悍，力量雄厚，大家也不得不服，不敢亂來，使得突厥在換屆時，沒有出現分裂局面。

突厥沒有出現政權更替的危機局面，對於大隋而言，絕對不是件好事。

攝圖還沒有做出騷擾邊境的打算，那個千金公主卻先跳出來，強烈要求攝圖攻打大隋。

千金公主是宇文招的女兒。宇文招是宇文泰的第七個兒子，封趙王。當年北周為了跟突厥和親，就封宇文招這個女兒為千金公主，然後以公主的身分像王昭君一樣，嫁到突厥那裡當可汗夫人。千金公主雖然是鮮卑貴族，但她母親是漢人，而她父親也深受漢文化的影響，是以她從小就讀書識字，而且精詩文，對於史、詩等都有涉獵，甚至對建築都有一定的研究，還能畫一手好畫。這樣的一個才女，突然聽說要嫁到北方大草原，天天跟一群莽漢大口吃肉、大碗喝酒，喝到高興處，就在月光下圍著大火跳舞，興致一來，便又翻身上馬，揮刀去南邊打劫，她一定會愣得腦袋一片空白——這可不是她一直憧憬的遠方啊。但這是朝廷的決定，她再怎麼不願意，也得以朝廷利益為重——其實是她表哥（宇文贇）的利益為重，以她表哥為首的北周朝廷一致認為，只有犧牲她的幸福，才能保住北周邊境的平安，於是，她就被定成佗缽可汗的未過門妻子。

可她還沒有過門，佗缽可汗卻先死了。她聞知之後，禁不住「漫卷詩書喜欲狂」。她以為，隨著那個野蠻的可汗死去，她可以在長安繼續像詩一樣的生活，而不用再被逼嫁到那個朔風呼嘯、八月即飛雪的遠方了。

沒想到，她心頭的這塊石頭還沒有落下，那邊的攝圖老大卻還記得她。攝圖搶到汗位之後，做的第一件事，就是派人到長安來，說以前幫我叔叔訂的親還沒有辦完手續啊。現在我叔叔掛了，我全面繼承叔叔的所有遺產，當然也得繼承他的這個遺產。你們快把千金公主送給我吧。

當時是大象二年初，宇文贇還在暴虐地當政。宇文贇雖然很暴虐，但也不願意得罪突厥，因此很爽快地同意了攝圖的請求。於是，大象二年的二月，千金公主終於不得不跟那浩浩蕩蕩的迎親隊伍，辭別長安，向北而去。當剪刀般的寒風吹颳著她的粉臉時，她一定心如刀割，熱鬧吹打的迎親樂器響在耳畔，但她心裡迴旋的是那撕心裂肺的胡茄十八拍：「我生之初尚無為，我生之後漢祚衰。天不仁兮降亂離，地不仁兮使我逢此時……」蔡文姬當年被擄北去，最後成為匈奴左賢王的妻子，託身異域，身心飽受煎熬，但她最終還能歸還故國，而她此一去也，必將永無歸期，紅顏逝去之後，老死他鄉……長安，就此別過。

她甚至不敢再望長安城一眼，任淚水覆橫頤……

攝圖雖然長得粗獷，但看到千金公主長得這麼漂亮、溫柔雅致可人，高興得要死。哈哈，幸虧沒有忘記這個事啊。

他恨不得天天跳起突厥大舞、唱著突厥大歌來哄著千金公主。

她嫁到突厥才四個月，內心的悲憤還沒有熄滅，就傳來她皇帝堂哥宇文贇死去的消息。她很恨她的這個堂哥，是這個暴虐無比的堂哥把她送到這個只有遠方沒有詩的地方。

然而，幾個月一過，又傳來一個不幸的消息：

楊堅已經發動政變，奪取了北周的皇位，殺了宇文氏五王。她的父親就是這五王中之一。

這兩個消息最後在她的心底裡匯成四個字：國仇家恨！

這四個字一印入她的心中，她個人的鬱悶立刻全面讓路。

她要復仇！

於是，她開始在攝圖面前笑靨如花，好像很愛這個粗魯的突厥老大一樣。攝圖看到原本冷若冰霜的千金公主，這時溫柔如水，怎麼可能不欣喜若狂。

千金公主略施手段，粗曠的攝圖立刻心軟骨酥在她的溫柔裡。

於是，千金公主撒嬌之後，就哭訴，說我是北周的公主。現在楊堅卻把我的家族都滅了。你要為我作主啊。

這時，千金公主就是叫攝圖去跳崖，他都會很豪邁地一躍而下，何況去替大隋製造麻煩？這可是他們突厥向來的保留節目。而且他也有他的理由。因為楊堅自從改朝換代之後，沒有再像北周朝廷那樣，只要他一提要求，立刻就送來一大堆財富，甚至還送來公主，而是對他們的要求越來越敷衍了事，像打發乞丐一樣。你楊堅也太看不起我了吧？我不給你一點顏色看，你就不會幫我送更多的錢財。呵呵，現在這個可愛的千金公主又有這個要求，怎麼可能不做？

攝圖把眾手下叫來，嚴肅地對他們說：「我是北周皇帝的女婿。現在楊堅那傢伙廢周自立，我卻在這裡眼睜睜的看著事態的發展，而沒有一點表示，我還有什麼面目去見我的可賀敦呢？」突厥人稱皇后為可賀敦。

這些與會人員還有什麼話說？都是舉雙手表示同意。

攝圖雖然長得粗獷，但並不真的蠻幹。他也知道現在的大隋可不是以前的北周或者北齊，而是北周與北齊的合體，國力真的太強，亂來是沒有好下場的。於是，他又找到原北齊的殘部高寶寧。兩下合兵，不斷地騷擾大隋北方邊境。

楊堅被鬧得很頭痛。這時他的重要精力放在內政的改革以及對南陳的備戰上。沒想到，還沒有跟南陳攤牌，突厥的麻煩先出現了。可是他又不能在這個時候，對突厥發動一場大規模的戰爭。不能派大軍殺入突厥境內，就只好被動防守。他下令在與突厥接壤的邊境增修要塞屏障，加固長城，然後派上柱國陰壽鎮守幽州、京兆尹虞慶則鎮守并州，各帶數萬軍隊以防備突厥。

楊堅的這個辦法，不管你從哪方面看，都是很被動的，顯得十分無奈。

正在楊堅很無奈的時候，長孫晟回到長安了。

長孫晟是標準的鮮卑貴族。可能很多人對他不怎麼了解，但對他的那一對子女一定很熟悉。他的女兒就是後來唐太宗李世民的皇后，兒子就是著名的長孫無忌。長孫晟本人是北周開府儀同三司長孫兕的第三子，他的爺爺就是北魏比較有名的長孫稚。長孫晟小的時候，也曾略涉書史，但十分精於騎射，而且矯捷過人。他年輕時，還是北周時代。北周雖然崇尚周朝，好像處處以周朝為模板，其實貴族們的骨子裡仍然保留著鮮卑習俗，貴族子弟都崇尚武藝，不像南朝那樣，天天玩文章，比拚學問，他們都得練得一身好武藝、脫下衣服時，能讓人看出一身發達的肌肉才是最值得驕傲的事。當南朝人還在天天比拚學問和口才時，他們比的是武藝。每次比武時，其他貴族子弟都比不過長孫晟，尤其是在騎射技術上，只要他參賽，別人就只能爭第二。他十八歲時也只是當上司衛上士，職務一點不重要。當時，大家都認為他就是有一身肌肉、幾斤蠻力、射擊技術了得，對他別的方面基本上並不了解。只有楊堅對他另眼相看，曾經當眾握著他的手，對大家說：「長孫郎武藝逸群，適與其言，又多奇略。後之名將，非此子邪。」

如此一來，他自然而然地成為楊堅的親信。

大象二年攝圖請求迎娶千金公主。宇文贇雖然天天鬧事，但在關係國格的事上還是很認真的。按照以往的經驗，兩國往來時，為了向對方炫耀自己的實力，向對方派出的訪問代表團成員，都是精選的驍勇之士（通常派到南朝的使者，則都是口才好的大學問家）。宇文贇這一次，挑選長孫晟擔任副使，護送千金公主到攝圖的牙旗下。當時，整個代表團一共有十多名，每個人都長得肌肉發達，看上去無比彪悍。可是攝圖對這十多個人，都看不上眼，但目光掃到長孫晟時，心裡就激靈了一下，覺得他很合心意，就經常帶著他一起去打獵。這獵打著，長孫晟在突厥那裡成為專業打獵陪同人員，而且一陪同就一年多。

有一次，兩人一起出遊，突然看到前頭有兩隻大鵰一邊飛著一邊搶肉。

攝圖抽出兩支箭，對長孫晟說：「給你兩支箭，你一定要把牠們都射下來。」在這之前，攝圖就聽說過長孫晟是北周的神射手，這時就有意考考他。所有的人都知道，兩隻一邊飛一邊搶肉的大鵰由於活動的幅度大、軌跡凌亂、不好判斷，射下來的難度不是普通的大。

大家都看著長孫晟。

長孫晟接過兩支箭，向前跑了幾步，瞅了個角度，一箭射去。

但聞弓弦響處，利箭帶著破空之聲，直直射出……

此時，兩隻大鵰為那一塊肉已經爭到白熱化的程度，身體正好緊挨在一起，那一支利箭利以迅雷不及掩耳之勢直射而來，居然把牠們穿成一串，同時栽倒下來。

現場寂靜片刻之後，彩聲雷動。傳奇故事裡常有一箭雙鵰的故事，但現實裡並沒有人看到過——即使是以騎射見長的突厥人，也沒有對一箭雙鵰親眼見過。這一次，他們終於開了眼界。

攝圖對長孫晟就更加佩服了。他要求突厥的貴族子弟都過來當長孫晟的徒弟，向他學習一箭雙鵰的絕學。

長孫晟不但精於騎射，頭腦也很發達。他並沒有因為得到突厥大汗的無比信任就飄飄然、每天騎著戰馬到草原上耍酷，而是很留心突厥高層的政治動態。

攝圖在突厥高層中非常強勢，眾多小部落對他也很服從，但他也跟很多皇帝一樣，雖然時刻都高高在上，其實內心世界對很多人的忠誠都不相信。他那雙電光般的眼睛，每天都不停地在他那些有實力的部落可汗的身上掃來掃去，看誰表現出什麼異樣來。攝圖很快就發現處羅侯有點不一樣了。處羅侯是他的弟弟，這個弟弟跟別的弟弟不同，雖然只是小可汗，但他卻得民心。本來，甚得眾心是好事一樁，但在攝圖看來，這對他是大大的威脅，於是就開始對處羅侯猜忌。

處羅侯看到老哥看自己時，目光裡的猜忌已經完全無法遮擋，心裡也覺得害怕。他知道，如果讓哥哥大汗的猜忌繼續膨脹下去，他就會完蛋。他必須為自己準備後路。可是突厥是攝圖的天下，你能在攝圖的天下準備自己的後路嗎？他決定把自己的保險投到北周那裡。於是，他經過對長孫晟的考察之後，知道長孫晟並不是一個只會射箭的武夫，而是很有政治頭腦的人，只是他善於把這個政治頭腦隱藏得很深，別人看不出而已。於是，他派出自己的心腹偷偷跟長孫晟取得聯絡。當時，長孫晟也正留心突厥高層裡權力結構的變化，他也知道很多小可汗對攝圖是口服心不服，正想在他們當中找到一些裂縫，以便插手。現在處羅侯主動前來跟他結盟，他怎麼可能放過這樣的機會？幾次往來之後，長孫晟和處羅侯就結成了朋友。長孫晟一有時間就跟處羅侯一起到處打獵。

這時，長孫晟已經不是單純的打獵了，而是藉著到處打獵的機會，把突厥的山川形勢、各部落實力的強弱，都一一記在心裡，精準地掌握了突厥的內部形勢。

長孫晟回到北周時，楊堅已經成為輔政大臣。

長孫晟把這些情況都一一告訴了楊堅。

楊堅大喜，把他提拔為奉車都尉。

可是當突厥不斷在邊境製造麻煩時，楊堅居然忘記了長孫晟，只是派人在邊境高築牆，被動防範而已。

長孫晟知道楊堅用這個笨方法，是無法制止突厥鬧事的，於是就上書給楊堅，詳細分析了大隋與突厥的關係以及突厥內部的情況。他認為，現在大隋的局面雖然還算安定團結，但突厥仍然不願意臣服，經常在邊境鬧事、製造麻煩。而在目前的情況下，興師討伐，條件又不成熟。如果就此不理，他們就會更加囂張。所以，必須想辦法制定出一個完整的方案來對付他們。我長期在突厥生活過，跟他們高層交往密切，深知他們的高層並非鐵板一塊。目前突厥內部幾個大老基本都跟攝圖不對盤。達頭可汗玷厥本來力量很強，但自己的地位卻比不過攝圖，內心已經裝滿了不服，兩人的裂縫已經清晰可見；只要在兩人之間，稍一用力，做點煽風點火的工作，就完全可以成功離間兩人，叔姪化為仇敵，只是頃刻之間。還有處羅侯，是攝圖可汗的親弟。此人十分奸詐，詭計多端，但力量弱小，只好放下身段去爭取民心，所以突厥許多百姓都很喜歡他。這就招來攝圖的猜忌。他雖然天天努力做著笑臉去逢迎攝圖，好像要把兩人的裂縫彌合起來，但連他都知道，他現在一天比一天危險，心頭全是驚疑不定的情緒。另外就是那個大邏便。這人是個投機分子，那雙眼睛都在玷厥和攝圖之間掃來掃去，看誰勢力大就依附誰，做的是首鼠兩端的動作，並沒有真心歸順攝圖。依照突厥內部的形勢，我認為我們應該來個遠交近攻，從其內部找到突破口，離間他們強大的部落、聯合弱小勢力，把他們擺平。具體做法是，派人去跟玷厥見面，說服他跟大邏便聯合。攝圖現在雖然在邊境大吵大鬧，其實他時刻都還在密切關注著內部的動向，一旦發現大邏便他們有所動作，他就會毫不猶豫地把兵力撤回去，防備玷厥掌握的西部地區。如此一來，他們的衝突就會公開化，你防我我防你，十多年後，他們一定會鬧得精疲力竭。到時，我們就可以出兵將他們一把搞定。

楊堅細細地讀完這個奏章，越讀越是高興，最後把長孫晟叫過來，跟他面對面地暢談。長孫晟一邊說著雙方的形勢，一邊手畫著突厥的山川形勢，指出突厥的虛實，說出具體對策。

楊堅只聽得心花怒放，全盤採納了長孫晟的建議。他馬上派元暉去拜訪玷厥，而且還特地送給他一面狼頭纛——突厥人認為他們是狼的後代，對狼很崇拜，因此他們的牙旗都繡著狼頭——以表示對他的欽佩——當然是假裝的。玷厥當然很高興，呵呵，大隋帝國都這麼看重我，我也得回訪他們一下。

這就是楊堅需要的效果。

當玷厥的使者來到長安時，正好「偶遇」攝圖的使者。楊堅就在這個偶遇裡玩了個手腳。如果按照規矩，攝圖是突厥的大可汗，他的使者就應該享受最高待遇，而玷厥只是小可汗，他的使者應該排在攝圖使者之下。可是楊堅卻硬是讓玷厥的使者排在攝圖使者的前面，好像玷厥是大可汗一樣。這個安排當然讓攝圖不滿意。於是，攝圖跟玷厥的衝突就更加深入。

與此同時，楊堅任命長孫晟為車騎將軍，讓他帶著大量的錢財繞了個大大的圈子，從黃龍道出去，買通了這一帶的庫莫奚、霫（也是匈奴的一支）、契丹等少數民族讓他們當嚮導，最後來到處羅侯的駐地，跟他建立了良好的關係，讓他暗中內附大隋。

於是，突厥成功被分化，攝圖立刻處於孤立的境地，大隋北部的麻煩似乎可以擺平了。

4

轉眼就到了開皇二年，也是南陳太建十四年。

這年對於南陳皇帝陳頊而言，真是致命的一年。

就是在這一年的正月，他突然發病，而且病得不輕，連正月的朝賀儀式都不能舉行。到了這個時候，關鍵人物都知道一個重大的時間點又近在眼前了——尤其是他的兒子們。陳頊這時掌握的地盤不多，但嬪妃的數量卻很龐大——記錄在案的就有二十多個，繁殖能力也很強大，生了四十一個兒子，是生兒子最多的皇帝。其他幾個生育能力強的如趙佶，總共生了八十個第二代，但其中只有三十八個兒子。但兒子再多，陳頊也只能選一個人當接班人。挑選接班人，是不能任性的，必須按照立嫡立長那一套執行。所以，他很早就立其長子陳叔寶為太子。

陳叔寶出生的時候，陳霸先已經跟王僧辯平定了侯景之亂，成為南朝數一數二的能人。當時的蕭繹為了控制陳霸先，就讓陳霸先把自己的子姪宗親都送到江陵，說是到首都生活，其實所有的人都知道這是去當人質。於是，身為陳霸先姪子的陳頊全家也遷到江陵。第二年，江陵就被西魏兵攻破，於是陳頊一家又被擄至長安。而剛出生不久的陳叔寶，跟他的母親柳氏，以及他的弟弟陳叔陵都被扣留在穰城，過著漂泊離亂的生活。當然，作為南朝的貴族之家，雖然被當作人質，但生活條件還是不錯的。當他的伯父陳蒨即位後，他和他的父親終於也回到了建康。陳頊到建康後即位被封為安成王，陳叔寶同時被定為安成王世子。這一年，陳叔寶十歲。

按說陳叔寶少年漂泊，應知人間疾苦，但他在被扣在穰城其間，已經是大陳朝的皇室人員。北周朝廷扣押他們，只是想在跟陳朝玩時手裡多一張好牌，讓陳氏王朝有所顧忌而已，因此生活上並沒有虧待他們，所以，他們仍然過著富足的生活。他們回到建康時，已經是皇親國戚，而且陳蒨還把重要的權力都交給陳頊，使得陳頊成為一人之下萬人之上的大臣，陳叔寶的生活就更加美好幸福了。

再後來，陳頊稱帝，他也順位成為皇太子。

由於建康此前飽受戰亂，連個東宮都不像樣。陳叔寶成為太子後，東宮還沒有建成。直到八年之後，東宮才正式宣布竣工，陳叔寶這才喬遷東宮。而在此期間，他都跟隨周弘正學習《論語》、《孝經》等儒家經典。陳霸先雖然起自草莽，但其後代都喜歡讀書。陳叔寶也像以前的蕭子良一樣，不光自己喜歡文藝，也很喜歡跟那些文學才俊交往。於是，南朝大量的文士都前來投奔他，成為東宮的僚屬。一群新的江東名士，天天在東宮裡喝著名酒，高談闊論，文學聚會幾乎天天舉辦。後來，這些聚會核心成員，都成為陳叔寶朝中的高階長官。

按道理而言，陳頊對接班人早就有了安排，而陳叔寶也建立了自己的班底，陳頊一大行而去，換屆應該沒有什麼波折才對。

但仍然出現了狀況。

這個狀況其實也是經常出現的老狀況了。歷史上很多皇帝的兒子，都會出現一兩個野心家。這些野心家因為沒資格成為接班人，心裡超級不服，總是想把候任皇帝搞定，然後自己取而代之。

陳頊這幾十個兒子中，也出現了這麼一個兒子。

就是他的次子陳叔陵。

陳叔陵跟陳叔寶是異母兄弟，其生母為彭貴人。無論從嫡庶還是從次序方面看，他都無法成為太子，但他卻從不放棄。他跟很多野心家一樣，睜著陰險的那雙眼睛，尋找機會，剪除陳叔寶的親信。

陳叔陵很快發現，陳伯固很討他父親以及陳叔寶的歡心。

陳伯固是他的表哥，也就是曾經的廢帝陳伯宗的弟弟。陳頊雖然把他的哥哥廢掉並讓其肉體消失，但成功政變之後，陳頊並沒有擴大打擊面，讓陳伯固遭受誅連。仍然讓陳伯固當朝廷的高官，歷任翊右將軍、使持節、都督諸軍事、平東將軍、吳興太守、侍中、翊前將軍、安前將軍、中領軍、散騎常侍等。陳伯固也是個花花公子——否則陳頊是不會留下他性命的，年紀輕輕，就嗜酒如命。但他對財富的熱愛程度並不高，一旦手裡有錢，就都放肆花得沒有底線，因此在諸親王之中，他是頭號貧困戶。

陳頊看到他這個情況，對他就充滿了同情心，常常特地給他很多賞賜。陳伯固愛酒的程度跟張飛有得一比，而脾氣的暴躁程度也跟張飛處於同個等級，只要稍不如意，就舉起鞭子猛刷身邊的人。更糟糕的是，當地方老大時，從不理州中的政事，日常工作就是帶著一群人出去打獵，然後到處遊玩。陳頊雖然多次責罵他，但他並不把陳頊的話當耳邊風。後來，陳頊讓他擔任國子祭酒，專管太學生。他也像很多江南世家子弟一樣，對玄學那一套理論還是掌握得不錯。但由於嗜酒而性懶，學問做得並不精深。即使在國子監這樣的斯文之地，陳伯固仍然沒有改變他的工作作風，只要發現某個太學生偷懶不認真讀書，他就一輪鞭子過去，不把對方的屁股刷得皮開肉綻絕不罷休。學生們看到他挾著濃濃的酒氣、帶著又粗又長的皮鞭來巡視，都怕得要命，不得不努力埋頭讀書，居然使得學生們的學業大大地進步。

陳伯固對屬下動輒黑手高懸霸主鞭，但他還有另一個本事，就是談吐十分幽默生動，一舉一動，喜感滿滿，因此陳頊和陳叔寶都喜歡跟他在一起，對他十分寵愛。這讓野心家陳叔陵很惱怒。

陳叔陵這時把陳伯固當成陳叔寶的親信，認為把陳伯固搞定，就等於卸掉了陳叔寶的一條臂膀——從陳叔陵的這個眼光看，就知道這個人也不是個做大事的人，陳伯固這樣的廢才能當什麼人的臂膀？

陳叔陵決定搞定陳伯固時，並沒有採取什麼特別的手段——比如製造一場車禍、派某個黑社會殺手去砍死陳伯固，而是要走法律程序，暗中蒐集陳伯固的資料，要光明正大地把他拿下。陳叔陵的這個想法很好，如果能透過法律手段拿下陳伯固，那麼身為陳伯固後臺的陳叔寶當然就脫不了關係了。

陳伯固除了愛喝、愛鞭打學生之外，又非常懶政不理財，陳叔陵雖然暗自用了很長時間，卻真的沒有抓到陳伯固的什麼把柄。而他愛喝愛打的這個問題，在當時根本不是問題，再加上陳頊等人對此也知之甚詳，根本不用他告發。

沒多久，陳叔陵調任揚州刺史。建康屬於揚州轄區，因此揚州刺史的重要性，是各大州都無法比擬的。揚州刺史的很多工作，都關涉到中書、尚書兩省。由於他身分的特殊，他隨即都可以面見陳頊，直陳自己對兩省的看法，手中的權力就大得要命。於是，就玩起順昌逆亡的手段來，誰順從他讓他看得順眼，他就到陳頊面前幫誰說話，讓誰提拔得很快；誰如果敢忤逆不從——哪怕稍微有點不服，他馬上就誣以大罪，以至於有很多人被無端處死。

陳伯固雖然天天喝得酒氣熏天，但腦袋並沒有真的糊塗到底，看到陳叔陵這個樣子，也怕自己哪天會被陳叔陵陷害而身首異處。這人向來靠耍嘴皮大獲陳頊和陳叔寶的歡心，拍馬屁的水準當然非同小可。他一怕陳叔陵起來，便立刻轉變方向，對陳叔陵笑臉相迎，然後把那一套阿諛奉承全用於陳叔陵身上，把陳叔陵的馬屁拍得無比舒服。而且只要陳叔陵有什麼需要，他都會在第一時間能投其所好，做得萬分妥貼。陳叔陵有個嗜好，就是喜歡盜挖古墓，而陳伯固卻喜愛射雉。這兩項都是戶外活動。於是，陳伯固迅速把這兩個戶外活動結合，只有天氣允許，就立刻滿臉笑容地邀請陳叔陵老大到郊外田野遊玩，如果運氣好，碰上一座古墓，兩人就加班作業，把古墓一挖到底；如果沒有古墓，就拈弓搭箭，玩射雉活動，也是很刺激的。

陳叔陵本來是想做掉陳伯固的，這時看到這個酒鬼主動投靠自己，而且還這麼賣力地拍自己的馬屁，甘願當自己的親信心腹，把自己服侍得無比舒心，不由得心花怒放，迅速把陳伯固當成自己最親密的同袍。於是，大家就經常看到野外有兩個熟悉的身影在奔跑，有時馬頭掛著一連串的野雉，有時則看到他們滿身泥土，手拎大袋，裡面全是盜墓取得的成果。

陳叔陵雖然玩得很嗨，但他仍然沒有忘記他為自己訂下的歷史使命——做掉哥哥，然後取而代之。他很快就把自己內心的這個想法全盤告訴了陳伯固，然後盛情邀請陳伯固加入自己的隊伍，一起密謀作亂，以後共享富貴。

陳伯固到了這個時候，哪敢不從？這時，他已經是侍中，又是陳頊身邊的紅人，便利用自己經常進宮的機會，把在宮廷中聽到的祕密，都告訴陳叔陵。

當陳頊的身體「不豫」時，陳叔陵也是在第一時間知道的。

對於陳叔陵來說，他知道歷史關鍵點已經近在眼前。這個時候，誰在皇帝身邊，誰就有主動權。

而這個時候，陳叔寶並不知道陳叔陵內心的想法，看到父親已經身薄如紙地躺在床上，氣若游絲，朝不保夕，便馬上叫陳叔陵和另一個弟弟陳叔堅入宮侍疾。他認為，萬一父親有什麼不測，有兩個兄弟在身邊做幫手，可以臨危不亂。

沒想到，陳叔陵老早就「陰有異志」，看到父親一天比一天地衰弱下去，心裡也是焦急萬分——他雖然很早就野心滿滿，時刻都在做著打倒哥哥的打算，但到現在只有陳伯固一個心腹，而歷史機會已經撲面而來，自己並沒有做好準備。這才知道，「機會永遠是留給準備的人」這句話並不是白說的。他情急之下，又沒有別的辦法，就牙一咬，決定自己動手。

這話說起來很容易，可做起來難度不是普通的大。他雖然是手握大權的皇子，奉命入宮侍疾，但入宮之後，連一把小刀都不能帶，到時拿什麼來「親自動手」？總不能赤手空拳過去把陳叔寶打死吧？只怕他還沒有舉得兩下拳腳，就被宮中的侍衛群毆致死。

他只好睜著兩隻慌亂的眼睛、焦急地到處尋找。最後，他發現幾個典藥吏在切藥。

切藥刀也是刀啊。

他懷著無比激動的心情去看那把刀，很快發現，這刀也太鈍了，切幾根草藥都那麼費力，拿來砍人一定不會那麼順利——他心裡的打算是，事發之時，必須以迅雷不及掩耳之勢，一刀讓陳叔寶身首異處。如果一刀砍不死人，他仍然難以成功。於是，他端起那張臉，說這刀都鈍成這個樣子了，還能切藥嗎？要求典藥吏把刀磨利一點，磨刀不誤切藥工。

幾天之後，也就是正月初五，陳頊終於如陳叔陵所願，永遠閉上那眼睛，宣布大行而去。

但陳叔陵仍然覺得父親死得太倉猝，他急命幾個左右「於外取劍」。他雖然早有打算，但並沒有像別人那樣，事先有組織、有策劃，將左右親隨都發展成自己的心腹，使這些心腹對自己的想法都瞭若指掌，事到臨頭，都積極主動地配合。但他的想法目前只有陳伯固知曉，其他左右通通不明就理。他們看到陳叔陵這個時候叫他們去取劍，並不知道他要握劍在手，然後去砍死他的哥哥，而是跑到外面，取出他平常入朝時所佩帶的木劍——也叫朝服劍，此劍為朝服所帶，以為儀飾，非求其適用，故以木為之。他拿到輕飄飄的木劍時，不由得怒火萬丈，卻又不敢大規模表達，只在那裡忍無可忍地恨恨連聲。

當時，在現場的還有他的弟弟陳叔堅。

陳叔堅這時的政治敏感性很高。他看到二哥的這些動作非常反常，就知道二哥要作亂了。於是，他偷偷在一邊觀察，密切注視陳叔陵的一舉一動。

正月十一日，在將陳頊的屍體入殮時，陳叔寶在那裡俯伏痛哭。

陳叔陵一看，陳叔寶已經哭得毫不設防，這可是大好機會啊。他雖然身上無劍，但還有那把切藥刀。他舉起了切藥刀，向陳叔寶砍過去。

他砍得很精準，一刀就砍中陳叔寶的頸部。可是由於刀太鈍，同時也是他自己的臂力太弱，雖然一刀命中要害，但效果卻很差——陳叔寶的頸部並沒有他想像的那樣，一刀兩斷，而只是被他砍出一條刀痕來。

陳叔寶猝不及防之下，被砍得「悶絕於地」。如果他就此再「悶絕」幾秒鐘，無法反抗，陳叔陵仍然會得手。

可是現場還有很多人，這些人包括陳頊的皇后也就是陳叔寶的母親柳氏。

柳氏看到自己的兒子被陳叔陵襲擊，砍得倒在地上，什麼也不顧，就和身撲來，要救兒子性命。

陳叔陵這時已經慌亂異常，那把切藥刀亂舞，又在柳皇后的身上砍了幾刀。這幾刀仍然砍得毫無阻力，不但沒有把柳皇后砍死，反而讓陳叔寶爭取到了時間。陳叔寶已經在萬分危急的時候醒了過來。

陳叔陵把皇后砍傷之後，便又朝已經醒來的陳叔寶砍過去。

這時，另一個人又出現了。

當然不是什麼大人物——歷史往往就是這樣令人錯愕，關鍵時刻出場的往往不是什麼歷史能人，而是名不見經傳的小人。這次出場的是一個老女人，一個地位低下的老女人。她是陳叔寶的乳母吳氏。吳氏還在陳叔寶很小的時候，就餵他喝奶，女人天生的母性，也讓她自己把這個男孩當成自己的兒子。這時看到「兒子」要被別人砍死，也奮不顧身跑來，狠命地抓住陳叔陵的手，硬是沒有讓他那一刀砍下。陳叔寶這才得以爬了起來。

陳叔陵眼看陳叔寶要跑，也是急了。奈何舉刀的手被吳氏死命抓住，難以砍下，只好伸出另一隻手扯住陳叔寶的衣服。陳叔寶在這危急之際，使出吃奶之力，終於掙脫而出。正在這時，陳叔堅也衝上來，雙手扼住陳叔陵的脖子，然後奪去其手中的刀。

陳叔陵這一連串的動作，都被宣布無效之後，精神已經崩潰，身心俱疲，毫無反抗之力，任陳叔堅將他像一條死狗一樣拖著，來到柱子旁邊。陳叔堅用他的袖子把他捆在柱子上。

這時，陳叔寶已經在吳氏的攙扶之下，逃出去躲避了。

陳叔堅不敢自行處理陳叔陵，就到處去尋找陳叔寶，請示如何處理陳叔陵。

陳叔陵這時又清醒了過來，知道自己再這麼崩潰下去，馬上就會被砍頭。他轉頭一看，原來老弟做事並不牢靠，只用這個袖子來捆他。他奮力一掙扎，就解脫了出來，然後一溜煙跑了出去。他衝出龍雲門，乘車馳回東府城，召集左右隨從，宣布出兵。命令大家阻斷通向臺城的青溪道，然後下令把東府城囚徒都放出來，讓他們成為光榮的大陳戰士，跟他一起進行政變活動。當然，光這些犯人還是不夠。他又派人前往新林，徵調他原本所指揮的部隊，趕快回來。他換上了軍裝，戴上白帽，登上城西門，現場展開徵兵工作，召募城裡的老百姓入伍。他又突然想到，如果光召募底層低端人口入夥，排場仍然不夠壯觀，號召力也非常有限，於是就又派人去當王公大臣們的說客，把他們都團結到自己的陣營來。

沒想到，他忙了大半天，不但王公大臣們對他的拉攏毫無興趣，就是低端人口也沒有幾個投入他的麾下。他在那裡左顧右盼，結果是「莫有至者」。

當然還是有個人跑過來的。

他就是陳伯固。陳伯固因為已經成為他的心腹，只有追隨到底了。他聽說陳叔陵已經舉事，二話不說，單騎急奔而來，當陳叔陵的得力助手。

這時，陳叔陵手下有一千人，但他並不敢帶著這支武裝力量去戰鬥，而是只想占據府城自守。到了這個時候自守，其實就是等死。其實，對於陳叔陵來說，機會仍然存在。

由於陳叔陵的舉事，毫無徵兆，陳叔寶對此沒有一點防備觀念，因此臺城內並沒有設置什麼軍事力量。現在朝廷的軍隊重點部署在沿江一帶。也就是說，現在臺城裡十分空虛。如果陳叔陵一咬牙，帶著這一千人高喊口號殺進臺城，贏面還是很大的。可是他卻縮著頭在那裡自守。

陳叔堅知道問題真的很嚴重。此時，陳叔寶還處於驚慌狀態，根本沒有辦法主持大事。陳叔堅只好奏請柳皇后，派太子舍人司馬申以太子的名義，召蕭摩訶入見，接受任務。

蕭摩訶不但是陳霸先時期的老前輩，也是當時數一數二的猛將。他接受任務後，就帶著幾百人的部隊，直接來到東府，屯駐在城西門，向陳叔陵挑釁。

陳叔陵看到蕭摩訶出馬，也十分害怕，派韋諒送一套鼓吹給蕭摩訶，並轉告他的話：「事捷，必以公為臺輔。」

你想想，蕭摩訶能接受他的這個誘惑嗎？

蕭摩訶心頭冷冷一笑，你這小子跟我玩這個，還太嫩了。他不動聲色對韋諒說：「這個事情很大，我不得不小心。這樣吧，必須請大王最信得過的親信過來，當面跟我說，我才敢相信。」

陳叔陵再怎麼蠢也知道蕭摩訶在騙他，但他又怕失去這個機會。於是就一咬牙，把兩個最重要的親信戴溫和譚騏派出，去跟蕭摩訶見面。

蕭摩訶看到陳叔陵居然連這樣的當都上，便又是冷冷一笑，把這兩個人送到臺省，然後斬首於東府城示眾，讓大家知道，追隨陳叔陵的下場就是這麼慘。

陳叔陵看到兩個親信已經有去無回，心頭更加慌亂了。他智商雖然不高，但也還有自知之明，知道自己無論如何也不是戰場老手蕭摩訶的對手。他站在城頭，望著城外，蕭摩訶的部隊並不多，幾百人部署在那裡，規模一點也不大，但他心裡寒意陣陣，連一點出戰的欲望都沒有。

寒風繼續吹，把陳叔陵吹得不斷地打著哆嗦。

他臉上的皮肉不斷地收縮，連他都覺得自己那張王爺的臉已經強烈變形。他轉頭四顧，身邊幾個衛士，無精打采地站著，每個人眼空無物地望著遠方，目光散亂，毫無焦點。

他無力地垂下腦袋，然後低著頭，一步一搖晃地回到府中。

此時，他的內心世界已經撐滿了絕望。

絕望的陳叔陵回到府中之後，動作突然加快。如果你以為他這麼加快動作，是要帶著身邊的人去找蕭摩訶拚命，那絕對想錯了。

他把自己的王妃和七個寵妾叫來。他滿眼血絲地一一察看她們一遍之後，臉上凶光大發，咆哮著把她們全部趕到井邊，然後把她們都丟進那口井裡淹死。可憐這幾個美女，當初嫁進皇家豪門，本來都以為，自己的命運真好，完全可以榮華富貴地過完這輩子了。沒想到，幸福生活才剛幾年，就在這個寒風刺骨的早春，被逼死於這口井裡。

陳叔陵逼死了妻妾之後，自己並沒有跟著跳進去、或者橫刀一抹，把自己做掉，而是帶著步騎幾百人逃出，從小航渡過秦淮河，打算先逃到新林——那裡，還有一支屬於他的部隊。他想逃到那裡之後，仗著那支部隊的力量，為他抵擋一下追兵，爭取一下時間，讓他逃到北朝，當大隋的公民。

可是他才跑到白楊路，就碰上政府軍。

陳伯固看到朝廷大軍隆重抵達，情知不妙，就一轉身躲進小巷中。

陳叔陵一看，不由得大怒，到了這個時候，你還貪生怕死，想讓我幫你掩護？便一臉怒氣地拔出大刀，撥轉馬頭，追進小巷。陳伯固一看，不由得暗叫苦也，只好又返回，說我跟老大有難同當。可是其他士兵卻不願跟他們有難同當，紛紛丟盔棄甲而去。

陳叔陵只用刀逼住陳伯固，但對其他人卻毫無辦法。

沒多久，逃命路上就只剩下陳叔陵和陳伯固兩條好漢了。

兩人已經嚇得面無人色，在那裡四顧倉皇，不知向哪個方向跑路才能逃出生天。

蕭摩訶的部將陳智深已經帶兵急馳過來。他看到現場只有兩個沒頭蒼蠅般的人，心頭大喜，躍馬挺槍，把陳叔陵一槍挑落下馬。另一個將軍陳仲華快上前，手起刀落，割下陳叔陵首級。陳伯固還在逃。但才跑不到半天，就被一群亂哄哄的大軍圍住，結果當然就死於亂軍之中。

一場政變就此平息。

陳叔陵雖然野心滿滿，但程度太差，密謀多日，最後居然連個簡單的方案都沒有，情急之際，接到手裡的居然是一把木劍。僥倖逃回東府，明知臺城空虛，卻不敢舉兵進取，白白在東府那裡自守，等蕭摩訶率兵前來，還沒有交手，就已先喪其氣，奪路亡命，終於丟了腦袋，讓大家知道，政變並不是每個人都能執行的。

事後，南陳朝廷把陳叔陵的諸子全部賜死，陳伯固的諸子則都被貶為庶人。陳叔陵其他幾個核心成員，如韋諒等人，當然都通通伏誅。

接下來就是陳叔寶宣布即皇位。只是因為他後頸捱了陳叔寶重重一擊，雖然沒有把那個白嫩的脖子砍斷，但也讓他受了重傷，稱帝之後，他仍然不能出來上班，而且臥病在床。於是，他母親柳太后就到柏梁殿居住，接受百官的稟奏，處理朝廷政務。直到陳叔寶傷癒，她才還政於子。

於是，南陳打開了陳後主時代。

5

在南陳發生了這個狗血劇之時，楊堅仍然在為自己的權力謀篇布局。

楊堅對北周的滅亡，不管是從體制，還是從人事布局上，都認真地汲取其經驗教訓。體制方面的事，上面已經說了。而在人事布局上，他認為宇文氏雖然當著一國之主，由於朝中沒有心腹、周圍也沒有幾個親信能人支撐，導致其力量孤弱，最終被他輕而易舉地拿下。因此，在地方上安排自己的親信，是其政權的有力保障。

這話說來沒有什麼難度，但實施起來，就沒那麼容易了。先不說別的，誰是最可信的人？朝廷裡雖然一大群人天天在那裡向你效忠，可是他們的忠誠度到底有多少？你能目測得出嗎？每個皇帝都有個共同的特質：多疑！楊堅帶著這種多疑去考察群臣，能找到幾個信得過的人？

考察來考察去，最後覺得只有自己的兒子才是最可信的。

可是他的兒子們現在都還年輕，除了楊勇剛剛成年之外，次子楊廣這時也才十三歲。另外三個兒子就更小了，你能讓他去幫你守邊疆嗎？

但他沒有辦法，仍然讓幾個兒子當地方能人。

楊勇是太子，又兼管北部邊境，專門對付突厥。於是，他就專門設定了河北道行臺，讓楊廣為河北道行臺的尚書令；再在益州設定西南道行臺，任命年僅十歲的楊秀為尚書令。他的意圖是讓這兩個兒子各統御一方，作為羽翼，以輔弼朝廷。他當然也知道，目前這兩個皇子都還屬於未成年人，公章都還拿不穩，怎麼可能治理一方，充當他的羽翼？於是，只好又挑選一批信得過而又有能力的能臣，當這兩個兒子的幕僚——其實等於監護人，幫他們處理軍政事務。

楊堅幫楊廣安排的監護人有兩個：一個叫王韶，原為靈州刺史，被委任為楊廣的尚書僕射，也就是行臺排行第二的人物；一個叫李雄，原本是鴻臚卿，被委任為楊廣的兵部尚書，主持行臺的軍事工作。雖然王韶只是排行第二，在權力榜上僅次於楊廣，但國家仍然處於戰時狀態，而且楊廣的這個轄區又與南陳的邊界無縫相鄰，因此軍事才是最主要的。可以說，在開會時，李雄的座次雖然排在王韶之後，但他的職位要比王韶重要得多了。李雄本來是世家子弟，祖宗幾代，都靠儒學獲取名功。可是他硬是丟掉李家傳統，把那一疊書閒置在一邊，而是去學騎射技術。他的哥哥李子旦覺得弟弟這樣做有違祖訓，實在是對不起祖宗，就責罵他：「老弟，你天天騎著馬到處射箭，這是莽夫所為，不是士大夫所應該做的事業。」

李雄哈哈大笑：「哥哥這話就說得有點古板了。自古以來的成功人士，無不文武具備。我雖然不夠聰明，但也讀了不少前賢的著作，只是沒有像你這樣墨守章句訓詁而已。我現在就是要做到能文能武，哥哥為什麼要這麼指責我？」李子旦被他塞得當場無語。

後來，他果然憑藉其軍事能力，隨達奚武等人先後平定漢中、興州，以武功拜驃騎大將軍、儀同三司。之後，轉戰各地，戰績都很耀眼。當年韋孝寬經略淮南時，李友以輕騎數百來到硤石，靠那張嘴去當說客，居然連下十餘城，並因此被任命為豪州刺史。所以，當楊堅幫楊廣挑選軍事監護人時，考慮到此人不但文武雙全，而且又有對付南陳的經驗，於是他就成了不二人選。楊堅在幫李雄發委任狀時，對他說：「吾兒更事未多，以卿兼文武才，吾無北顧之憂矣。」由此可見，楊堅對他的期望有大。

楊堅也幫楊秀安排了幾個幫手，一個是李徹，負責軍事方面的，另一個是元巖。這幾個雖然能力有差別，但都有一個共同的特點，就是為人剛直而負有盛名。

楊廣和李秀都是花花公子，成為地方老大之後，首先想到的是利用手中的權力去追求奢侈玩樂。王韶和元巖卻總是拒絕執行。有時，這兩個大王生氣起來，他們就自動前去請罪，說即使大王殿下砍他們的腦袋，他們也不能去執行這個命令。有時，兩位大王撇開他們自行其是，他們聞知之後，立刻就闖進現場，規勸他們，弄得這兩個小王爺對他們都心生畏懼，不敢再亂來，有什麼事都得先跟他們商量，待他們點頭之後，才敢去做。楊堅對他們的工作很滿意，下令重重地獎賞他們。

6

當時，隋朝邊境的大將元景山得知南陳發生了亂事，便率兵出漢口，派他的手下儀同三司鄧孝儒帶四千兵攻打甑山。南陳的鎮軍將軍陸綸趕快帶領水軍去救甑山，但被鄧孝儒擊敗。

本來南陳邊防軍就已經虛弱了，再加上發生了這麼個大麻煩，誰都不知道該怎麼辦，看到隋軍打來，基本都是無心戀戰。涓口、甑山、沌陽等處守軍，看到陸綸被打敗，便都不約而同，棄城而逃。

南陳朝廷大驚，可是又沒有辦法。沒有辦法之後，只好派人到長安請和，並把去年他們奪得的胡野歸還給楊堅。

很多人都認為，南陳已經到了不堪一擊的地步，楊堅應該一聲令，大軍殺將過去，一統江南。

可是高熲仍然認為，目前南征的條件並不成熟。南陳雖然弱小，但這些年來，陳頊的治理還是很成功的。邊防軍雖然不怎麼有用，但其綜合國力仍然擺在那裡。而楊堅才剛當皇帝不到一年，權力基礎並沒有想像中那麼監實——否則他就不會把幾個成年的兒子派去當地方的首長了。再加上突厥那邊的事情還沒有擺平。長孫晟的策略正在實施，怎麼可能中途而廢？所以，必須先把突厥大打一頓，打得他們至少在一段時間內不能自理，然後才可一心一意、集中所有力量南征。

於是，高熲建議，接受南陳的請和，理由很堂皇：禮不伐喪！也就是說，按禮節，不討伐有喪亂之敵國。這個理由當然是太荒謬。

二月，楊堅詔令高熲等人班師回朝。隋陳邊境又進入一次相安無事模式。

突厥方面，雖然他們現在的規模比以前的柔然大，體制也相對完善，但其作戰風格仍然保留著柔然時期的風格，像某個特殊時期的氣象一樣，即興性很強，你根本不可以預測。因此，跟他們對戰時，隋朝邊防部隊的行動也必須十分靈活，只要抓準機會，能出手時就出手。

開皇二年的四月，大隋大將軍韓僧壽抓住一個機會，突然出兵，襲擊突厥的雞頭山，把突厥兵打得大敗；接著上柱國李充又在河北山把另一支突厥兵打跑。

那邊廂的高寶寧（高寶寧一事詳見拙作《道不盡的南北朝》）看到自己的兩支友軍先後被打得路都不見，不由得惱怒，率自己所部以及部分突厥兵，大舉進攻平州。

攝圖看到自己的部隊連吃兩次敗仗，自己的威信也跟著直線下跌，也是心大憒，便動員全突厥，發動五個可汗部落的全部力量，共四十萬人，越過長城，向南出發。

六月十三日，突厥的一支偏師跟大隋的上柱國李光相遇，被李光打敗。突厥兵看到李光真有兩下，就轉過矛頭，去攻打蘭州。涼州總管賀婁子干，率兵迎戰，在可洛河將他們擊敗。

如果光從這兩次戰事看，突厥兵似乎不堪一擊，要消滅他們基本沒有什麼困難。但請不要忘記，這兩次被打敗的突厥兵，只是他們的偏師，而他們的主力部隊，此時正在攝圖率領下，大步南下。

楊堅知道此次攝圖全軍動員，舉傾國之力南下，擺出的是決戰的姿態，如果不小心應付，北方大片領土就會被突厥騎兵橫掃，其損失將會無比巨大，只怕國運也會因此而一蹶不振。他必須萬分重視。

他任命太子楊勇屯兵咸陽，還命令虞慶則屯弘化，以備突厥。

這是什麼部署？這是楊堅的最後一手：準備在突厥衝破前方之後，向長安奔襲時，這兩支部隊能成為長安最後的屏障。可見當時長安高層已經十分警戒。

攝圖率著十萬之主力，旋風而來，已經殺到周盤。

這時，大隋的行軍總管達奚長儒顯然情報有誤，還不知道攝圖的主力已經殺到，正帶著兩千部隊要繞道去襲擊突厥。但才偷偷摸摸走到半路，就碰上了攝圖的大軍，想躲都來不及了。

大家看到眼前突厥部隊狼旗高舉，鐵騎遍野，揚塵蔽空，無不嚇得面無人色：老大啊，我們能跟他們對戰嗎？要是一對戰，結果比雞蛋碰石頭還難看啊！

有的人說，老大，虞慶則將軍就在左近，快點向他求救吧。

此時，虞慶則就屯兵在弘化，周盤就在弘化境內，而且相距並不遠，突厥大軍殺來，與達奚長儒相遇，虞慶則焉能不知？還需要派人去求救嗎？何況，大敵已經近在眼前，視野裡都已經裝滿了敵人閃閃發光的彎刀，你派使者去向虞老大求救，只怕一往一來的過程還沒有結束，這兩千人就已經被別人處理了。當務之急，只有靠自己了。

真實情況是，虞慶則此時已經知道攝圖大軍來到、並已經赴向達奚長儒軍了，但他怕突厥勢大，不敢輕舉妄動，只在那裡閉著兩眼，心裡說，達奚長儒啊，你就自求多福了。

達奚長儒轉頭看了看眾兄弟，全都是一臉的恐懼神態。他知道，別人可以把這個大懼之態表現在臉上，他萬萬不能。

突厥部隊已經狂殺過來，容不得達奚武多想了。

他騎在馬上，神色慷慨，帶著大家邊戰邊走。大家看到老大都這樣拚命了，敵人又已經大刀翻飛大砍大殺而來，你再不抵抗，就立刻身首異處。於是都調整心態，跟著達奚長儒拚死戰鬥。突厥兵仗著人多勢眾，不斷地向隋軍衝擊，多次將隋兵衝散，但每次隋兵們都在達奚長儒的布陣下，又聚攏在一起，四面抗拒。他們就這樣跟突厥兵大戰，一邊抵抗一邊轉移，而突厥大軍居然無法將他們一網打盡，三天之內，拚了十四場。很多大隋戰士手中的兵器都打得廢了，但他們仍然鬥志昂揚，赤手空拳，跟敵人硬碰硬，直打得拳頭都露出骨頭來，總共殺敵一萬多。

突厥兵剛開始時，看到對方區區兩千人，以為只要衝上去，不用打仗，大家舉起大腳，就可以把這兩千人踩爛在地板上。沒想到，這兩千人居然頑強到這個地步，打了三天三夜，身上居然有著使不完的力氣，到現在不但沒有累倒，還在那裡血跡斑斑地跟他們拚命。這哪裡是人啊，分明是鬼是神！

突厥兵們都有點氣餒，喊打喊殺聲也慢慢疲軟，進攻的力量也越來越弱。最後，居然解圍而去。

曾經漫天灰塵的戰場，慢慢塵埃落定。

紛紛揚揚的塵埃都紛紛落在尚自兀立如山的大隋戰士們的臉上、身上。

他們這時看上去已經零零落落，模樣狼狽不堪。他們看到敵人終於遠去，曾經無比猙獰的神態，慢慢從那些滿是塵灰和血跡的臉上褪去。一條條淚水，從眼眶裡奔湧而出，在臉上厚厚的浮塵中，沖出深刻的淚槽。

是啊，他們居然勝利了。

誰也沒有想到，他們居然還活了下來。

除了死去的人，所有人身上都掛滿了血彩。達奚長儒身被五創，其中重傷兩處，八成以上的戰士都已經陣亡。

奚達長儒此戰，立的功勞太大了。既攔住了突厥主力繼續南來的步伐，也大挫了突厥的銳氣。楊堅一論功行賞，直接任命他為上柱國，但功勞居然還沒有用完，就把餘下的部分授予他的一個兒子。

在達奚長儒跟突厥主力硬碰硬的同時，大隋帝國的柱國馮昱屯乙弗泊，蘭州總管叱列長叉守臨洮，上柱國李崇屯幽州，也都跟突厥發生了激戰。他們手中的部隊雖然比達奚長儒多了很多倍，而且還有城牆憑險固守，但無一例外地全部被突厥打敗，所守之城，全部宣布失守。

突厥就此突破大隋北部的防線，縱兵從木硤、石門兩道深入。

於是，武威、天水、金城、上郡、弘化、延安、六畜，只在片刻之間，成為淪陷區，牲畜都被劫掠一空。

長安已經在突厥的眺望之中。

就連攝圖都沒有想到，他這次軍事行動進展得居然如此順利且神速。他手搭涼蓬，望著長安，心情無比激動，雄心勃勃地決定，繼續大踏步前進，爭取把長安城裡的牲畜和美女都擄回去。

要是能成功地進入長安，這可是突厥有史以來的巨大勝利啊。

大隋高層更沒有誰預料到，突厥居然這麼生猛，他們的邊防軍主力居然這麼禁不起戰鬥的磨練，敗得如此乾脆。楊堅急切之間，想要重新部署真的來不及了。

在楊堅徬徨無計之時，長孫晟又出場了。

在長孫晟的動作之下，先是玷厥不願再打下去了。當雄心勃勃的攝圖下令全軍南進之時，玷厥卻突然表示自己熱愛和平了，要打你自己打去吧，我帶著我的子弟回去了，便令旗一揮，本部落人馬，立刻調轉行軍方向，高奏凱歌還。

攝圖氣得要吐血，但玷厥的力量是突厥五可汗中最強的，他不願合作，你還真不能拿他怎麼樣。攝圖暴跳如雷之後，仍然不想放棄這個機會，要率剩下的部隊繼續南下，不打到長安絕不回頭——少你一個玷厥，地球照樣轉，四季仍然分明。

沒想到，他正在做出安排，另一個他完全也想不到的情況又出現了。

當然，這個情況也是長孫晟製造出來的。長孫晟不但收買了玷厥和大邏便幾個可汗，便連攝圖的兒子染干也被他玩得團團轉。他偷偷前來找染干，對他說，據可靠消息，不光玷厥他們不願跟你父親合作，鐵勒等幾個部落更加陰險，他們已經暗中做好勾結，準備集中力量襲擊你父親的營帳。我此前跟你相處得很愉快，不忍心看到你父親被別人玩完，這才偷偷地來告訴你。至於信不信由你。

染干一聽，立刻去向父親匯報。

攝圖的智商不算很高，但這幾天，各個部落跟他貌合神離的情況，他還是心知肚明，因此疑心已經越來越重，現在聽到兒子這麼一說，那個剛剛冒出的雄心壯志立刻歸零，心頭的懼意猛長出來，二話不說，下令撤兵而回。

幾十萬突厥大兵，煙塵滾滾而來，又隆重回去。

楊堅不由長舒一口氣。如果沒有長孫晟的這幾個詭計，大隋的後果真是太嚴重了。常聽人說，某個人抵得多少個師，現在看來，長孫晟真的抵得幾十萬大軍。

從這個事件中可知，高熲反對南征是有理由。

楊堅靠長孫晟的幾場騙局，終於把突厥的大軍應付回去了。

可是像所有的騙局一樣，取得的效果只是暫時的。因為突厥雖然呼啦啦地退走，但他們的力量並沒有受到一丁點損失，他們的武裝力量，仍然肌肉發達，力量釋放的欲望十分強烈。

他們退回去沒多久，便又把目光投向南方。

開皇三年二月，突厥的小支部隊又出來，不斷地騷擾兩個勢力的邊境，讓楊堅十分鬱悶。

楊堅這個鬱悶還沒有結束，另一個鬱悶接著生成。

已經沉默很久的吐谷渾大概看到突厥把大隋狠狠地打了一頓，覺得大隋也不過如此，何不也出來撈點成績？於是，也捲起袖子，進攻臨洮。

洮州刺史皮子信早上起來後，突然發現城外全是吐谷渾的部隊，正大喊大叫著圍攻城池。他大怒，帶著一群手下出來，要把吐谷渾的部隊打回老家。

吐谷渾的部隊沒有太多作戰經驗，而皮子信的作戰經驗就更加短缺。兩軍一交手，皮子信被打得大敗，而且敗得很徹底——他本人也被砍死在戰場上。

吐谷渾兵一看，勝利得來不費功夫，無不信心滿滿，便繼續前進。

他們很快就遇到了汶州總管梁遠的部隊。他們一如既往地向前衝，心裡也一廂情願地以為，又將取得了一場大勝。但梁遠不是皮子信，看到吐谷渾的部隊前來，就迎頭痛擊，揮兵大殺，把吐谷渾的部隊殺得一敗塗地。吐谷渾兵這才知道，不同的將軍帶的兵真的不同。他們一聲忽哨，四散而逃之後，又去打廓州，但仍然不勝。他們這才知道，侵略活動真的不是他們的特長，這才退了回去。

但突厥卻不是吐谷渾，他們是打贏了不收手，打輸回去喘口氣又重頭再來，似乎已經把自己當成麻煩的專業製造者，這讓楊堅實在忍無可忍。

楊堅了解到，如果不下決心先把突厥搞定，他的大隋之邊就永無寧日，他一統中國的遠大理想，就永遠停留在大夢裡。於是，他一咬牙，任命楊爽為行軍元帥，率諸將討伐突厥。楊爽是楊忠的幼子，也就是楊堅的同父異母兄弟。楊忠死的時候，他才六歲，是楊堅的皇后獨孤氏把他養大的，名為兄弟，實如父子。

楊爽在出發時，楊堅特地發了一道詔書，要求楊爽在征伐的過程中，對於突厥要「義兼含育，有降者納，有違者死，使其不敢南望，永服威刑。」由此可見，突厥對楊堅和大隋造成的威脅有多麼巨大，已經令楊堅不得不舉全國之力，一戰解決之。

楊爽率兵分八道出塞。

最先與突厥面對面的是楊爽的行軍總管李充。李充由朔州出塞，於開皇三年四月十二日，在白道跟突厥的老大攝圖撞了個正著。

大家知道，攝圖還是很強悍的，手下的部隊也是突厥最為精銳之師。現在雙方突然偶遇，打還是不打？

楊爽也在想著如何打。

李充對楊爽說：「近來突厥屢屢來犯，而且每次都易於得手。他們對我們的部隊已經看不上眼了。現在完全可以乘他們輕敵之機，派精騎對他們來個突擊，必定大獲全勝。」

大家一聽，都覺得這很冒險。敵人那麼多，攝圖那麼強悍，如果襲擊失敗，大隋軍威可就大挫，請老大認真對待啊。不如集中兵力，跟他們一決勝負。

只有李徹認為李充策略是正確的。目前突厥兵勢大，合五汗之師，足有幾十萬，而且機動性強，要按常規打法，一戰一戰地取勝，就必須隨著他們的運動，不斷把部隊調來調去，那這仗要打到大家牙齒都掉光了還沒有結束啊。

兩人都知道突然襲擊，主要是抓住機會。而機會往往就在大家七嘴八舌的討論中無影無蹤。於是，他們不再跟這些同事進行無謂的討論，組織了五千精騎兵，按照自己的想法，突然殺出，掩襲突厥大營。

攝圖前番南下，打得隋兵毫無還手之力，如果不是可惡的玷厥中途離場，他就完全可已一路高歌打進長安。他被對方欺騙撤軍之後，心裡超級不服，近來在邊境製造多起流血事件，大隋邊防軍都處於被動挨打的局面，讓他的勝利一個接著一個。因此，他已經堅定地認為，隋兵已經沒有什麼戰鬥力。只要他願意，想把勝仗的規模打到多大就能打到多大，戰場的主動權已經牢牢地掌握在自己的手中——發不發動戰鬥，也已經由自己說了算。沒想到，在他正安然地準備喝著馬奶酒，再做戰鬥動員時，李充的部隊已經殺上來了。

攝圖連安排戰鬥的時間都沒有。士兵們看到隋兵喊殺連天衝進大營，而且又聽不到大汗的命令，都慌成一團，四處而逃。

攝圖也是戰場上的老手，一看現場就知道自己真的沒有辦法再收拾這個局面了，丟開喝到一半的馬奶酒，連用黃金製作的盔甲也來不及拿了，直接向帳外竄去。他本來想到馬廄裡牽一匹馬，然後兩腿一夾，憑著自己的精湛的騎術，風馳電掣而去。沒想到，已然來不及了。他只好身子一竄，滾到草叢中。此時就是草長鶯飛的暮春時節，野草繁茂，十分便於掩護。他在草叢中，一陣狂跑，這才逃出生天。

攝圖敗了一陣，軍中的其他狀況也馬上顯現出來。最先讓他頭痛的是，嚴重缺糧。

大家知道，中原軍事家們一籌劃打仗，最先考慮的必定是糧餉問題，所謂大軍未動、糧草先行，打的基本就是後勤保障。但突厥這些游牧民族向來是採游擊戰法。他們是沒有糧草，才出來打的，打仗的最大目的就是搶劫，基本上是一邊打一邊搶，以戰養戰，倒是對土地沒有太多占領的欲望。因此，他們每次出征，帶的糧草都沒有多少。現在被李充一戰打散，那點糧草當然都已成為李充的戰利品。突厥大軍的三餐立刻成為大問題。他們沒有辦法，只好加工死馬的骨粉來填一下肚皮。

接著讓攝圖更頭痛的狀況又出現了——疾疫。大量肌肉發達、英勇彪悍的突厥戰士都成了草原病夫，而且還成批地死掉。

這一次，楊堅北伐，張的網很大，除了面對突厥主力之外，還專門派幽州總管陰壽率十萬步騎出盧龍，打擊另一個麻煩人士高寶寧。

高寶寧身為北齊的殘餘，能活到現在，並不斷地幫大隋邊境製造麻煩，全靠突厥當他堅強的後盾。突厥則利用他在北方的號召力，靠他當嚮導。兩方相互配合，讓楊堅很不開心，決定把他也打掉。

高寶寧部隊的數量本來就不多，這些年來，依靠突厥生存，當大隋邊防軍稍一鬆懈，他就率兵出擊，撈點戰果；當大隋的部隊打過來，他要麼就向突厥發出雞毛信求救，要麼就抱著腦袋直接向突厥境內深處逃跑。

現在他看到陰壽的部隊實在太多，自知不敵，便又使用一樣的招數——向突厥老大求救。

但現在攝圖自己才剛剛從草叢裡爬出，身上濃濃的春草氣息還沒有散盡，而大營中的士兵們，一邊嚥著生澀的骨粉，一邊還病懨懨地躺著，正處於典型的焦頭爛額之際，自己救自己都來不及，怎麼可能去救高寶寧？

高寶寧沒有辦法，只好放棄城池，逃向大漠以北。

如此一來，和龍一帶都被陰壽平定。

陰壽這次的任務是徹底收拾高寶寧的勢力。他看到高寶寧跑路之後，馬上發出通緝令，重賞求追緝高寶寧，然後還派人去實施反間計。離間計向來很簡單，但成功率非常高，尤其是在高寶寧處於惶惶不可終日的時候，他手下心腹已經人心渙散，每個人心裡都在自找出路、一雙雙眼睛都在四處盯著尋找機會，只要你給他們一條生路，他們什麼都可以做出來。

高寶寧看到形勢如此，也不敢停下逃路的腳步，一口氣逃到契丹人那裡。他以為，大隋只恨突厥，不會對契丹怎麼樣。可是他還沒有逃到契丹人的地盤，他手下一群人的精神已經崩潰，覺得再跟他下去，只有死路一條了，只有把這個老大殺掉，他們才能繼續活下去。於是，在逃跑的半路，他們砍下了高寶寧的腦袋，結束了倉皇的逃竄之旅，同時也為大隋終結了北齊的最後勢力。

7

就在這個時候，還有一個插曲。

南陳的郢州城主張子機突然對南陳感到失望，主動向大隋寫信，說我準備向天朝獻城投降，敬請批准為盼。

按常規而言，楊堅一定會愉快地笑納張子機獻上的這個禮物——況且郢州又是隋陳之間的策略要地，易守難攻，拿下郢州，就完全可以以此為基地，隨時可以放舟東下，一路乘風破浪，直抵建康。張子機的獻城，對於楊堅而言，跟天上掉下的禮物毫無區別。

但楊堅卻拒絕了。他的理由是，目前兩國和好，接納對方的降將，實在是一件缺德的事。其實，身為一個開國皇帝，他怕做這樣缺德的事嗎？真實的原因是，他現在的主力部隊都投放到北方去打突厥了，如果你接受了張子機的投降，萬一陳叔寶怒火萬丈、派兵前來攻打，他受得了嗎？他現在能兩面作戰嗎？

於是，只好把這塊肥肉丟掉。他丟掉時，一定會覺得十分不捨。

8

此時，北方前線仍然在開打。

五月二十四日，大隋秦州總管竇榮定率三萬部隊出涼州，跟突厥的另一個可汗大邏便在高越原對壘。大邏便威脅自己兄弟時，很有膽色，但在跟竇榮定對打時，卻是屢戰屢敗，最後不得高掛免戰牌——老子不出戰，你奈我如何。

竇榮定一時還無計可施。

正在這時，史萬歲求見。史萬歲原本是上大將軍，因為犯了罪，被發配到敦煌當普通一兵，天天扛著長槍站崗放哨。他以為自己這輩子就這樣當戍卒當到老死的那一天了。沒想到，現在大隋和突厥發生了戰爭，雙方打得你死我活，戰況越來越激烈。他天生肌肉發達，武打能力很強，是衝鋒陷陣的好手。現在雙方大打，就是他大顯身手的大好機會，於是，便直接去面見竇老大，請竇老大給他一個機會。

竇榮定老早就聽說過這個人，一見之下，果然名不虛傳，馬上答應了他的請求。

竇榮定派人去對大邏便說：「尊敬的阿波可汗。兩國交戰，子弟兵們實在無辜，我們卻讓他們白白地命喪疆場。身為戰場指揮官，我認為這是很不人道的。我們這次能不能改變一下競技方式？不再讓各方的士兵拚殺，只各遣一名壯士比拚，以定勝負。如何？」

大邏便一聽，這個可以啊。突厥人通常都比大隋兵士高大壯實，單人獨鬥，通常都是占上風的。現在竇榮定居然腦袋進水，提出這個競賽規則，老子不答應，老子還有臉當這個阿波可汗嗎？

於是，他爽快答應：講話算數，別反悔啊。馬上手一揮，把部屬中武藝最高強的一個騎手派出，向隋兵挑戰。

竇榮定一看，手一揮，史萬歲應聲縱騎而出。

兩人一句話也沒說，立刻像仇人相見一樣，舉著兵器，高呼著向對方衝殺。

兩馬相交，雙方都為自己的出場人物喝采。

彩場雷中，但聞得史萬歲一聲斷喝，寒光暴閃之下，手起刀落，已經把對方騎士斬於馬下。

突厥陣地上的士兵無不驚得目瞪口呆。大邏便不敢再言開戰，派人前來請和，然後率軍離去。

隋軍當然不願意就此罷休。

剛好長孫晟也在竇榮定軍中。他絕對是大隋最厲害的統戰工作者。此前他就曾花了很大精力做過大邏便的說客，使得大邏便跟攝圖已經在立場上不保持一致。這時他看到大邏便引軍而去，便派人去對大邏便說：「尊敬的阿波可汗啊。攝圖每次南侵，都大獲全勝，而現在阿波可汗才剛剛進入大隋境內，就被對方打敗，向後奔逃，這對突厥來說，完全可以算得上奇恥大辱。本來啊，攝圖和阿波可汗的實力就是對等的，現在攝圖常勝，很得突厥人的崇拜。而阿波常敗，已經成為突厥之恥。以後攝圖要搞定阿波，就師出有名了。請尊敬的阿波可汗好好考慮一下，攝圖真的發難了，你能打得過他嗎？」

大邏便本來就是一個機會主義者，也深知按照攝圖的為人，以後藉機搞定他是完全有可能的，聽了這番話之後，便馬上派人到竇榮定軍中，跟長孫晟見面。

長孫晟對大邏便的使者說：「你已經知道，達頭可汗（玷厥）已經跟大隋簽定了合作的協議，這幾天以來都在配合大隋軍的行動，而攝圖對此卻無可奈何。阿波可汗何不向達頭可汗學習，也依附大隋天子，然後跟達頭可汗聯合。你們兩強一連手，攝圖就不敢對你們怎麼樣了。這才是萬全之計。如果阿波可汗一定要逃回去，甘心喪兵負罪，屈就攝圖，後果如何，我也不敢說了。」

大邏便聽了這些話，也深以為然，便派使者跟著長孫晟入朝請和，從此之後，永遠當大隋王朝的二層機構。

長孫晟的統戰工作和離間之計，又大獲成功。

9

攝圖對自己的這個兄弟向來就猜忌，深知大邏便雖然是個一有利益就不顧原則的機會主義者，但他的確十分驍勇，真的拚命起來，也是不好對付的。他對大邏便的動靜向來密切關注。他大敗之後，更關注這幾個兄弟的動靜。當他聽說他的這個兄弟已經跟敵人結成了同盟，不由得大怒。老子打不過隋兵，難道還打不過你？

攝圖大怒之後，就不動聲色地突然從前線收兵回去。當然他並沒有好好休整，等體力恢復了再出來跟隋兵拚命，而是直接攻打北牙（大邏便的陣地）。一陣橫掃，把大邏便的守軍全部殲滅，連大邏便的母親也被一刀砍死。

大邏便回來時，發現陣地已經一片破敗，自己的子弟兵已經全部死掉。老窩已經不能生存了，他只好向西投奔玷厥。

自從上次自行退兵後，玷厥跟攝圖的衝突已經公開化。他看到大邏便狼狽而來，向他哭訴著攝圖的罪行，馬上勃然大怒：「既然他不仁，連你的母親都不放過，我們也可以不義了。你收起眼淚，我為你作主。」

他馬上派大邏便帶著一支部隊東進，去攻打攝圖。

大邏便那些失散的將士聽說老大又回來了，都紛紛前來尋找。大邏便的部隊一下就壯大到十萬騎，士氣大盛。

攝圖當初去橫掃北牙時，只圖一時快意，沒有想到居然會造成這個局面，只好率兵迎戰。雙方你來我往，連戰數合，攝圖都是屢戰屢敗。攝圖這才知道，一個人真的打不過對方的強強聯合。

大邏便乘機收復了自己的失地，勢力又大漲一輪。

攝圖的形勢就更緊張了。

那個貪可汗（的確就是叫貪可汗，我沒有寫錯）此前由於勢力弱少，早就被攝圖一舉吞併，連可汗的頭銜都被消失了，一直鬱悶地生活著。這時看到攝圖勢孤，便逃了出來，也投奔玷厥，讓攝圖氣得破口大罵：連你這個人都敢叛國投敵。

本來，突厥有五個可汗，即大可汗攝圖，另外幾個小可汗是玷厥、大邏便、貪可汗以及攝圖的另一個堂弟勤察。現在玷厥、大邏便和貪可汗已經結成反攝圖同盟，誓與攝圖反動統治拚命到底。攝圖雖然滿心怒氣，但又無可奈何。他只好轉頭去找勤察，希望這個兄弟能在他困難時期，跟他成為同一個戰壕裡的同袍，共度難關。沒想到，由於此前攝圖太過霸道，勤察對他早就懷恨在心。現在看到大家都背叛了攝圖，他當然不會再跟這個老是欺負他的老大繼續做下去了。攝圖正想去找他，卻得到報告：「勤察已經率部出去，投奔了阿波可汗。」

攝圖幾乎要口吐髒話，這些兄弟怎麼搞的，怎麼都是這種貨色？每個人都勇於跟老子作對，玩內鬥玩得如此可恥可惡。這不是要把突厥的事業弄垮是什麼？他在大暴粗口、漫罵別人時，卻沒有想到，造成這個局面的源頭就是在他這裡。

當然，漫罵是解決不了問題的。

要解決問題，只能靠戰鬥。

於是，雙方都無所顧忌，在大草原上，把兄弟相殘的戲碼玩得腥風血雨。

他們這時又都想到，要戰勝對方，必須請到外援。而現在最強的外援就是南邊的大隋。

突厥各部在這個時候，再次把他們毫無城府的心態表現得十分到位，一想到大隋是最強的外援之後，便都當機立斷，不斷派出使者，向楊堅表白，甘願做大隋皇帝的下屬。他們那顆碩大的腦袋就從沒有想過，長期以來，他們仗著自己的鐵騎，一有興趣就大舉南下，深入大隋土地，大肆擄掠，使得大隋不得不派重兵與他們周旋，常常把楊堅弄得焦頭爛額，無法顧及南征。楊堅能不恨他們入骨？現在他們兄弟相殘到這個地步，只要稍微用心去想一想，就能了解，每個環節，都有南方那群人在動手腳。現在楊堅恨不得他們自相殘殺到滅族滅種的地步才好，哪會出手幫助某一方？

當雙方的使者不斷地來到長安，請楊堅援助時，楊堅這時淡定得很，說，這可是突厥的內部問題、是你們兄弟之間的事，我不好干涉啊。你們打吧，誰打到最後誰就是突厥的王者。那時，我大隋尊重突厥人民的選擇。

突厥這才知道，南方這群人原來也是不可信的。

他們一怒之下，便又去圍攻幽州。

幽州總管李崇這時手下只有三千人。他跟突厥大戰了十多天，戰士們不斷地犧牲。轉戰多次之後，他帶著這支孤軍來到砂城。

突厥兵又像狼群一樣，直追而至，把砂城包圍得密不透風。這城已經年久失修，城牆早已荒頹，難以御守。李崇帶著部隊打了整整一天。到了晚上，他們才發現，他們手上除了兵器之外，已經沒有一點食物了。

於是，他們就在夜間，悄悄溜出城，前去劫掠敵軍的營寨，搶到一些牛羊，暫時填飽肚皮。

突厥兵當然不能讓他們繼續這樣下去，於是每到夜間，他們都加強戒備。而李崇兵除了這個辦法外，已經沒有另一個食物來源，只好不斷地硬著頭皮半夜去劫營。如此一來，李崇部隊每次都得付出非常大的代價，才能搶到一些吃的，部隊就這樣不斷地被消耗。

最後那一次，李崇派出的部隊被敵人一陣伏擊，損失慘重，等逃回城時，只剩下一百多人。而且很多人都已經身負重傷，不堪再戰。

突厥人看到李崇這麼頑強，都很佩服他，便包抄過來，把他困住之後，勸他放下武器投降。突厥子弟兵是禮遇俘虜的，而且還給他一個條件，如果投降，可以封特勒。特勒是突厥的官名。突厥的官制雖不比中原的官制嚴密，但也分為二十八等，據說一等叫葉護，二等叫設，第三等就是特勒。這個職務雖然排在第三位，但長期以來都由可汗子弟世襲，因此十分尊貴。其主要職責是掌內典機要，主責外交事務，日常工作就是奉使出訪，談判軍國大事。這些工作，不但需要非常高的智商，還要有很深的學問，以及機敏的應變能力。而這些又剛好不是突厥人所擅長。所以，後來他的用人政策也開始鬆動，開始讓非突厥人出來擔任這個職務。他們知道李崇是大隋的高官，很有文才，忠誠度高，因此很希望他投降過來，為他們擔任這個職務。

可是李崇能答應嗎?在這裡,別人可以投降,唯獨他不能。因為他還有個身分——楊氏親家。他的兒子李敏就是楊麗華的女婿。

不願投降的李崇也知道,他今天已經不能倖免一死了,他對剩下的手下說:「我李崇喪師失地,罪該萬死。今天只有戰死沙場、為國捐軀,以謝國家。你們等我戰死後,可以向他們投降,然後找機會逃回去,努力還鄉。如果能有幸見到皇上,可以向他轉告我的話。」他說過之後,挺著兵器,衝向敵陣,連砍二人。突厥看到他寧死不屈,也都集體向他射擊,把他當場射死,李崇死後,他的兒子李敏承襲了他的爵位。李敏當時很得楊堅的寵愛。李敏成為楊麗華的女婿時,官階並不高。楊堅看在女兒的面子上,曾下詔讓他們結婚時,賜假一品羽儀,讓其禮儀如公主。楊麗華仍然覺得自己的這個女婿的職務不高。有一次,楊堅設宴,李敏也得以侍宴。楊麗華事先對他說:「我把這個天下都讓給了我父皇。現在我只有一個女婿,一定要為你弄到一個柱國。如果皇上封你別的官位,你千萬不要答應。」

李敏進見之後,楊堅果然對李敏說:「朕準備任命你為儀同。」

李敏並沒有起身稱謝。

楊堅不由一怔,了解到這個職務真的有點低了,於是又提高了一級,說:「儀同的確有些不理想,那就開府吧。」

沒想到,李敏仍然低頭著,並沒有起身謝主隆恩。

楊堅不是笨蛋,看到這個情況,馬上知道,李敏是不可能有這個膽量的,一定是自己女兒在操作,要為他獲得更高的職務。他馬上說：「公主有大功於我，我怎麼能對她女婿而吝惜官爵呢？再提一級，你當柱國。」

李敏這才起身跪拜謝恩。

10

李崇一死，突厥算是挽回了一點面子。

楊堅知道李崇戰死後，當然不會罷休，再派高熲和虞慶則出馬。高熲從寧州道，而虞慶則出原州道，兩路出擊，夾擊突厥。

攝圖一直抵抗到第二年的九月。這幾個月來，他一直戰敗，自知再打下去，只會被對方打得徹底滅亡。於是，只好放下身段，派人請和。

那個為復仇而挑起爭端的千金公主也了解到，她真的沒辦法復仇了。與其讓戰爭無休止地進行，使雙方大量的子弟兵橫死戰場，不如雙方休兵講和。於是，她也主動站起來，向楊堅提出請改姓楊，算是楊堅的女兒，願以餘生為中原與突厥的和平而努力。

楊堅得知後，十分感動，馬上改封千金公主為大義公主。

如此一來，突厥鬆了一口氣，楊堅也鬆了一口氣。

楊廣雖然年輕，對突厥還是比較了解的——這個草原上的民族，沒有城府，一說要和平，一定就會放鬆警惕，就建議父親乘著剛簽訂協議他們鬆懈之際，出兵把他們再猛揍一頓，把他們打殘到無法自理的地步。

但楊堅不同意。楊堅當然想把他們打死，但他也知道，突厥是打不死的。當年柔然比突厥還弱小得多，北魏多次出兵，橫掃漠北，但仍然沒有把柔然徹底清除，最大的效果也只是把他們往大漠深處多逼一步，待來年秋後又席捲而來。所以在狠打他們之後，還是懷柔一下。現在有大義公主在那裡，天天把一番大義的理論灌輸到攝圖的耳朵裡，完全可以讓他不再尋事挑釁，再加上突厥內部已經分裂，幾個小可汗已經跟攝圖水火不相容，全都願意當大隋的二層機構了，對攝圖也造成非常大的牽制。如果這時對他們突擊，固然能大獲全勝一場，但會引起其他幾個小可汗的不滿，突厥五部落就會再次團結，跟你硬碰硬到底。現在好不容易變成這個局面，只好將之維持下去。然後再集中精力做好內政，國力提升之後，再騰出手來，克復江南。

於是，大隋和突厥宣布恢復兩個集團的正常外交關係。

攝圖簽了這個協議之後，一直有死裡逃生的感覺，馬上寫了一封信給楊堅：「皇帝陛下啊，您現在是我夫人的父親，也就是等於是我的父親。我是你的女婿，當然算是你的兒子。兩國文化不一樣，禮儀也有區別，風俗也不一樣，但內心的情義卻沒有什麼不同。從今而後，我們子子孫孫以至萬世，都親好不絕。現在我向你發誓，請上天作證，從今之後，突厥的牛羊駝馬，都是皇帝陛下的牲畜；貴國的繒彩絹帛，也都是中國的財物。」他的原話是：「從天生大突厥天下賢聖天子伊利居盧設莫何沙鉢略可汗致書大隋皇帝：

皇帝，婦父，乃是翁比。此為女夫，乃是兒例。兩境雖殊，情義如一。自今子子孫孫，乃至萬世，親好不絕。上天為證，終不違負！此國羊馬，皆皇帝之畜。彼之繒彩，皆此國之物。」他的名號字首一大串，你不花點時間，還真的記不住，比中原皇帝廟號的長度還要長的多。在這個信裡，他雖然表示自己是楊堅的兒子，當楊堅的後代，比楊堅的身分矮了一截，可是最後那句話又把自己的地位跟楊堅相提並論：即突厥的財物就是大隋皇帝的財物，而大隋的財物也同樣突厥可汗的財物。

楊堅收信之後，不動聲色，馬上覆了一信：「大隋天子貽書大突厥沙缽略可汗：得書，知大有善意。既為沙缽略婦翁，今日視沙缽略與兒子不異。時遣大臣往彼省女，復省沙缽略也。」

楊堅的回信簡單得多了。他只是強調了他們的父子關係，然後派人去看望一下女兒，順便再看望一下女婿，滿口的長者語氣，把自己提到另一個高度，在形式上又高了攝圖一截。然後他派虞慶則帶著這封信去看望女兒女婿。當然，他還幫虞慶則配了個得力副手——長孫晟。

在虞慶則他們到來時，攝圖安排了一個大而隆重的歡迎儀式。他把大量的珍寶排列出來，還陳列著一隊隊軍容整齊的威武之師。

虞慶則他們一看，這個人原本還在向天朝使者耀武揚威。看來他心裡還是不服的。

等他們見到攝圖時，攝圖果然就坐在那裡跟虞慶則他們舉行會見——照理說，他現在算是臣服了大隋，見到天朝使者，必須行禮如儀。當然，他還是找了個理由，說是身體不舒服，站著說話會腰痛的。這個理由才說完，他接著又說：「我也有個習俗，從我父親那輩子以來，從不跪拜任何人。」

虞慶則一聽，這話才是真正的理由。你可以不拜任何人，但必須拜大隋天子的節符。虞慶則當面責罵教育他，可是他並不理會。

大義公主看到這個老公壞脾氣又來了。大義公主飽讀經典，最知道如此冒犯中原皇帝的天顏，後果是很嚴重的，說不定雙方都使起性子來，還沒有建立的和平大業，轉眼就有泡湯的可能。她怕虞慶則也發起脾氣來，就偷偷對老虞說：「可汗性如豺狼，如果再跟他爭，他就會不計後果地咬人。」

虞慶則一聽，也有點不知道該如何是好。他是天朝使者，出使到北方胡地，其任務就是宣揚天朝國威，現在突厥卻不肯向天朝行禮，這讓天朝顏面何在？國格就因此而喪盡。如果向對方逼迫，只怕他真的耍橫，就會掀桌子，後果同樣不堪設想。這才知道，外交工作真不好做啊，沒一點腦筋急轉彎還真做不下去。

在虞慶則腦袋一片空白之際，長孫晟出場了。

長孫晟對攝圖說：「突厥和大隋，都是大國，禮相匹敵。現在可汗不肯起身跪拜，我們幾個使臣哪敢強求？不過，可汗的可賀敦是大隋皇帝的女兒，這沒有錯吧？」

攝圖說：「我的可賀敦的確是大隋皇帝的女兒。」

長孫晟說：「那麼，可汗就是大隋皇帝的女婿。女婿怎麼可以不拜岳父大人？難道不尊重岳父是突厥的習俗？」

攝圖一聽，這才知道又被長孫晟套路了。可是別人說得還真有道理。於是，就笑呵呵地對他那一群虎背熊腰的手下說：「看來不跪拜一下岳父大人是不行的。」

他本來就沒有什麼城府，覺得該跪下去就跪下去。說話之後，便起身下跪，伏地叩頭，接受了楊堅的璽書，並按照禮數將文書頂在頭上。

過了一會，他又覺得自己吃了大虧、受到了非常大的侮辱，臉直接被別人按到地板上了，心頭一陣翻騰，胸中瞬間填了滿滿的羞愧，就跟著一群部下抱頭痛哭，幾十名大漢放聲大哭，粗獷的哭聲在草原蔚藍的上空飄蕩。

虞慶則一看，哈哈，大隋對突厥的外交取得了重大勝利，必須繼續發揚，於是就讓攝圖對大隋稱臣。突厥雖然把自己的稱號弄得很長，看上去很有學問的樣子，但到現在居然什麼是「臣」都不知道。他聽到虞慶則的要求後，一臉茫然，問左右：「什麼叫做臣？」

左右答：「這個臣，就等於我們突厥所說的奴僕。」

攝圖一聽，愣了一下。這次他沒有再耍脾氣——反正已經對著那根象徵大隋皇帝的符節納頭跪拜過，再發脾氣也沒有什麼用了，乾脆就低姿態到底，於是就大聲說：「得為大隋天子奴，虞僕射之力也。」當場贈給虞慶則一千匹馬。後來，覺得光送一批畜牲不足以表達敬意，又把自己的表妹也嫁給虞慶則，弄得虞慶則笑得合不攏嘴——往時在戰場上打得死去活來，最後得到的獎賞也遠沒有這麼多，現在靠幾招敷衍一下，不但為國爭光，還為自己爭得了這麼多利益——這就是腦力勞動和體力勞動的區別。

第三章

重制律令，奠盛世之基；修大興城，開長安之盛

1

楊堅即位建政後，雖然一直想著完成統一大業，但由於他的權力基礎並不牢固，再加上轄區內的各種事務也還很凌亂，尤其是北周留下來的這個政治體制已經完全不能適應這個時代的發展了。於是，他在對付周邊勢力的同時，也把大量的精力投入到政治體制的改革上來。

他決定把原本北周的六官制革除。也就是把貴族制改成律令制。

貴族制用現在的話來說，其實就是由奴隸主建立的封建制度。周朝就是典型的貴族封建制，政權基本上由王室貴族把持，是標準的人治。權力分散到執政大臣手裡，國力也分散到各個諸侯國。於是，王權被削弱——其虛弱的程度可以參見歷代周王的生存狀態。這樣的政治形態，不但綜合國力提升不上來，楊堅手裡的權力也沒有多少。楊堅當然不願意了。

楊堅必須叫停這樣的體制。當然，是需要理由的，是需要幾句口號來推行的。

他的口號就是以法治國。

從字面上看，律就是刑罰法規，令就是指有關行政、官僚組織、稅制等與刑罰無關的法令。通俗地說，律令制就是基於「律」與「令」兩大支柱的政治體制。貴族們在法理上已經被排除在外。

具體的做法就是：棄周氏官儀，依漢魏之舊。

當然，這也只是口號而已。楊堅並沒有真的要回到漢代或者魏晉時代的制度。他只是利用這個口號，作為顛覆北周體制的理論依據而已。因為後來，他首先確立的三省六部制，與漢魏的體制完全不一樣。

開皇元年的年底，楊堅就以周法繁而不要、連北齊的法律都不如，命令高熲和鄭譯（他只是讓鄭譯回家過了幾天的退休生活，便又任用了）以及楊素、裴政等人組成了新法制定小組。當然，通常排名在最前面那幾個人，都是掛名長官，真正做事的往往是排名在最後的那個人。

這個團隊裡，裴政是法學達人，當時的法學權威，熟悉前代的典故和法律，是真正的實踐派。他把魏晉以來的舊律，下至齊、梁的沿革都匯集起來，加以疏理，重新篩選，觀其在各個朝代中的因循變革，輕重寬嚴，取其量刑適當的作法或規定，編訂為新律。裴政雖然是當時的法學權威，但他並不專斷，而是很民主。他手下有十多個人，一碰到什麼疑難，整個團隊的人都集中起來，認真討論，他再集中所有意見，最後才作出裁決。這次律改最大的特色，就是清算了自古以來殘害身體的肉刑。

知道什麼叫肉刑吧？

不用解釋這個概念，只舉出肉刑的例子，你就會了解。肉刑主要有：

1、黥，即刺青，這個刺青可不是像現在的紋身這麼拉風，而是在犯人的臉上做記號或者刺上某個字，表示你是個犯人，讀過《水滸傳》的人對這件事會很熟悉；2、劓，不用解釋就知道是把犯人的鼻子割掉，讓你的臉正中央留下一塊扁平的疤痕，令人看到，回去一睡覺就做惡夢；3、剕，就是砍掉犯人的腳；4、宮，可不是讓你到宮殿裡享受皇帝生活，而是把犯人的生殖器閹割。司馬遷先生就接受過這個處罰；5、大辟，就是死刑。

裴政認為大部分肉刑太不人道，他將構成犯罪基本要素的五刑確定為笞刑五（鞭打十到五十）、杖刑五（杖擊六十到一百，即共分為五等，）、徒刑五（剝奪自由、強迫勞動一至三年，共分五等）、流刑三（流放二千里到三千里，共分五等）、死刑二（即死刑分為絞、斬二等），但廢除了死刑中的梟首及鞭法。也就是把犯人處死之後，不再將首級掛於木桿上示眾、不再大張旗鼓地將犯人拉到大街上車裂於市。還制定了八議、申請減罪、官品減罪、納銅贖罪、官職抵罪等條款，以禮遇士大夫。還革除了前代審問囚犯經常使用的殘酷刑法，也就是現在所說的刑訊逼供，規定拷打不能超過二百下；就連刑具、枷杖的大小，也都有一定的規定。另外還規定平民百姓如果有冤屈而縣裡不受理的，可以依次向郡、州提出申訴，如果郡、州仍不受理，則可以直接向朝廷提出申訴。

這部新法最大的亮點，就是針對各種具體罪行，在相應的條文中明確規定了處罰的形式。不要小看這個細節。此前的刑罰是很粗放的，對量刑輕重，並沒有明確規定，全憑審判長個人的情緒進行判決。現在有明文規定，不能再亂來了。在此，我們完全可以看出，這部開皇律具有與近代法律中的罪行法定主度（即條文主義）相近的一面，完全可以說，開皇新律是當時世界上最先進的刑法體系。

開皇元年十月，楊堅下詔始行新法。在這個詔書裡，他特地強調：夫絞以致斃，斬則殊形，除惡之體，於斯已極。梟首、身，義無所取，不益懲肅之理，徒表安忍之懷。鞭之為用，殘剝膚體，徹骨侵肌，酷均臠切。雖云往古之式，事乖仁者之刑。梟、及鞭，並令去之。貴帶礪之書，不當徒罰；廣軒冕之蔭，旁及諸親。流役六年，改為五載；刑徒五歲，變從三祀。其餘以輕代重，化死為生，條目甚多，備於簡策。雜格、嚴科，並宜除削。

到了開皇四年十二月的一天，楊堅審閱刑部奏章，發現每年斷獄結案仍然有幾萬起，就認為這套法律仍然太過嚴厲，所以才有這麼多人犯法獲罪，便又下令納言蘇威和禮部尚書牛弘等人重新修定新律令，刪除了舊律令中的定罪八十一條、流罪一百五十四條、徒、杖等罪一千餘條，只確定保留各種治罪條款五百條，總共十二卷。經過這次修定，大隋的法律既簡明切要，又疏而不漏，比以前科學得多了。

2

說完了開持新律，再來簡單說說開皇新令。

楊堅改革中央機構，用三省六部替代了北周的六官之制（六官就是天官、地官、春官、夏官、秋官、冬官）。當初宇文泰因為西魏的政權來源於鮮卑族，鮮卑是北方的游牧民族，向來被中原民眾劃歸北方胡人之列。當他們進入中原時，由於漢人勢力太大，想要長治久安，就必須吸納漢人進入政權，尤其是長安一帶，最後這些漢人就形成了有名的關隴集團（關隴集團的說法是陳寅恪先生提出的）。當然，能進入朝廷擔任重要管理職務的，基本都是關中的豪強的代表（比如韋孝寬）。為了在關中站穩腳跟，讓中原百姓認可自己，他經過思考，發現周朝向來是中原漢人最為仰慕的王朝，周朝制度的開創者周公已經長期成為漢族政治人物的偶像。於是，他就確立了以周制作為西魏的官制，以此來證明他們權力來源是正統的，而在兵制上卻保留了鮮卑部落的體制，使戰鬥力得到加強。從這方面來說，宇文泰是很有政治智慧的。他就是靠這套體制在關中站穩了腳跟，牢牢地把關隴集團的豪強團結起來，隨他一起跟高歡玩命，最後把高氏玩死。

楊堅很不願意繼續保持這個體制。首先這個體制嚴重老舊，已經不適應時代的發展，其次周朝的體制是標準的封建制，周王的權力大大縮水，基本上就只能控制首都範圍那一點地方，其他都地由都諸侯們高度自治了。開始時，各諸侯還經常上貢一點，後來諸侯們基本上都不理中央，使得周王朝跟現在的聯合國差不多。這是任何一個皇帝都不願意的。楊堅必須把大權牢牢地控制在自己的手裡，必須加大中央集權的控制。他是正宗的漢人，是四知堂老楊家的後代，根本不用再打周公的旗號來爭正統了。他果斷地宣布大隋告別北周的體制，恢復到中國傳統的皇帝制度。

此前體制最大的弊端就是人才的選拔問題。大家知道，此前對人才的任用叫辟召制。發現、任用人才的權力全部下放地方。看過三國兩晉史的讀者都知道，當時發現人的主要方式就是聊天。透過與對方聊天來發現，當然也採用舉薦孝廉的方式來吸收人才。以名氣和口才或者文章來衡量。所以，當時很多讀書人都努力提高自己的名聲，只要名聲在人氣榜上前幾名，地方官一定會來找你去當公務員的。所以，當時很多大老都是當時的大名士。由於衡量人才的標準都是憑著地方官員的喜好而定。只要他認為某個大名士或小名士是個人才，那個名士就可以成為驕傲的公務員，而且地方能人還有任命自己屬地官員的權力，他想讓哪個人才當什麼就當什麼。你一看，就知道這樣的選拔制度是不科學的——除非負責選拔的長官是真正的大公無私、一心一意為國選才。可是天下真有這樣的人嗎？即使有，恐怕也不多啊。何況，有時某個人的人才觀一出問題，打量人才的眼光出了差錯，能把德才兼備的人召進來加以重用嗎？更何況，人是有私心的動物，一旦大權在手，他不把自己的親朋好友拉進團體才怪。拉進來之後，還大方地說舉賢不避親——而且這樣的人占了大多數。於是，官場上黑壓壓的那一群官僚，基本都是靠裙帶關係上來的。以至東晉一朝，自始至終，就是由幾個世家把持的。於是，世家強盛了，但東晉國力衰了。可以說，傳統的辟召制為地方能人結黨營私、組織自己的小團體提供了良好的條件，必須徹底破除，把這個權力收歸中央。楊堅做了個改革：地方長官以外的官吏也均由中央派遣，排除了貴族以及地方豪強勢力的擴大。並且修改了任期制：派往各地任職的官吏，文官的任期為三年，武官四年，還推行了迴避制度：不得在官吏本人出生地任官。

與這些措施相配套的是，將之前的州、郡、縣三級地方政府改為州、縣兩級制度。

開皇二年十一月，南道行臺兵部尚書楊尚希上了一份奏章給楊堅，直陳現在全國的郡縣太多，是以前的數倍。有的地方不到百里，卻同時設定幾個縣，弄得縣太爺多如狗。還有更奇葩的是，某些地方戶口不滿一千，卻分別屬於兩個郡管轄。致使郡縣各級官員冗員眾多，國家開支一年比一年增多，差役事使也成倍增加，而財政收入卻逐年減少。造成了「民少官多，十羊九牧」的情況。所以我們應該重新制定政策，只保留重要的官職，堅決廢除閒置的職位，把小的郡縣合併成大的郡。如此一來，不但國家不用浪費資金，而且也有利於選拔人才。

蘇威認為楊尚書的這個建議十分正確，表示堅決贊同。

楊堅馬上接受了這個建議，把所有的郡全改成了州。至此，隋朝廢除了郡一級的建制，形成了中央、州、縣三級政府，跟現在的建制沒有什麼差別。

少了一級政府，就小了很多官員編制，使得官多民少的問題得到解決。大家知道，機構改革，說起來很容易，但實施起來，難度不是普通的大，一大幫既得利益集團被影響。你精簡一級政府機構，意味著一大批郡級官員就無法過著腐敗的官僚生活。但楊堅卻果斷地實施了，各級機構一精簡，當然就裁撤了一大批冗官冗員，隨之而來的就是削減了財政支出，減輕了人民的負擔，清除貴族的影響，對後世的體制產生了非常大的影響。

精簡了機構，把徵召人才的權力也收歸中央。如此一來，選拔人才的機制也必須重新制定。楊堅這時已經了解到九品中正制選拔人才的弊端，他決定徹底拋棄這個存在了很多年的人才選拔機制。經過長時間的醞釀，直到開皇七年，他釋出了一道命令，修正了以往的人才察舉制度，有了科舉制度的傾向。

關於科舉制是否產生隋朝，歷來有不同的說法。

科舉就是分科舉拔人才的之意。有的專家由此認定，漢朝就已經實行分科舉士人的制度。其根據是漢文帝二年詔舉賢良方正以來，歷代的察舉詔令都大同小異，沒有本質的差別。而且漢朝也有一整套「分科舉人、考試進用」的制度。當時他們就有秀才、明經、明法、賢良方正、孝廉等多個科目的選拔。漢朝的對策、試經也是考試的一種。堅持科舉制始於隋朝的人主要觀點就是漢朝並沒有進士科。隋朝是設立進士科作為科舉制度的開始。而主張科舉制始於隋朝的人士又有兩個不同的意見，一種意見認為，科舉制始於大業三年（西元607年），當時楊廣定十科舉人，這十科分別是：以孝悌有聞、德行敦厚、節義可稱、操履清法、強毅正直、執憲不撓、學業優敏、文才秀美、才堪將略、膂力驍壯。而其中的文才秀美一科，即為進士科。這是科舉制度的開始。他們將進士科的出現作為科舉制度起源的象徵。另一部分人則認為科舉制起於開皇七年。依據是當年楊堅釋出了一道詔書，命令各州每年必須向中央推薦三名人才。但沒有人知道，推薦人才時，到底採用了什麼方式。如此一來，又有學者否認隋朝有進士和進士科設立之說。其理由似乎也很充分：首先他們查遍所有的史料，以及相關文獻，只是看到這些資料中記載了開皇和大業中所舉的眾多科名，卻未見進士科名，也未見進士科考試之實；其次在唐以後的文獻中所載隋代進士有房玄齡、溫彥博、侯君素、孫伏伽、張損之、楊纂等六人，可是經過考證，這六人進士不是因文獻短缺無從查考，就是查無實據。基本都是以時制比附古制，將隋代以秀才、明經科察舉為官比附成進士科登第。唐代的文獻裡，有進士科始於隋的記載，但也有始於唐的說法。所以這些人又都不承認科舉起於隋。

當然，不管科舉制度是不是真的起源於隋代，但有一點是很重要的，楊堅在否定了先前的察舉制度之後，要求各州向他直接推薦三名人才。雖然我們還不清楚當時他到底採用了什麼樣的選拔方式，但完全可以推測出，各州在選拔時，一定會有各式各樣的測試，被推薦到中央後，也可能有各種類似的考試。楊堅在這個時期用這種人才選拔方式，雖然沒有徹底跟原本的察舉制度脫鉤，但這絕對是其後發展的科舉制度的出發點——這是無庸質疑的。

3

楊堅靠外戚的身分奪得皇位，也怕以後外戚又推翻了他開創的大隋王朝，因此上位之後，就一直防著外戚干政。關於外戚干政，向來是皇帝們最為頭痛的地方。而且，自古以來，皇帝們都在防範，但總是防不勝防。漢武帝為了提防外戚，乾脆一咬牙把鉤弋夫人一刀砍了。但也只是治標不治本，後來前漢仍然死在外戚的手裡。前一段時間的鮮卑王朝吸取漢朝的經驗教訓，乾脆立了一個規矩，生下太子的女人，就必須死，以為這就可以杜絕這種事件的發生。沒想到，最後仍然敗在外戚的手裡。

楊堅對這件事的擔心是一即位就已經產生了。因為這個可能對於他而言，已經完全有了發生的基礎條件。他現在的第一夫人獨孤皇后就是一個很強勢的人物。獨孤皇后是獨孤信的女兒，家世顯赫，但她從小就很謙恭，而且「雅好讀書」，又很有膽量，當年宇文贇要拿她女兒開刀時，別人都不敢吭聲，只有她跑到宮裡，向宇文贇求情，救回女兒一條命——也就是救回了整個楊氏家族的人，試想，如果宇文贇殺了楊麗華這個皇后，他還能不繼續一揮屠刀到底，把楊氏斬盡殺絕嗎？不光如此，獨孤皇后對朝廷政事也很熟悉，一提什麼建議，常常讓楊堅不得不佩服。因此，楊堅對她是又寵愛又「憚之」，把自己變成一個懼內皇帝。

宮中的那些人乾脆就把楊堅和獨孤皇后合稱為「二聖」。楊堅每次臨朝，獨孤皇后都跟著他一起坐著車，並排而去，然後陪著楊堅到坐朝的大殿門口，這才止步。當然如果僅此而已，也沒有什麼。她沒有進殿，但卻安排宦官好好地盯著楊堅，看著楊堅一舉一動，如果發現楊堅在處理朝政時出現什麼差錯，她就立刻加以責罵反正。她雖然沒有進入大殿，跟楊堅臨朝，但她卻一直要等楊堅到退朝下班，又與楊堅一起返回寢宮。

由此可見，獨孤皇后在當時有發言權有多大。

大臣們一看，便集體巴結皇后，上表說：「按照《周禮》的規定，大臣們妻子爵位的封賞應該由王后釋出授予。我們強烈請求朝廷按照古代的制度執行。」

楊堅一看，心頭就萬分惱怒，這不是要為皇后爭取權力是什麼？現在是封大臣妻子的爵位，接下來就可以封大臣了。可是他怕老婆，這個氣只能在肚子裡翻滾，萬萬不能冒出來。

幸虧獨孤皇后這時還算明理人，她直接就喊停了這個請願：「婦人干政，就是從這裡開始的。我不能開這個頭。」

她的表兄弟崔長仁任大都督，仗著自己的表姐是皇后，而且是有權勢的皇后，就勇於胡作非為，而且胡作非為到可以被判死刑的地步。

楊堅說，算了吧。他是皇后的表兄弟。

獨孤皇后卻說：「嚴格執法是國家大事，怎麼可能徇私枉法？」

於是，崔長仁就被押赴刑場執行砍頭。如果他不是皇后的表兄弟，也許他不會這麼勇於囂張，也許今天不會被砍頭。

獨孤皇后雖然強勢，強勢得讓楊堅「憚之」，但她還是深明大義的，是一心一意為楊堅的大隋著想的，不但嚴格要求楊堅，自己也很節儉。有一次，楊堅生了病，需要用胡粉一兩，可是大家在宮中翻箱倒櫃，找得楊堅自己的病都自癒了也沒有找著。後來，楊堅想獎勵劉嵩之妻一件織成的衣領，宮中居然也沒有。對於這樣的皇后，楊堅真的沒有話說了。因此楊堅雖然天天提防外戚，但對她卻也無可奈何，就完全看她個人的覺悟了。但他對獨孤皇后的兄弟就不怎麼客氣了，獨孤皇后的幾個兄弟雖然也當官，但他設了一個底線，即不能讓他們的職務超過刺史、將軍這樣的級別。另外一個外戚，楊堅就管得更嚴。這個外戚是他自己母親的娘家。母親的娘家姓呂，他就只給經濟待遇而沒有給一點政治待遇。他對呂家的要求管控到什麼地步？連跟朝士結交往來都禁止。

4

楊堅對外戚的防備十分嚴密，但對人才還是很欣賞的。

岐州刺史梁彥光，在治理地方時，口碑很不錯，楊堅就特別下詔表彰了他一番，並賜給他一束絹和一把御傘，要求天下的官吏都以他為榜樣。沒多久，楊堅調梁彥光為相州刺史。由於岐州民風質樸純厚，他向來採取無為而治。因此每年他報奏給朝廷的戶口、墾田和賦稅都是全國第一。梁彥光到相州之後，又推廣他在岐州的做法。沒想到，相州的情況跟岐州完全不一樣。相州的治所就是鄴城，原本是北齊首都所在地，北齊滅亡之後，官員以及士大夫們都隨宇文氏遷入關中，只有那些手工業者、商人、樂戶都遷居那裡，民風比較險詐刻薄，喜歡造謠，也喜歡訴訟。他們都看不起梁彥光，幫他取了外號叫「著帽餳」，意思是戴帽的飴糖，諷刺他就是一個不會當官的人。楊堅聽說之後，這個老梁是怎麼了？突然變得這麼無能？本著能者上、庸者下的原則，他把梁彥光的職務免了。

過了一年，楊堅又想起梁彥光來，覺得這個曾經的官場楷模不至於這麼無能吧？要是真的這麼無能，能把岐州治理成全國模範州嗎？應該是在相州發揮失常而已。於是，又啟用他為趙州刺史。但梁彥光卻請求繼續去當相州刺史。這叫在哪裡跌倒就從那裡爬起來。

楊堅看到他那堅定的臉色，馬上答應了他。

大家看到梁彥光又來到相州，不由得都樂了，你小子受到的侮辱還不夠嗎？呵呵，這一次該幫你取什麼綽號呢？大家回去喝幾杯，集思廣益……沒想到，這一次梁彥光不再是戴帽的飴糖了。他原本那張淡泊無為的神態已經不見了，取而代之的是一臉的嚴肅。在那幫還沒有研究出他的新綽號時，他就已經發表了一系列嚴厲的政策，展開了一輪轟轟烈烈的嚴打運動，堅決的打擊一切不法行為，從嚴從重從快地處分了一大批不法之徒，而且審理案件時，那雙眼睛更是炯炯有神、明察秋毫。那些平時橫蠻的地頭蛇不由得都驚得發呆，不得不大為收斂，實在無法收斂的，也就只好背井離鄉，潛逃他處。曾經烏煙瘴氣的相州，在短時間內就風清氣正，社會秩序大為好轉。

梁彥光知道，真正能讓社會風氣變得良好，光靠嚴刑峻法是不行的，還必須做好教育工作。他進行一輪社會整治工作之後，又決定大辦教育，請了一批當時的名儒，在各地興建學校，而且親自主持考試，表揚獎勵勤奮用功的學生，對那些不求上進的學生，則堅決開除，絕不姑息。對那些被州郡舉薦的秀才，他都親自到鄴城外設宴為他們送行，而且還贈送路費——畢竟從鄴城到長安還是很遠的，當時交通基本上靠步行，要走完這些路，是需要花一定的時間的。如此事事兼顧，終於使得相州的社會風氣大變，大家對這位曾經被他們稱為「著帽錫」的刺史也另眼相看，把他稱為自己的父母官了。

楊堅當時苦於人才短缺，看到有梁彥光這樣的能吏，心情當然大為爽快。

楊堅的目光還往下沉，努力從基層發現人才。

他很快又發現，新豐令房恭懿也是個理政能力很強的官員。每年考核，房縣令的政績都是三輔地區最好的。楊堅下令賜給房恭懿一批粟米和絹帛。只要雍州所屬縣令入朝謁見天子時，楊堅一定要指名跟房恭懿單獨見面一番，而且還叫他坐到榻前，放下皇帝的架子，很虛心地向他徵詢治國理政的方略。當然，楊堅也知道，對所有官員來說，最有效的獎賞還是提拔——而且不提拔能吏，於國家而言，也是浪費人才。所以，不久之後，他就提拔房恭懿為德州司馬。提拔房恭懿時，他特地把各州的首長召集起來，對他們說：「房恭懿志存體國，愛養我民，此乃上天宗廟之所。朕若置而不賞，上天宗廟必當責我。卿等宜師範之。」又把房恭懿樹成各級官員的典型。房恭懿到任還沒有幾天，第二張委狀接著釋出：任命他為海州刺史。幾個典型一樹立，官場的風氣也跟著好轉，州縣官吏也都增強了想效仿的想法，每個人以房恭懿、梁彥光為模樣，努力為大隋工作，飽受離亂多年的地方，也得到了很好的整治，國家終於逐步由大亂向大治邁進，老百姓的歸屬感也明顯增加。

楊堅深知，國家此前長期處於戰爭狀態，大隋境內本來分成兩個勢力板塊，一東一西，不是你打我，就是我攻你，有時還要跟南朝對砍，先軍政治向來是幾大勢力一直奉行的國策，因此，各州的刺史基本都是由武將出任的。武將去打仗是適得其所，但大多數武將在治理百姓時，卻很不稱職。侍書御史柳彧最先看出這個弊端，在楊堅任命和千子為杞州刺史時，他就對上書表示反對：「當年漢光武帝帶著二十八將，身經百戰，以定天下。但當成功之後，這些武將就不再擔任重要的職務。我剛剛接到陛下的詔書，看到任命和千子為杞州刺史。和千子前任趙州刺史時，趙州刺史曾經編了首歌謠：『老禾不早殺，餘種穢良田。』意思是指老的稻禾不及早割去，稻種脫落就會使良田荒蕪。表達了他們盼望和刺史早日離任，讓他們過上美好生活的願望。和大人是職業軍人出身，衝鋒陷陣、攻略城池時，是做得有聲有色、氣壯河山；至於治理百姓、斷獄聽訟之類的工作，他真的無法理解，難以稱職。如果陛下想表彰老臣、讓他們老有所養，過上幸福的老年生活，完全可以多賜給他們財富；如果讓他們出任州牧，帶著一副武將的工作作風去管理地方，必將貽害百姓，讓國家遭受重大的損失。」

楊堅看了柳彧的奏摺，覺得大有道理，馬上免去了和千子的職務，讓他回京領當個吃空餉的高官。

楊堅就這樣，取得了吏治改革的成功。

5

大隋建立時，全面繼承了北周的所有動產和不動產。宇文氏西遷關中之前，關隴一帶長期遭受戰亂，早已一片荒蕪，不但人居環境破敗，就連文化也受到重創。曾經是首善之地的長安，也已經衰敗不堪，就連皇宮都十分狹小，天朝大國氣派完全沒有彰顯出來。楊堅心裡很不開心，覺得應該重新規劃一下皇宮。當然，重新規劃皇宮，在這個時候似乎還是有點不合適宜的——才剛跟突厥開戰，又在全力籌備南征之戰，國家資金還是十分拮据的。所以，必須要有一個藉口。當然這個藉口對於楊堅來說，是很容易找到的。

他的藉口就是，宮內多妖異。

到底有什麼妖異，老楊又語焉不詳，別人也不好問。

後來，他又宣布自己做了個夢。這個夢也沒有什麼讓人驚豔的情節，就是他夢到了現在的都城被洪水淹沒。這可是神仙在向他進行預告啊。再加上前些時候多次出現的妖異，這個地方的確是不能再住下去。這些理由如果放在現在，那基本就是笑話。但在當時，大家都信。誰不信誰就不是隋朝時期的合格公民。

大家都知道，現在的西安古時候就叫長安。但這個長安並不是漢晉時期的長安，而是隋唐時代的長安。古代的長安叫漢長安，或叫長安故城。

這兩個長安距離並不遙遠。

順便說說漢長安吧。

長安是關中重鎮，處於關中盆地腹地，東有函谷關，南邊是連綿起伏、磅礴壯觀的秦嶺，北邊則是高低起伏的黃土高原，西邊就是著名的六盤山，東部則是濁浪滾滾如從天上來的黃河。

打開地圖我們就可以看得出，秦嶺南北，都是連綿起伏的大山，放眼過去，重巒疊嶂，雖然一派壯觀，但生產條件就不那麼優越了。幸虧在這片萬馬奔騰似的高原、大山當中，還有一片關中盆地，不但土地豐饒，而且幾條大河匯集於此，對發展農業生產非常有利，完全可以稱得上西北部的天府之國。秦國本來是西部最為弱小的諸侯，在其開局之初的近百年內，碌碌無為，基本上沒有在歷史舞臺上冒泡的機會。秦國的老大很快就發現，他們壯大不起來、老是屬於欠發達地區的狀態，不是他們努力不夠，更不是他們的智商有問題，而是他們所處的地理環境，限制了他們的發展。他們很快就得出一個結論，如果繼續留在原地，老實地靠山吃山，他們就永遠發達不了。於是，他們決定向東遷移，不斷地蠶食東部的土地，然後不斷地把首都向東遷移。他們花了幾百年的時間，最終把首都定在咸陽。咸陽離長安並不遠，也是關中平原的腹地。他們開發了這片平原之後，發展迅速，國力很快強盛起來。而且由於四面高山阻隔，東部的函谷關又是扼住了東西部要道的咽喉，使得秦國在與東面諸侯的對抗中，立於不敗之地——每當東部諸侯在與秦國大兵交鋒上處於上風之後，對秦兵窮追猛打，但一路打來，也只能打到函谷關。秦國敗兵進入函谷關之後，把關門轟然關上，諸侯大軍就只好在關外大喊大叫，卻無法突破瓶頸，最後一聲長漢，叩關而還，大秦帝國的高層在關上哈哈大笑。更讓秦國高興的是，關中西部隴山南麓一帶還有一片遼闊的草原。那裡草木茂盛，是絕佳的牧場，因此歷代朝廷都把它劃為監牧地，也就是國營牧場。這個牧場可以幫長安提供大量肥壯的軍馬——即使到北魏孝文帝遷都洛陽，這個牧場仍然是北魏最重要的軍馬基地。

最後秦能一統六合的關鍵之一，就是他們占領了豐饒而又易守難攻的關中平原。

後來，劉邦能成功地把項羽打垮，也與蕭何成功經營關中平原、能為劉邦源源不斷地提供後勤服務有關。

可以說，誰有關中，誰就占有了天下。

只是後來，長安作為全國政治經濟文化的中心，人口逐漸增多，生產原料需求量大增，已經超出了關中盆地那塊平原的負荷量。當然，你會說，可以從各地徵調物資來供應。但這話說起來很容易，真正操作起來就很困難。因為當時的交通條件是很差的，光運輸這麼多物資就已經要耗掉大量的人力和物力，更糟糕的是，作為扼守關中天險的函谷關和潼關一帶的交通線路又十分險峻。運輸隊伍經常在這一帶陷於停滯狀態。即使是普通時期，要保證關中百姓的生活需求，就已經十分不易了。如果還處於饑荒時期，長安就會毫不猶豫地陷於深刻的糧食危機之中。

而當時饑荒就經常發生。

一到這個非常時期，皇帝和大臣們為了保命，都會背井離鄉，到另一個城市「就食」。這個城市就是後來的洛陽。洛陽位於華北平原的西邊，是長安東邊最繁華的城市，從華北和江南運來的貨物都是通過水路來到這裡集結，再通過陸路艱難地送往長安，供養關中。這樣一來，洛陽就成為了長安的重要後勤據點，是東西兩部的連接點。其實，當初劉邦立國時，就曾考慮到長安的缺點，有過定都洛陽的念頭，但因為張良、婁師等人的反對而作罷。張良他們反對的理由也很充足：可以有效地防範山東諸侯的造反。秦朝剛剛滅亡，參與滅秦的力量，大多都是六國的貴族——張良本人就是韓國貴族後代，他最先的遠大理想就是恢復韓國，只是後來他遇上了劉邦，這才改變了這個曾經十分堅定的理想。而其他六國貴族就未必有這樣的覺悟了。所以，還得嚴防死守六國力量的死灰復燃。洛陽交通方便，但是四戰之地，容易攻打，要是全國有變，新生的大漢王朝立刻就四面楚歌。所以，劉邦只好皺著眉頭把首都定在長安。當時，由於戰亂——尤其是項羽大兵打過去，秦朝的首都已經被毀壞成一片廢墟，不堪再用了。於是劉邦就重新修建了一個首都，也就是長安城。漢代的長安城位於西安西北。經過幾代皇帝的經營，長安才有了規模。有了規模的長安使得原本的缺點顯得更突出了。

到東漢時，劉秀終於把首都建在了洛陽。

你可能又要問了，劉秀為什麼不怕別人造反，兵逼洛陽？難道劉秀不知兵法？劉秀當然精通兵法，不信可以參閱一下昆陽之戰。只是當時經過前漢一百多年的經營，山東六國那些貴族早已沒有蹤影了，再加上推恩令的頒布，劉氏子孫的那些諸侯都已經變成一個土財主、根本沒有什麼造反實力。國內兵逼洛陽的機率已經大大降低。另外，劉秀起兵，跟他一起革命的都是南陽、穎川一帶的人，土地則來自於冀州。這兩大州就是他的基本盤，東漢王朝就是靠這兩塊土地上的豪強世家支撐的，這和劉邦當時的生存環境已經有著巨大的區別。為劉秀打天下的「雲臺二十八將」中的幾個頭號人物如鄧禹、吳漢、岑彭等人，通通是南陽人。南陽靠近的是洛陽而不是長安。他們當然願意將首都建在洛陽。再且，經過王莽之亂，長安也已經嚴重毀壞，而且長安附近也還存在一些反對劉秀的殘餘。在長安建都，相對於劉秀而言，反而就不那麼安全了。同時，交通問題也是劉秀建都洛陽的關鍵因素。從地理位置上看，洛陽居於全國正中，水系發達，運輸便利，利於發展經濟。

如此一來，長安就不斷地被邊緣化。到五胡十六國之後，長安就更處於長期的暴亂之中，城廓毀壞已經十分嚴重。

如果不被高歡所逼，西魏也不可能在長安建都。

從西魏到楊堅稱帝時，他們仍然在使用著前漢時期的長安皇城。其逼仄狹窄破敗的程度可想而知。所以，楊堅就完全不願意在這裡繼續住下去了。當他脫口而出他的想法時，首先得到了納言蘇威的贊同。於是，蘇威馬上當眾勸楊堅在離現在皇城不遠處重新修建一座都城。

楊堅心裡很高興，但他還是假裝不同意，說現在受命不久，不宜輕動。

可是在半夜裡，他卻把蘇威和高熲叫來，就遷皇城事宜進行了徹夜長談，幾個人在這個晚上就此事達成了共識。

接下來就是操作了。

仍然是理論先行。

第二天早朝，通直散騎庾秀才上奏：「微臣昨天夜裡仰觀天象，又對照著圖記觀察，得出一個結論，老天爺已經要求遷都。此城從漢到今，將近八百年，已經嚴重老化，水質都已經變鹹，不宜飲用。希望陛下上應天意，下順民心，盡快制定出遷都的計畫。」他的原話是：「臣仰觀乾象，俯察圖記，必有遷都之事。且漢營此城，將八百歲，水皆鹹鹵，不甚宜人。願陛下協天人之心，為遷徙之計。」

楊堅在那裡假裝「愕然」一番，然後對高熲和蘇威說：「這麼靈驗啊。」

有了上天的最高指示，別人還敢說什麼？大臣中最資深的太師李穆一看，自己必須出來表態了，於是跟著上表請遷都。

楊堅瀏覽過李穆的上表，高興萬分，對大家說：「天道聰明，已有徵應；太師人望，復抗此請，無不可矣。」意思是說，要是不答應這個請求，上天和百姓是不會原諒他的。

經過一番考證，楊堅決定在龍首山那裡修建新的都城。

工程在開皇二年六月十四日動土。楊堅任命高熲為總指揮，任宇文愷為總工程師。

該工程並不像別的城市那樣，原本已經有人居住，再擴建一下就完事了，而是在一片空地上興建起來的。當時取名叫大興城（因為楊堅在北周時曾封大興郡公）。這樣的大城是需要做好規劃的。高熲雖然在政治、軍事方面很有才能，但對土木建設並不精通，因此真正負責規劃到建設的就是宇文愷。

你一看宇文愷的名字，就知道位總工程師就是道地道地的鮮卑貴族。他的父親就是宇文貴。宇文貴是北周老一輩能人，其革命生涯可以追溯到六鎮鬧事那個時候，是當時名聲響亮的一員戰將，後來追隨爾朱榮參與平定葛榮之亂。當時北魏大亂，沒多久就分成東西兩魏，他堅定地站在宇文泰那一邊。由於他作戰勇敢，武打能力又強，再加上姓宇文，跟宇文泰同族又同宗，因此深得宇文泰的信任和重用，是宇文泰時期的十二大將軍之一。北周建立後，他更是歷任大司空、小塚宰、大司徒、太保，是北周朝廷的重量級大臣。由此可知，宇文貴一門是鮮卑武將世家，宇文貴的另一個兒子宇文忻也是一個著名的戰將，韋孝寬還在時，就十分看好他，經常在出征時，請朝廷讓宇文忻隨他上戰場。但宇文愷卻沒有像他哥哥那樣，繼續發揚宇文鮮卑尚武的優良傳統，去學弓馬，以便長大了，像他的父兄那樣躍馬疆場，立功顯名，而是用心去讀書。他最擅長的卻是製作各類工藝，對建築學尤其感興趣，而且很快就達到精通的地步。

本來，楊堅在決定將宇文氏滅族時，就曾把宇文愷列入砍頭的黑名單，但因為他的哥哥宇文忻在關鍵時刻，擁立楊堅，成為楊堅的親信之一，再加上他們雖然姓宇文，但畢竟跟宇文泰一族還是有一定距離的，因此就把宇文愷的名字從誅殺的名單上劃掉，他這才死裡逃生。之後，楊堅利用他的長處，讓他主持了宗廟的建設，對他的建築才能十分推崇。到了這個時候，楊堅就把修建大興城的任務交給了宇文愷——雖然專案管理小組的組長（即大監）是高熲，但高熲是左僕射，主要工作職責是主持朝廷政事，當這個大監，也只是總領大綱、負責整體方針，以示朝廷重視而已，整個工程的規模計畫，全由宇文愷制定並實施。

宇文愷其實是個建築狂魔。要知道大興城不是在舊有的城市基礎上改建或者擴建的，而是在短時間內從零開始打基礎建成的一座全新城市。開皇二年六月開始動土，到十二月就宣布基本竣工，次年三月，楊堅就舉行喬遷之喜，帶著大家正式入住。九個月的功夫，很多人連自己的一座小房子還沒有做成，但宇文愷卻硬是把一座規模巨大的城市修了起來。這個大興城有多大？告訴你，全城面積八十四平方公里，由宮城、皇城、城郭組成。其建築順序是先皇宮、次皇城，最後是城郭。整個城市從設計到建設，必須考慮到地形、水源、交通、軍事防禦、環境美化、城市管理、市場供需等硬體的配套，還得顧及其首都作為全國政治、軍事、經濟、文化中心的特點等很多方面的因素。這些問題一組合起來，就是個複雜的系統工程。宇文愷在短時間內全部解決了。

大家常說羅馬不是一天建成的，看起來好像羅馬城真的太宏偉壯麗了。然而羅馬城只有十三點六八平方公里，比起大興城來，實在是不可同日而語的。

最讓楊堅滿意的是，宇文愷在設計中，汲取了鄴城和洛陽城的規劃經驗，在方整對稱的原則下，沿南北中軸線，將宮城和皇城置於全城的主要位置，而城郭則圍繞在宮城和皇城的東西南三面，分割槽明確而整齊，把皇權的威嚴展現得淋漓盡致。為了突出皇家氣派和與眾不同，他把宮室、官署區與住宿區嚴格分開。後來，清人徐松在談到大興城的建設時就說：「自兩漢以後，至於晉、齊、梁、陳，並有別人在宮闕之間。隋文帝以為不便於事，於是皇城之內唯列府寺，不使雜居，公私有辨，風俗齊整，實隋文之新意也。」

大興城的排水系統也很不錯。由於城市規模巨大，宇文愷在規劃時，就已經考慮到全城的供水問題。大興城位於渭水南岸，其西又是灃河，東南又有灞水和滻水，南邊是終南山，水源得到了保障。他鑿了三條水渠，引水入城。這三條水利工程即城南的永安渠、城東的龍首渠——龍首渠又分成兩條支渠。三條水渠都分別流經宮苑，再注入渭水，使得大興城避免了內澇。這個系列水利工程，不但可以有效地解決了全城的排水問題，而且還可以進行生活物資的運輸。他還在水渠兩岸種植柳樹，在城東南建有曲江芙蓉園，使得沿渠一帶「碧波紅蕖，湛然可愛」，是長安城景色最為美好的去處。

再簡單地說一說長安城的布局吧。

上面已經說了，整個城市由宮城、皇城和城郭組成。

這些建築群是如何配置的？

城內最北是宮城，是皇帝居住和辦公的場所。為什麼把這個建築群放在最北？這跟我們傳統文化有關。這個文化又跟《周易》有關。《周易．說卦》認為：「離者，明也，萬物皆相見，南方之卦也。」這話的意思是說，在八卦當中，離卦可不是離開的意思，而是象徵著光明，其代表的方位又是南方。為什麼在南方就光明，而在北方就不光明、在東方西方也不光明？周易專家的解釋，當太陽正當中時，它燦爛地照耀著南方，使萬物顯明，讓你看得清清楚楚、明察秋毫——造成這個現象是因為我們處於北半球。所以，皇帝就取法離卦，坐在北方，面對南方接見群臣，聽取他們的匯報，處理天下軍政事務，象徵面對光明而垂拱天下。這就是所謂的「聖人面南而聽天下，嚮明而治」。

另外，皇帝不能面北還有個說法。這跟方位無關，而是跟「北」字有關。大家知道，北字的本義是「背」或者「相背」。許慎在他的《說文解字》裡對「北」的解釋是「北，乖也」。二人向背。兩軍作戰時，被大破的一方，在逃竄時往往是背對敵人。如此一來，「北」又多了一個含義：「敗」，或者「敗逃」。於是，北又成了失敗的代言詞。於是，你在讀古文時，就會常看到「敗北」這兩個字，也能常看到「追奔逐北」這四個字。所以，皇帝是萬萬不能「敗北」的，而是必須坐北面南。臣子在皇帝面前，就只好面北了。當然，宮城仍然不是全城的最北邊。長安城北到渭水之間這個地帶，還有一個區域。這個區域也用城牆圍起來，叫禁苑。禁苑裡並沒有居民，而是林木茂盛，有山有水，池水清澈、碧波蕩漾，其中放養著各種飛禽走獸，自然環境十分完美。這是專供皇帝狩獵的場所。當然，還建有個軍營，即保衛宮城北門的北衙禁軍軍營。由於有這片禁苑的在北，使得宮城正好處於整個區域的正中位置。

接下來，宮城之南就是皇城。看起來，好像又是皇帝的居住地。其實這個板塊都集中了大量的官廳衙署，朝廷各職能部門都在這裡打卡上班。

大興城並不是一個純辦公的地方，而是一個綜合性的大都市，有官也有民。安置了官府之後，接下來就到民居了。

居民區不能稱城了，就降了一格，稱坊，也就是坊間的坊。坊又在皇城之南。官員們對皇帝北面稱臣，百姓們則必須對官府北面。

長安城的另一個設計模式，也成為日後歷代王朝規劃首都的必須遵循的模式，就是東西對稱。宇文愷首先畫了一條中軸線。這條中軸線從玄武門（即宮城北門）經朱雀門（皇城南門）一直向南延伸，直到明德門（長安城的南門），使整個長安城呈現整齊的東西對稱格局。所有的布局都以此為對稱展開，即使是商業場所也按照這一原則，分別設置西市和東市。

在宮城和皇城之外，那些平民區也規劃得很有條理。長安城南北有十一條街道，東西有十四條街道。這些縱橫交錯的街道，看上去就像一個棋盤。最寬的大街當然是從皇城正門朱雀門直通明德門的中軸線，寬有一百五十公尺——這個寬度放在現在，也是非常寬闊了。道路兩邊同樣設有人行道和排水溝，並種滿了柳樹。另一條主要街道是從皇城前橫貫而過，與中軸線在皇城前交叉，然後連接東邊的春明門和西邊的金光門，街道的寬度是一百二十公尺。這條街雖然不比中軸線寬，但其街道的北邊是朝廷所有部委辦公的場所，你進入朱雀門到皇城上班，都得經過此街道；南邊的兩邊，就是商業中心的東市和西市，人員物資往來最多，這就使它成為長安城裡最繁忙的街道，絕無僅有的黃金地段。在這些縱橫交錯的棋盤中，就是小百姓們居住的「坊」了。

雖然是「坊」，也不能亂搭亂建。坊的四周都用三公尺高的土牆圍起來，大坊有四個坊門，小坊有兩個坊門。從坊門進去之後，經過坊內的街道和小巷，可以走進各家各戶。每個坊都設有個負責人，叫「坊正」。坊門的開關由坊正負責。當然，你要是當了坊正，雖然有了開關坊門的權力，但你也不能任性地開關坊門，而是按規定的時間開關：每天日出的時候開門，日落的時候關門。如此一來，坊民們就必須在日出之後才能出坊，日落之前一定回到家裡。當然，坊的設立，對老百姓的管理非常嚴格，但對於達官貴人而言，這些規定只是裝飾。首先，政府明文規定，世家貴族以及寺院可以不受坊規管轄，他們可以直接面向大街開設大門，他們的大門由自己隨意開關。

長安城發展起來之後，城裡的街東和街西各有五十四個坊，再加上東西兩市，全部共有一百一十一個坊。大坊的周長足有四公里，小坊是大坊的一半多一點，有二點一公里。坊的設立，其實就是把當時鄉村的管理制度複製到城裡而已。只是鄉村的這個單位稱為「里」，等於鄉。如果從占地面積看，里的占地面積要大很多，通常是一百戶為一里。而坊裡的居民就比較密集了，那個圍牆裡的人口通常是以萬人為單位的。

人口一多，交易的規模也就逐步增多，商業就不斷發達起來。於是，長安城裡也有了「市」。長安城裡「市」的規模大致上與坊差不多，為一個周長四公里的正方形，也是用土牆圍起來的。因為市不是居民區，所以內部的街道不像坊那樣是十字形的，而是成為「井」字形。市的大門每邊都各開兩門。「市井」一詞就是由此而來的。

坊的大門由坊正拿著鑰匙，而市的鑰匙則由市署掌握。當時管理市場的一共有兩個部門，一個就是市署，另一個是平準署。雖然都是市場的管理機構，但他們的職能還是有所不同的。平準署主要透過市場來販賣國家不用的東西，同時買進國家需要的東西，是標準的國有商業機構。市署則負責管理整個商業貿易。隨著時間的推移，長安城裡的市場也旗幟鮮明地分成兩個區域：街東變成了上流社會的高級住宅區，西邊則成為庶民階層聚焦的地方。

市署除了掌管鑰匙，實施嚴格的門禁之外，還跟現在的工商局一樣，負責監督著商品的品質、物價、交易的公正性。大家對公秤都不陌生吧？其實，在那個時候，市署就在每年的八月統一檢驗所有的秤。

有了這些市，長安才能成為真正的城市。到了唐代，長安已經發展成為當時的國際大都市。城市一繁榮，文化娛樂方面也就跟著豐富多彩——最後他們的活動也逐步超出了坊制和市制規定的範圍。儘管沒有多少文獻記載著隋唐長安城裡市民們的具體生活，但一則唐傳奇裡，還是可以讓我們了解到當時長安貴族們生活的一面。

這個唐傳奇叫〈任氏傳〉，說的就是長安城裡的「坊間故事」。

其情節大致是這樣的：

有一位叫韋崟的刺史跟他的堂妹夫鄭六，兩人不僅是親戚關係，也有共同的嗜好，就是都放蕩形骸，又好酒好色。他們為自己安排的工作就是在長安街上喝酒找美女。有一天，他們又出來，商量著到新昌里喝酒。走到一半，鄭六突然想到有一件事需要去辦，就讓堂兄先走，自己去去就來。他騎著他的毛驢向南，途中碰到一個絕色美女。他第一眼看到美女時，就當場看傻了。那個美女對他也很友好。鄭六是個把妹高手，一看這個眼神，就知道自己完全可以放膽湊上去了，馬上就厚著臉皮過去搭訕：「妹妹如此漂亮，怎麼步行上街？」美女說：「帥哥有驢卻不借給我，我只好步行了。」鄭六一聽，當真大喜過望，說：「這頭蠢驢實在難以配得上佳人。若是娘子不怕掉價，我就讓給娘子。」他的確是把妹高手，一來二往，對美女的稱呼就從美女過渡到了娘子。於是，那頭驢也順便過渡到美女的屁股下。鄭六就一邊跟著毛驢前進，一邊色瞇瞇地跟「娘子」聊天。鄭六跟美女一聊，早就忘記自己該做的事了，一直跟著美女向東而行，直到天黑時，他們來到一座豪宅前。美女對鄭六說：「郎君稍等，我先行進去。」留下一個女僕陪著色瞇瞇的鄭帥哥。

鄭六從女僕口中得知美女姓任。沒多久，門內有人出來，把鄭六請了進去。先是任美女的姐姐過來，陪鄭六喝了幾杯。過一會，打扮過後的任美女終於儀態萬方地款款而出，在朦朧的燈光中，愈加光彩奪目、美豔動人，讓鄭六不由得暗自喝采——此等女神，真是難得一見啊，心裡不由得七上八下。三人在那裡喝著夜酒——這可是鄭六的特長，酒桌上當然揮灑自如。盡過酒興之後，自是郎情妾意、春宵苦短……當東方欲曉之時，鄭六正迷糊間，任美女就催他快起來，說他們家兄弟俱在教坊謀食，天亮時需去南衙上班。不能再耽擱下去了。兩人約好下次幽會的時間。

鄭六出來時，天還沒有完全亮，坊門還沒有打開。他看到有個餅鋪的主人（胡人）正好還在點燈忙碌著，便溜了進去暫住。然後順便問主人，從這往東走，有一個豪宅，是誰家的？餅鋪主人搖搖頭，那裡是一片荒野，什麼人都沒有，哪有什麼豪宅？但鄭六卻說就是有，我剛剛從那裡經過呢。後來，那人恍然大悟地說：「我知道了。那裡住著一隻狐狸，經常勾引年輕帥哥去跟她睡覺，公子莫非逢此桃花運了？」

鄭六當然不承認了，紅著臉說：「沒有啊沒有。」

等天亮後，他再回到那個地方查看，看到豪宅的大門和高大的牆院還在，但裡面已經是荒草萋萋。他馬上知道他真的碰上了傳說中的狐狸精。

如果是別的人，這時早就嚇得腿軟，倒在那裡深呼吸了，可是他卻毫無懼意，觀察完之後便回去。韋崟看到他現在才回來，便責備他，跑到哪裡了？害得我一個人喝酒。他當然沒有說出。但從此以後。他時刻都想著任美女，決心再找到她。他一天到晚，都在大街小巷裡亂竄，希望看到美麗可愛的狐狸精。十幾天後，他終於在西市裡遠遠看到了任美女的身影。他急追過去。任美女說：「你什麼事都知道了，你又何必再來。」

鄭六卻說：「我是知道了。可是這又有什麼好可怕的？」強烈要求再續前緣，並答應再找個房子來讓美女住，從此狐狸精不用再跑到荒野那裡躲了。

兩人指天發誓，永不相棄。

任美女說：「從這往東走，有一處宅子，院中的樹高過屋頂。我們可以在那裡租來住。那個常騎白馬出來玩的不是你兄弟嗎？他家很富有，你可以跟他借一些家具來用。」

狐狸精果然厲害，對鄭六的情況知道得跟鄭六一樣多。

當時韋崟家的幾個長輩都在外地當大官，京城的豪宅基本都是關著，他們的家具都搬到韋崟的家裡存放。鄭六按任美女的要求，先租好房子，然後跟韋崟借家具。韋崟問他借這些有什麼用？

鄭六也不相瞞，說：「不瞞老兄，我最近得一美女，房子已經租好了，就缺些家具。」你看當時的社會風氣多寬鬆啊，自己在外面養了個小三，居然臉不變色心不跳地跟老婆的哥哥公開出來。

更奇葩的還在後面。

這位堂兄不但沒有為自己的妹妹爭一口氣，反而笑著說：「就你這付尊容，交到一個異性就已經不錯了，還說什麼美女。光天化日之下，把這個醜八怪說成是美女，也不怕雷劈？」然後，很慷慨地把那些舊家具都送給鄭六，資助這位妹夫去養小三。

韋崟絕對是個花花公子，他雖然嘲笑鄭六不會交往美女，但好奇心還是有的。他派了個頭腦機靈的僕人幫鄭六把這些家具送過去，順便替這個僕人安排個任務：看看妹夫這個小三到底醜到什麼地步，到不到恐龍這個級別。沒車沒房，哪個美女願意跟你？如果我的妹子稍長得好點，我就不會同意你當我的妹夫。

不過一會，僕人就跑回來向他報告：「老大的妹夫的那個小三啊小三……」韋崟一看，看來妹夫的小三果然比恐龍更恐怖，要不這小子能緊張到這個地步。便笑著問：「是不是太醜了？」

僕人道：「是太漂亮了。我看了一眼，呼吸都自動屏息了，回來的路上，腦袋裡全亂了。」

韋崟搖搖頭：「你沒有眼花吧？」

僕人道：「我怎麼會眼花？我雖然只是個僕人，但也看出誰醜誰美。我人窮，眼睛可是不窮啊。我在路上一直思考一個問題。」

韋崟一聽，差點笑了起來：「你小子居然也思考？你思考了什麼問題？」

僕人脫口而出：「我在想，天底下居然有這麼漂亮的人。我看到她的第一眼，就覺得是不是從天上掉下來的。」

韋崟一聽，看來是真的漂亮了。連這小子那個麻木的思考系統都被漂亮觸動了，能說出這麼有意境的話來。

韋崟家庭宏大，見多識廣，又是獵艷高手，見過無數美女，於是就把他認識的幾個美女說出來，說任美女有比誰漂亮嗎？

僕人搖搖頭。韋崟把他所有的美女資料庫都擺出來，僕人仍然說，根本是不同個等級。

後來，他又問：她比吳王家六女兒如何？

僕人說：「仍然是那句話：比不上！」

韋崟一聽，不由大驚失色，吳王家六女兒是他見過最漂亮的美女。僕人居然說仍然比不過任美女。他也坐不住了，急忙打水來洗了腳、戴好頭巾、塗好唇膏，把最新潮的衣服穿上，然後騎著白馬上鄭六家去，看看妹夫的這個小三。

他來到鄭六租的那個院子後，直撞進去，四處尋找，果然在一個轉角處看到一個美女，直接把她拉到明亮處，要細細打量一番。沒想到，才到庭院處，兩眼不由得一亮，哪用得著細細打量——眼睛接觸任美女的一剎那，他瞬間就享受到亮瞎雙目的感覺，心底跟著驚呼，這個世界居然有這樣的美女。比僕人的描述還強很多倍啊。

韋崟是什麼人？看到這麼妖豔無比的美女，他還按捺得住他還是花花公子韋崟嗎？他不由分說，搶上去就要用強。任氏卻堅決不答應，反覆掙扎，奈何韋崟身強力壯。

眼看無法掙脫，任氏只好說：「可惜鄭生也是個男人，現在居然連自己的美女也保護不了。公子富貴人家、又酷又帥，身邊佳麗無數，像我這樣的人，不知遇到多少個了。而鄭生卻只有我一個。公子是他最好的兄弟，居然還要趁他不在的時候過來搶占我。」

韋崟雖然是個花花公子，但也是個很講義氣的兄弟，聽了這話之後，居然放過任美女，向她賠禮道歉。

沒多久鄭六回來。兩人在一起喝酒說笑。自此以後，鄭六和韋氏的花費，全由韋崟供應。這對酒肉朋友還真講義氣。任美女當然也有報答，只要韋崟喜歡哪個美女，她都出面幫忙弄到手，韋崟不斷地在桃花源裡，飄飄欲仙。

有一天，韋崟在市場裡發現一個賣衣服的美女，叫張十五娘，漂亮得讓他驚為天人。他急忙回去，告訴任美女，請任美女幫忙。任美女笑道：「那是我的表妹。」沒過幾天，她果然把張十五娘帶到韋崟的房裡，讓韋崟豔福不淺。

後來，鄭六調到金城縣當差。他想帶任氏一起去赴任。但任氏卻堅決不同意。於是，鄭六就請韋崟來幫他一起當任美女的說客。任美女說：「有個巫師跟我說過，這一年我不得西行。所以才不願意去。」

鄭六和韋崟一聽，就大笑起來，原來是這個原因。巫師們向來妖言惑眾，天下誰的話都可以聽，唯獨巫師們的鬼話不能聽。

任氏無奈，只好說：「如果巫師的話成真，我徒然因此而死去，對郎君又有何益？」

鄭六道：「哪有這樣的事？」

任氏只好答應。韋崟借給他們兩匹馬。兩人乘馬西去。

幾天後，來到那個著名的地方——馬嵬。

幾個女僕走在前頭，然後是任氏騎著馬，最後是鄭六騎驢在後。

當時，西門的人正在這一帶訓練獵犬。鄭六他們正在行進間，一頭獵犬突然從草叢中衝上來。

走在後面的鄭六，突然看到任氏從馬上落到地上，然後化為狐狸逃竄。他大吃一驚，急忙一邊呼喊一邊追過去。但他能追得上嗎？

他追不上，可是獵犬卻很快就追上了。

於是，狐狸精香消玉殞。

鄭六非常悲痛，最後從獵人那裡將狐狸精的屍體贖回來，在那裡埋了。從此，馬嵬坡下泥土中，不見玉顏空死處。

十多天後，鄭六回到長安。

韋崟問任美女還好嗎？

鄭六答：已歿！

韋崟驚問何故？

鄭六把那個情節敘述了一遍。兩人抱頭痛哭。

後來，韋崟說：「獵犬雖然凶雖惡雖猛，但至於追殺一個人嗎？」

鄭六說：「她不是人。」

韋崟只覺得自己的下巴已經被驚得落到地下了，怎麼不是人呢？

鄭六這才把一切全盤都告訴了韋崟。

韋崟再一次驚掉下巴。這世間居然有這樣的事。

這個坊間故事，其實跟後來的聊齋故事也差不多。我們除了從這個故事裡看到了一個狐狸精的可愛形象之外，還看到當時唐朝已經有酒館、有夜店、有服飾店、有出租房子，在昇平裡還有胡人的餅子鋪，而且這個餅子鋪從半夜到凌晨一直在營業。隋唐長安的日常生活，我們完全由此可見一斑。

6

當然，長安城的規劃、設計也還存在很大的缺陷。

首先沒有考慮到當時社會發展的需求，城市規模過大。尤其是城南四列的坊，經過隋唐兩代三百多年，始終沒有足夠的住戶，顯得很蕭條冷落。後來，宋代有個地理學家在考察長安之後，說：「自朱雀門南第六橫街以南，率無居人第宅。」他還特地作注：「自興善寺以南四坊，東西盡郭，雖有居者，煙火不接，耕墾種植，阡陌相連。」城裡居然被居民們開墾為田地，弄得首都南邊人煙稀少但阡陌縱橫。由此可知，城鎮化是一個自然而漫長的過程，不是你把城市做大了，城鎮化就會飛速發展。

其次大興城的道路雖然寬廣，但由於趕工期、抓進度，所以這些寬廣的街道全是土路。一到雨雪天氣，整個長安城就泥濘不堪，難以行進。情況嚴重時，大臣們連上朝都得暫停。為了排水，路面都是龜背形的中間高、兩側有寬、深兩公尺多的水溝，看起來排水系統還是比較完美的，可由於當時技術的限制，城內地形起伏較大，排起水來仍然很困難，以致暴雨過後，很多房子的牆就會泡在水裡。尤其是坊牆，因為都是泥牆，被大水一泡，常常坍塌。

然後還是老問題：交通問題。有時漕運不暢，糧食供應馬上就進入困難時期。當然，楊堅在修建大興城時，也考慮到了這一點。他一邊修建大興城，一邊下詔令西起蒲州、陝州，東至衛州、濟州，沿黃河十三州招募壯丁運米。又在衛州建造黎陽倉，陝州建造常平倉，華州建造廣通倉，由水路依次轉運。漕運潼關以東地區和晉州、汾州的粟米供給長安。但後來的歷史證明，這個辦法仍然解決不了這個歷史性的難題。

最後是軍事防禦也存在缺點。長安城的城牆寬度大約是九到十二公尺，高度五公尺左右。如果敵人傾力前來攻城，這樣的高度是很難持久堅守的。後來，李淵只經過十一天的激戰就打入長安、而玄宗才聽到安祿山攻破潼關的消息之後，就不得不倉皇出逃，離開長安，就是這個原因。

當然，作為當時世界上最大的都城，大興城有如此規模和建設成就，還是可圈可點的。大興城的設計和布局想法，不但對中國後世都市建設有著無可替代的影響，而且對日本、朝鮮的都市建設也影響至深。如日本的幾個大城市奈良、平城京等，都是仿效大興城的布局而建造的。平城京東西三十二町，南北三十六町，每隔四町均有大路相通，形成整齊有序的棋盤狀。宮城也是位於城北正中，四周以官衙和貴族邸第圍繞，明顯地展現著大興城的特徵。這些帶著明顯漢文化特徵的設計，是由一個少數民族的設計大師來完成的。

第四章

江南宮闕，不盡玉樹後庭曲；遭疑謀逆，百戰名將終伏誅

1

再來看看南陳的情況。

陳叔寶平息弟弟的政變之後，對那幾個為自己跟陳叔陵拚命的人還是很感激的。因此他在登基之後，馬上任命他的另一個弟弟陳叔堅為驃騎將軍、開府儀同三司、揚州刺史，蕭摩訶為車騎將軍、南徐州刺史，封爵綏遠公，並把始興王陳叔陵的萬貫家產全都賞賜給他。又任命司馬申為中書通事舍人。很多人一看，這幾個人應該是之後南陳高層決策圈的組成人員了。而這幾個人當中，司馬申排名最後，但卻最受陳叔寶的信任。

司馬申此前雖然不怎麼著名，但他的資歷卻很深。在南梁時代就當過開遠將軍。他字季和，河內人。年輕時期，長得很有風度，是個天生的棋手，還在十四歲時，就下得一手好棋。當時大名士陰子春非常欣

賞他，一見到他就跟他下棋。大家知道，梁武帝有個大大的紅人叫朱異。而朱異的貴人之一就是陰子春。

當少年司馬申和大名士陰子春下棋時，皇帝紅人朱異就在旁邊觀棋不語。司馬申在下棋時，經常使出一些妙招，讓朱異覺得大為驚奇。朱異除了是蕭衍的紅人外，還有個身分，就是圍棋高手，能被朱異接連驚嘆，充分說明了司馬申的棋藝十分了得。後來，朱異就經常帶著他一起玩。司馬申就是這樣靠一手好棋走上了仕途。沒多久成為南梁邵陵王的主簿。之後，他又成為蕭繹的手下，被蕭繹任命為開遠將軍。侯景進攻郢州時，司馬申隨當時的名將王僧辯搶占旦壑。他腦袋很快，不斷地為王僧辯貢獻策略，而且都被王僧辯採用，這讓王僧辯很讚賞他。他是個書生，但卻很冷靜。有一次，他正和王僧辯在軍中，敵人突然殺到，左右逃得命都不要，他卻舉起盾牌擋在王僧辯的前面，掩護王僧辯。等到裴之橫的救兵趕到，把敵人打退。王僧辯對他又是大力表揚了一番。

他雖是王僧辯的親信，但當陳霸先殺掉王僧辯後，他又轉成南陳的臣子，先後在多地為官。後來，他到朝廷任職，而後當上東宮通事舍人。

在陳叔陵作亂占領東府、陳叔寶危急時，正是司馬申急馳而出，召蕭摩訶率兵前來，將陳叔陵斬之。因此，陳叔寶對他就十分感激，讓他掌管機密。

他立了這麼大的功勞後，覺得自己是挽救了朝廷、挽救了皇帝，心裡很得意。他當年追隨朱異起家，受老朱的影響當然非常大，因此在掌管機密、成為陳叔寶的紅人後，自然而然地把自己當成了當代的朱異，仗著皇帝的無比信任，恣意作威作福起來，一旦看誰不順眼，立刻到陳叔寶面前進一番讒言，不把那人誣諂誹謗到倒臺，絕不罷休。他不但棋藝了得，察言觀色的能力也十分突出，而且尤其善於觀察陳叔寶那張臉上的變化，能隨著那張臉色的變化說出該說的話來。如果誰捨得巴結，他也捨得幫助誰。朝廷中的大臣，大部分都是機會主義者，看到他權勢通天，便都過來依附他，甘願當他的心腹。弄得朝廷內外，無不隨風而倒，一大批朝臣一天到晚，腦袋裡想的都是如何奉承巴結司馬申大人。

陳叔寶跟他商量時，也只有他反對陳叔寶，而陳叔寶很少反對他。陳叔寶認為侍中、吏部尚書毛喜是個人才，而且又是先皇的舊臣，就準備提拔他為僕射。毛喜絕對是南陳老一輩政治家。他年輕就以好學出名，草書和隸書寫得非常漂亮。侯景之亂時，他隨陳霸先守京口，後來，蕭繹為了控制陳霸先，就徵召陳霸先的子姪到江陵入侍——其實是充當人質。陳霸先就叫毛喜陪同陳頊同往江陵。到江陵之後，蕭繹任陳頊為領直，任毛喜為尚書功論侍郎。陳霸先在陳頊出發時，就交待他：「汝至西朝，可諮稟毛喜。」要陳頊在江陵時，不管碰到什麼情況，都要跟毛喜商量，然後行事。可見陳霸先對毛喜的信任，也可以看得出毛喜真不是普通人，否則陳霸先能把自己的家屬託付給他嗎？

毛喜就是從這個時候成為陳頊最親密的同袍。

後來江陵為西魏所破，陳頊和毛喜都被宇文泰遷到長安，成為西魏的人質。

陳蒨即位後，毛喜和陳頊得以回歸南朝。

毛喜在北周當人質時，並不是老實地過著人質生活，而是全方位的了解北周的情況，知道北周目前已經很強大。他回到建康之後，不斷地向陳蒨進諫和好之策。陳蒨為此派周弘正出使北周，跟北周修復了外交關係。之後，他又奉命去迎接陳叔寶回朝。所以，陳頊對他就更加信任了。陳頊當驃騎將軍時，就讓毛喜當他的府諮議參軍，領中記室，府上的所有文件都由毛喜起草或把關。

陳蒨死後，陳頊成為首席大臣，但韓子高跟到仲舉不服，在暗中密謀作亂。毛喜知道後，對陳頊說：「宜簡選人馬，配給韓子高，同時賜予鐵和炭，使他們修繕武器盔甲。」

陳頊一聽，老毛你的神經沒有錯亂吧？怎麼出這種爛點子？他一臉驚訝地對毛喜說：「韓子高謀反，正應該捉拿他，怎麼反而這樣做？」

毛喜說：「先帝剛剛大行，邊寇尚多，社會還沒有穩定，而韓子高仗著是前朝的紅人，雖然表面上服從老大，但實際上非常囂張。如果老大現在派兵捉拿他，只怕會生出變故來，到時麻煩就大了，說不定會誤了老大日後的計畫。必須先穩住他，假裝對他推心置腹，讓他安心，使他失去警惕。等他心裡不再有疑慮之後，再搞定他，只需要一個壯士之力而已。」

陳頊一聽，果然妙計，就按計而行，果然輕鬆地拿下了韓子高，斬除了一個大麻煩。

陳頊即位後，毛喜被任為黃門侍郎，兼中書舍人，典掌軍國機密，成為陳頊得力助手。據說第一次北伐前，陳頊就命令毛喜起草作戰計畫。毛喜一共提出十三條軍制，深受陳頊的讚賞。太建三年，他即使在服母喪期間，仍然被任命為明威將軍，而中書舍人如故——這才是最有權力的職務。服喪期滿之後，陳頊又提拔了他一把，加他散騎常侍、五兵尚書，參掌選事——也就是參與選拔官員的事務。

太建五年，陳頊在拿下淮南時，又對毛喜說：「我想進兵彭城和汴城，你覺得可行嗎？」

毛喜明確表示難以成功：「目前我們剛拿下淮左，邊地尚未太平。現在宇文氏剛併吞北齊，銳氣正盛，我們實在無法與他們爭鋒。以疲敝之兵深入彭、汴，本來就已經讓我們處於不利的境地，何況還放棄舟船之利，跑到陸地上作戰，這是在去長就短啊。我看不如先安撫百姓、保住邊境，停止兵戈，先跟他們恢復和平，然後再勵精圖治，廣招賢才，提升國力，再順時而動。這才是長久之策。」但陳頊當時一頭熱，沒有聽從毛喜的意見，派吳明徹出征，果然大敗，連當時南陳最能打的吳明徹也成為對方的戰俘，從此南陳的國力直接走向衰敗。事後，陳頊對毛喜說：「卿之所言，驗於今矣。」可是到這個時候，才知道這話是正確的，又有什麼用？

終陳頊一朝，毛喜一直是陳頊最信任的心腹。在陳叔陵作亂時，中庶子陸瑄就宣布旨令時，就命令南北諸軍，悉聽毛喜處分。可見毛喜在當時，已經發揮定海神針的作用。

他此前跟陳叔寶的關係也非常不錯。因此陳叔寶在這個時候提拔毛喜，讓他成為執政大臣，絕對是一件最正確的事。毛喜雖然很有能力、資歷又深，但性格剛直，從來不買司馬申的帳。司馬申一看，要是這樣的人成為執政大臣，以後日子就難過了，就對陳叔寶說：「陛下，如果光從我個人而言，提拔毛喜，我當然舉雙手贊同——因為他是我妻子的哥哥。可是站在陛下的立場，我就不得不反對了。毛喜當年曾經在先帝面前，說陛下酗酒成性的壞話，而且還建議先帝趕走東宮屬僚。這些難道陛下都不記得了？」

如果陳叔寶是個英明之主，就知道司馬申說毛喜做的這些事，剛好是毛喜的可貴之外，正好大大地重用。可是陳叔寶不是這樣的君主，聽到這些話之後，馬上就叫停了提拔毛喜的事。

毛喜當然不知道陳叔寶不喜歡他的性格，仍然保持著自己的工作作風。

陳叔寶剛傷癒出院、準備正式執政時，特意在後殿擺了個宴會以示慶賀。他讓吏部尚書江總以下的公卿在宴會上奏樂賦詩，玩得十分暢快。陳叔寶本來就是個好酒之徒，這時一高興，更是喝得大醉。他大醉之後，並沒有回到龍床上大睡，而是繼續跟大家玩，並且還記得毛喜先生沒有交作業。於是就醉醺醺地吐著酒氣，叫毛喜先生也賦詩一首。

當時，陳頊剛安葬不久，國家仍然處於服喪期間，怎麼可能飲酒作樂？毛喜看到陳叔寶擺了這個規模宏大的宴會，跟群臣一片歡樂，心裡已經非常不開心，現在陳叔寶居然叫他賦詩，他能幹嘛？他正要乘機起來對陳叔寶勸諫一番。沒想到，陳叔寶說完之後，就已經醉得不省人事。與會人員看看陳叔寶又看看毛喜。老毛啊，你賦詩吧。皇上雖然已經醉了，但你賦詩之後，我們幫你記著。

毛喜雖然性格剛直，但也不是笨蛋，他知道如果現在陳叔寶還睜著眼盯著他，他倒可以勸諫一把，大不了惹怒天顏，被治個罪，但也還搏得個美名。如果現在他不賦詩，明天這些大臣就會在他妹夫司馬申的帶領下，向陳叔寶告他的狀。於是就靈機一動，就突然兩眼翻白，手撫胸口，大叫心痛不已，然後倒在臺階下，最後被抬著出去。

陳叔寶酒醒之後，對江總說：「我很後悔召毛喜過來喝酒。他其實身體健康得很，一點病都沒有，只是想阻止我設宴作樂而已。」從這方面看，陳叔寶的智商並不低，也是很明辨是非的。

如果你聽了他這些話，你以為他從今之後會對毛喜另眼相待，再找機會提拔他一把，那就大錯特錯了。

他說了這話之後，馬上找來司馬申，對司馬申說：「毛喜這人負氣使性，太不給我面子了。我想放任他的仇家鄱陽王兄弟為其兄長報仇。這個可行吧？」所謂鄱陽王兄弟，就是陳蒨的第三子陳伯山，以及他的另外幾個兄弟。因為陳頊篡位，殺劉師知、韓子高、到仲舉父子以及陳伯茂，都是靠毛喜為謀主，因此陳伯山兄弟向來對毛喜咬牙切齒，把他當成不共戴天的仇人。只是因為毛喜有皇帝的保護，他們就只好停留在憤怒的狀態下，不敢有什麼動作。如果陳叔寶稍有點暗示，他們就會馬上動手。

司馬申要是說不可行他還是司馬申嗎？陳叔寶的話一說完，他馬上就說：「反正這人終不為陛下所用，殺掉他正好耳根清靜。請盡快按陛下說的去行事。」

幸虧還有中書通事舍人傅縡在現場，他看到這對君臣馬上就要去實行害死毛喜的計畫，便挺身而出，說：「萬萬不能這樣做。如果允許鄱陽王兄弟殺害毛喜，那將置先皇於何地？究竟還給不給先皇一點面子？」

陳叔寶雖然很恨毛喜，但他也知道毛喜是父親生前最信任的大臣，如果自己用這種卑劣的手段搞定毛喜，屍骨未寒的父親在陰間能原諒他嗎？他雖然不成材，但對父親還是很孝順的，聽了傅縡的話後，便又不敢按計行事了。他想了想，說：「那就把他安置到一個小郡中，不再讓他參預朝政了，朕真的不想再見到他了。」於是，他貶毛喜為永嘉內史，直接降了幾個級別。

當毛喜捲著包袱去永嘉赴任時，陳叔寶心情很好，但本來就人才凋零的南陳就更加缺乏人才了。

2

在陳叔陵事件中，立功最大的一定是陳叔堅。所以，他在事後被任命為首席大臣。在陳叔寶養傷期間，朝廷事務基本上由陳叔堅代理。陳叔堅這時還年輕，突然手中拿著全國最大的權力，心頭也飄飄然起來，做事就越來越任性，而且做的多是不遵守規矩的事。這讓陳叔寶很惱怒。他被陳叔陵這個弟弟弄了一下，差點命歸黃泉，神經已經十分敏感。現在看到這個弟弟又在肆無忌憚地揮舞著權力大棒，心裡當然不開心。於是，在他宣布出院之後，做的第一件事，就是下詔讓陳叔堅去當江州刺史，別在朝中亂說亂做了。這個命令才下了不到幾天，陳叔寶又突然覺得，江州刺史的位子更重要，要是讓陳叔堅這個戀權成性的人控制了江州，以後還會有很多不確定因素出現，於是又在陳叔堅還沒有出發時下詔，提拔陳叔堅為司空。大家知道，司空的級別很高，但卻沒有什麼實權，這種級別是典型的虛位，是一種榮譽性的職務。即使是這樣，陳叔寶仍然不放心，過一段時間，又把陳叔堅的司空免職。

陳叔堅的職務在短期內被哥哥不斷地變動著，最後變動到什麼職務都沒有，心裡當然鬱悶得不得了。但他年紀又輕，手無實權，更無心腹幫襯，因此除了在那裡鬱悶之外，真的沒有什麼辦法了。可是他又不甘心就這樣成為邊緣人物，每天鬱悶著把皇親國戚的生活過到自然死亡的那一天。他必須東山再起。

如何東山再起是個問題。

他並不是一個很有辦法的人。他想了很久，最後只好使出一個辦法——厭媚之術。可能很多人一看到這個，又以為是什麼新奇的事物了。其實就是請來某位大師，弄一下迷信活動——最經典的例子就是漢代的江充巫蛊案。這個案子據說是要把漢武帝詛咒至死。不過，陳叔寶目前沒有這麼大的膽子，要把皇帝哥哥詛咒到死，而是請來幾個大師，祭日月以祈福——即在不危害哥哥的同時，讓自己得福，完全是一種自保的行為。陳叔堅手中的權力雖然已經被剝奪得一乾二淨，但他畢竟是敏感人物，監視他的還大有人在。他玩這個迷信活動時，當然瞞不過那些炯炯有神的眼睛。這些人看到他的動作後，馬上在第一時間加油添醋，向陳叔寶告密——說陳叔堅詛咒皇帝陛下。

陳叔寶當然如獲至寶。哈哈，老弟啊老弟，你要是老實待著，我也拿你沒有辦法。可是你居然要詛咒老子。詛咒皇帝之罪，是什麼罪？全國人民都清楚。於是，他把陳叔堅召來，話都不說一句，就將之關在西省，然後吩咐把他就地殺了。

陳叔寶準備殺這個弟弟時，還是講究一下儀式的，他派人對著陳叔堅讀著敕書，譴責陳叔堅大逆不道之罪。

陳叔堅這時倒還鎮靜，等對方把譴責的話說完之後，說道：「我並沒有其他想法，只是想辦法親近討好一下陛下，以求改變一下生存環境。想不到卻觸犯了朝廷法令，實在是罪該萬死。我死後，一定會在陰間見到陳叔陵。到時，我再向他宣讀陛下的詔令，然後在九泉之下譴責他的謀反行為。」他雖然年輕狂妄，導致現在這個局面，但他的這些話還是說得很有水準。他沒有為自己辯護，也沒有直接為自己邀功，卻說是到九泉之下繼續為哥哥譴責陳叔陵，讓陳叔寶想起陳叔陵事件——當時，如果沒有他陳叔堅，現在這個世界上還有陳叔寶這號人物嗎？

這話果然直擊了陳叔寶的心尖。他覺得自己真的有點過分了，於是就赦免了陳叔堅的罪，但也免了他的官職。

這時，楊堅對南陳還是很客氣，派薛道衡來訪，以便加固加牢雙邊關係。薛道衡出發前，楊堅就交代他：「當識朕意，勿以言辭相折。」意思是，要保持低姿態，不要像往常的外交活動那樣，對話弄得像辯論賽一樣，一定要在口頭上決個高低，好像口才一差，國格就低一等一樣。

你一看，就知道楊堅這是在故意示弱。故意示弱的下一步，基本就是強力出擊，一棍將對方打死。

但陳叔寶並沒有了解到。他看到對方如此謙虛，就覺得國際環境已經大好，國防安全也無須擔心了，可以趁著這個來之不易的和平時期，享受享受。

享受的事，最是宜早不宜遲的。也是在當年（開皇四年）的十一月，陳叔寶在國力已經嚴重衰退、毫無起色的情況下，在光昭殿前又修建了臨春、結綺、望仙三閣。千萬不要以為，你一看到「閣」字就以為這幾個建築的規模不大。告訴你，這三個閣都高數十丈，而且連延數十間，窗、牖、壁帶、懸楣、欄杆等構件都是用沉木和檀木等名貴實木製成。他覺得還不夠豪華，又用黃金、玉石以及珍珠、翡翠等物加以裝飾，樓閣門窗都外掛珠簾，室內都設有寶床寶帳，布置在其中的穿戴玩賞之物，無不瑰奇精美而稀有，很多都是近古以來所未見的。沈木和檀木都是名貴香木，由於這類香木放得太多，以至每有微風吹來，香味飄散，數里之內有鼻皆聞。光有這些還不夠。他又在閣下積石為山，引水為池，雜植奇花異草，把這幾個新閣弄得異常豐富多彩。當然這些豐富多彩都是由民脂民膏堆積起來的。

做完這個宏偉壯麗的建築群之後，他就自己居住在臨春閣，然後安排後宮幾名重量級美女在另外兩閣：張貴妃居結綺閣，龔、孔二貴嬪居住在望仙閣。這三個建築雖然各自為閣，但各樓閣之間都設有複道，可以互相往來。後來，陳叔寶覺得後宮中的王美人、李美人、張淑媛、薛淑媛、袁昭儀、何婕妤、江容諸美女都很可愛，就又幫她們發放了通行證，經常叫她們到三閣來吃喝玩樂。陳叔寶雖然不知稼穡之艱難，但文才還是很出眾的。他向來覺得詩就是要與酒色搭配起來才對。於是，他又從後宮中發現了一個人才，這個人才叫袁大舍，很有文才，他就任命她為女學士。他每天都跟這些美女在三閣上又詩又酒又色，玩得不亦樂乎，至於朝政，就全部交給江總。

當然，如果江總是個治國大才，陳叔寶這樣做也未嘗不可。

3

但江總是這樣的大才嗎？

據說江總是晉代名臣江統的十世孫、南北朝時江湛的五世孫，的確家學淵源。但他出生時，家中已經衰落。他才七歲，父親就去世，他不得不寄居外祖父家裡。他少年時，不但聰明敏捷，而且性情純厚——也就是很乖很可愛，因此深得其舅父的喜愛。他的舅父叫蕭勱，是當時的大名士。蕭勱對這個外甥充滿了期待，曾經對江總說：「你的節操品行這麼出眾，神態舉止更是與眾不同，將來你會比我更加出名。」江總得到大名士舅舅的鼓勵，就更加奮發了。當時他家裡藏書幾千卷，他幾乎整天都埋頭在這些書堆裡，手從不離卷。

當然，江總拚命讀書，並不是只為了當大名士，而是為了當官過上美好的生活。十八歲那年，他就開始步入官場了。他的公務員生涯是從武陵王府法曹參軍開始的。武陵王就是蕭紀，蕭衍第八子。他很快就得到蕭衍的關注。當時，蕭衍剛剛創作〈正言〉完畢，就寫了那首〈述懷詩〉。

江總也參與了這首詩的創作。蕭衍讀到江總的詩後，大為讚賞。立刻把他調到中央，讓他任侍郎——在那個年代，文學還真的能改變命運。他到建康任職之後，由於得到蕭衍的另眼相待，朝廷中那一幫名士型官僚，比如尚書僕射張纘、度支尚書王筠等人，都跟他結成忘年之交，對他非常推崇。江總在這一時期，連續走馬換了幾個職務，最後成為太子舍人。如果按照他的這個速度狂奔下去，他進入南梁高層的時間就會越來越快。可是沒有多久，侯景之亂就來了。

奢華的南梁立刻進入大亂年代。

曾經雄才大略的蕭衍馬上進入混亂時期，左右更是無兵可打、無人可用，情急之下把這個太常卿的職務丟給江總，讓他堅守小廟。侯景攻破臺城之後，江總逃了出來，成為潛逃人員。他居然花費了幾年的時間，才到會稽，住到龍華寺。在這裡，他又開始讀書。當然他在這裡也只是暫且棲身而已。他很快就聽說他舅舅蕭勃已經當了廣州的首長，於是就又收拾包袱向南狂奔，去依附蕭勃。蕭繹稱帝並平定侯景之亂後，又記起江總來，下詔任命他為明威將軍、始興內史。江總接到這個詔書之後，便又向江陵跑過去。沒想到，他還沒有動身，江陵就已經淪陷於西魏之手。他只好又在廣州繼續當嶺南客。

直到陳蒨即位之後的天嘉四年，又徵他回朝廷，任中書侍郎。他又在中央的幾個職位變動了一圈，最後轉任太子詹事。在這之前，輪調的部門很多，但基本上都不在某個職位待很久，大家佩服他，是因為他的詩寫得好，腦袋也夠聰明，至於其治國理政的能力如何，倒沒有多少人認真考察過。江總除了喜愛閱讀外，還有一個嗜好——酒。而這個嗜好剛好又是太子陳叔寶的嗜好。兩個嗜好湊到一起，那是得其所哉。兩人湊到一起之後，大生相見恨晚之感，只要有時間就在一起徹夜暢飲，喝得不知天高地厚、喝得不管白天黑夜。

本來，陳頊讓他去陪太子，是因為他有好學不倦的名聲，又寫得一手好詩，可以帶著太子，讓太子也成為好學不倦的太子。沒想到，最後他卻天天跟太子好喝不倦，弄得酒氣熏天。而且還沒有停止。喝完之後，必須獵色，否則怎麼能配得上大名士的光榮稱號？

江總知道陳叔寶不但愛喝酒愛詩文，更愛把妹，於是也跟著在這方面下功夫，收了一個姓陳的良家美女，專門用來接待太子。陳叔寶就經常穿著便裝，偷偷到江總大人的家裡，尋找刺激過個癮。兩人這麼用功地玩樂，能瞞得住陳頊才怪。陳頊沒有想到江總居然會這樣把太子帶壞，不由得大怒，革除了江總的職務。但沒多久，陳頊又讓他擔任侍中、兼左驍騎將軍。沒幾天，又讓他當左民尚書、兼左軍將軍。可是才剛到任沒幾天，就因為工作不認真，再被免職。只是不知道陳頊是什麼原因，明明知道江總除了那一肚子學問和那一手詩才外，要人品沒人品、要能力沒能力，卻硬是免了又用、用了又免。才剛剛下文免職江總，墨跡未乾，又讓他當散騎常侍、明烈將軍、司徒左長史。然後調任太常卿——這可是多年前他擔任過的職務。江總輾轉的職位很多，基本上都不是很重要的職位。但太子詹事這個職務對於他來說，是非常關鍵的。因為他在這個工作職位上，跟陳叔寶認識，並很快成為牢不可破的酒肉朋友。

沒多久陳頊死去，陳叔寶上位。陳叔寶一上位，就等於是江總上位一樣。陳叔寶即位後，馬上提拔江總為禮部尚書、領左驍將軍、參掌選事——這個位子是很厲害的。沒幾天，就讓他轉為散騎常事，吏部尚書——直接就是部長了，是主管選事而不再是參掌而已。接著再提拔一格，任尚書僕射而參掌如故，成為高高在上的執政大臣。

你從江總的這個履歷看，除了少年時期，被他舅舅說他人品節操過人、評價優秀之外，他在日後的仕途上，並沒有表現出什麼好人品來，反而在成為太子身邊的人後，更把太子往酒色無度方面強力引導過去。現在陳叔寶居然將朝政託付給這樣的人，南陳能復興起來嗎？

本來已經孱弱不堪的南陳，在這對君臣如此英明的帶領下，大步向深坑邁去。

4

以前，兩人還在東宮時，酒色無度，怕被陳頊發現，做得還比較隱蔽，不敢那麼大張旗鼓，現在兩人一上位，一個是皇帝、一個主政的首輔大臣，天下都是他們的天下，只有別人顧忌他們的份，他們哪用去顧忌誰？兩人放膽而玩，根本不理什麼政務，好像他們現在不是政治人物，而是職業玩家。當然，也不是只有他們兩個玩。兩人玩那是很無趣的。他們把都官尚書孔范、散騎常侍王瑳等當時有名的文人十多人，都叫到閣中來，一邊喝酒一邊開文學聚會。每次都玩得無法無天，「復無尊卑之序」——有序了，那就不叫玩。這麼一路玩下來，這個團體的成員就都有一個很在地的稱號：押客。話雖這樣說，但畢竟是一群有讀書的人，他們在玩的過程中，還是有點秩序的。通常過程是這樣：每次舉行活動時，陳叔寶就讓以張貴妃為首的八個美女交錯入座，然後叫以江總為首的狎客進來陪酒。先叫八美女「襞箋制五言詩」（襞箋就是摺紙的意思，也就是先讓八個美女各自摺紙寫一首五言詩），然後再叫「十狎客」當場寫和詩，誰寫得慢了就被罰酒。然後把所有的作品都拿來評比，挑選其中十分豔麗的作品，譜上新曲，然後再挑選一千多人一起練習歌唱，分部演出，使後宮的精神文化生活十分豐富多彩——你想想，一千多人的大合唱，這場面有多壯觀？他們這麼努力地玩，當然也玩出了很多不朽的作品來，比如〈玉樹後庭花〉、〈黃鸝留〉、〈金釵兩鬢垂〉以及〈臨春樂〉等曲調。這些作品的詞曲，都「綺豔相高、極於輕薄。男女雖和，其音甚哀」。

不朽中的不朽就是那首〈玉樹後庭花〉。

大多數人都知道〈玉樹後庭花〉這首歌，但真正內容應該沒有多少人讀過的。茲錄如下：

麗宇芳林對高閣，新裝豔質本傾城。
映戶凝嬌乍不進，出帷含態笑相迎。
妖姬臉似花含露，玉樹流光照後庭。
花開花落不長久，落紅滿地歸寂中。

這些內容大都是讚美在場嬪妃的容色。本來這個時期，是南陳全國上下一致抓綱治國，努力提高綜合國力的不可多得的時機，但這個集團的所有高層，卻花大部分的時間在三閣裡，傾八斗之才、五車之學，去讚美酒色，酣歌無度，通宵達旦，不知今夕是何夕。

這群狎客中最得陳叔寶歡心的是江總，而在八大美女中，陳叔寶最愛的當然是那個張貴妃。其實說到張貴妃，大多讀者已經知道，這個張貴妃的名字就叫張麗華。

張麗華在歷史上大大有名，長得也無比漂亮，但她的出身並不高貴。

據說她是兵家之後——這個兵家可不是孫子那樣的兵家，而是他父親當過職業小卒，下等兵一個。所以家裡非常窮困。她的父親退役後，就帶著她的哥哥以織蓆為業，維持全家的生活。如果按照她家的這個情況發展下去，等她長大了，可能就嫁給某個村夫，終老一生，讓我們根本不知道歷史曾經有過這號人物。但一次東宮的招聘改變了她的命運。

她十歲那一年，朝廷為太子的良娣龔氏（即後來的龔貴妃）應徵一名侍女。良娣就是太子的妾，在東宮中的地位僅次於太子妃。她進入東宮後，馬上被陳叔寶發現了人才（陳叔寶對其他人才一點都不敏銳，但十分善於發現美女），對她十分喜愛。喜愛之後，當然就是臨幸了。張麗華雖然是草根家庭出身，沒讀過書，沒學過別的才藝，但她智商很高，聰明靈慧，而且辯才極佳，記憶力超強，在宮中跟陳叔寶一段時間，諸般才藝全面發展，而且水準節節攀升，使得陳叔寶對她熱愛的程度也是節節攀升。

她十七歲時，為陳叔寶生了兒子陳深。據說她的頭髮有七尺長，而且油光發亮，非常動人。再加上她人又冰雪聰明，舉止優雅，不管你往哪個方位看，都能賞心悅目。而當她那雙妙目，顧盼凝視時，就更加光彩照人、映動左右了。她雖然成為陳叔寶的最愛，但她卻很善於體察陳叔寶的心意，經常去幫陳叔寶發現宮中的其他美女，然後推薦給陳叔寶。這讓陳叔寶更是樂不可支——去哪裡找到如此外貌美心靈更美的美女啊。本來，後宮美女眾多，只有皇帝一個男的，是典型的僧多粥少，向來是爭風吃醋最激烈的風水寶地，大家看到張麗華獨占專寵，心裡當然不開心，每個人咬牙切齒，準備等她一旦寵衰，就讓她好看。沒想到，她居然這麼努力向皇帝推薦別人，一點沒有獨享的意思。大家都是大為感動，感動之後，都極力在陳叔寶面前幫她說話。張麗華還有個特長，就是「厭魅」之術——也是一種迷信活動，跟上文所說的厭媚之術差不多。她經常發揮這個特長，在宮裡舉行各種不合禮制的祭祀活動，把幾個女巫請來，裝神弄鬼，亂跳著各種舞蹈，使得宮中熱鬧非凡而又神祕莫測，對於陳叔寶來說，那是「大得朕意」。

陳叔寶把大量精力投入荒淫無道的事業當中，當然就怠於政事了。但他畢竟是皇帝，無論如何都得履行一下職責，批閱一下百官的奏章。但他又不想離開可愛的張麗華一刻。於是他就交待相關部門，都把奏章交給宦官蔡脫兒、李善度兩人，然後由這兩個宦官呈送給他。他就可以靠著鬆軟的靠墊上，讓張麗華坐在他的大腿上，兩人一起批閱奏章，把畫面做得十分浪漫。往往在這個過程中，那兩個宦官的表現就很差，常常漏掉這個又忘記那個，但張麗華卻都記得很清楚，逐條梳理之後，再加以分析，做得有條不紊。

張麗華絕對是個玩政治的料。她不但經常坐在陳叔寶的大腿上，幫陳叔寶批閱奏章、拿出處理意見，而且還把目光放到皇宮之外。她經常派人出宮進行調查研究，了解外面的情況，掌握最新的社情民意。因此，民間的一言一事，她都比很多官員提前知道，然後事先就告訴了陳叔寶。

如此一來，陳叔寶對她的寵愛就「冠絕後庭」。

這樣的政治生態，實在太宜於奸邪小人登臺亮相了。通常宮庭中最容易出產奸邪之徒的，往往就是宮中的那些宦官。如果皇帝英明有為，這些宮中的工作人員，基本上都老實地各司其職，該掃地的掃地、該倒夜壺的倒夜壺，看上去好像是一群沒有腦袋的類人動物。可是一旦皇帝昏庸，進入荒淫無道狀態，他們當中有野心的人就會乘勢而起，做起弄權的勾當。他們整天跟在陳叔寶的屁股後面，看到他不理朝政，大權無人主管。你們不管，那我們就拿來用一用。於是，他們迅速結成多個團體，與外部那些跟他們有共同嗜好的大臣勾結，再加上一些外戚，內外結合，相互呼應，強強聯手，共同進行官帽的批發零售活動，以至於朝廷之中「賣官鬻獄，貨賂公行」。在這些團體密不透風的包圍之下，朝廷基本上變成了擺設，很多賞罰命令，居然都出於宮掖。外朝如有大臣不服從的，他們在陳叔寶面前進幾句讒言，就可以輕鬆地把不服者陷害掉。當然，其中的核心人物仍然是張麗華和孔貴妃。因為目前陳叔寶最愛的就是這兩個美女。

大臣們都不是蠢蛋，都看出其中的門道，紛紛創造機會奉承依附上來。

做得最出色的就是那個孔范。他也是江總之類的人物，很有學問，人品很差。他這時是都官尚書，同時也是三閣狎客團中的核心成員。他雖然能經常得以參與三閣的宴會，經常在那裡跟一幫狎客同道、後宮美女合唱〈玉樹後庭花〉大歌，但仍然覺得自己的地位不夠牢固、手中的權力仍然不夠大。他把形勢反覆分析了幾次，認為只有更進一步巴結到兩個貴妃，自己才能撈到更大的好處、搶到更大的權力——如果按常規去巴結，大家都同一個方式，他就無法比別人更勝一籌了。他很快就想到一個辦法，他叫孔貴妃也是姓孔啊。完全可以掐指一算，N年前是一家人啊。他興奮得跳了起來，馬上找了個機會，對孔貴妃說，我們可是兄妹啊。孔貴妃這時也想在朝中找個代理人，以便狼狽為奸，看到孔范大人主動投靠過來，怎麼可能不心花怒放？於是，兩個本來八竿子打不著的人，因為某些共同的需求，結成了兄妹。

有了這個關係，孔范弄起權來，就更加無憂無慮了。他對陳叔寶的性格也掌握得很到位。他知道陳叔寶有個特點——不管做錯了什麼事，就是不願認錯，誰要是說他出現了什麼過失，他就非常惱怒。於是，孔范就從這方面去搏陳叔寶的歡心。每當陳叔寶出現了失誤，別人還沒有出聲，他就已經搶過發言權，為陳叔寶的過失找原因然後全面開脫，開脫之後，又發表一通大力讚頌的話，把陳叔寶說成是一個古往今來難得一見的聖主，秦皇漢武，都差陳叔寶幾個等級，只有三皇五帝才可以跟大陳人民的偉大領袖並駕齊驅。把陳叔寶捧得那張酒色的臉上全是燦爛的笑容。

這還沒結束。

每當有人對陳叔寶進諫時，陳叔寶還沒有發話，孔大人又發揚搶先的優良傳統，一把搶過麥克風，把勸諫的人罵得狗血淋頭，然後當場構陷，將膽敢抹黑皇帝的人堅決打倒。陳叔寶因此覺得孔范大人也是超級可愛、超級有水準，開始對他言聽計從。

陳叔寶一朝當中，其他人才不多，但奸臣的數量卻不少。除了上面這幾條好漢外，中書舍人施文慶做得也很出色。他也是個很有學問的人，也跟江總一樣，曾經供職於東宮，在那時就跟陳叔寶結下了深厚的革命友誼。他同樣聰明過人、記憶力超群（陳叔寶手下的這些男女，全是高智商人士），通曉諳熟吏職政務，他還能心算口占，根本不用打草稿，隨時隨地就能把事情處理好。陳叔寶覺得這人是個奇才，也是大加重用，時刻都讓他跟在身邊。施文慶自己上位後，還沒有忘記他的兄弟們：沈客卿、陽惠朗、徐哲、暨慧景等人，便又不失時機地向陳叔寶隆重推薦，說他們都是能吏。

既然施慶文說他們是能吏了，他們一定是能吏了，於是連個部門考核都省略了，直接「擢用之」。他任命沈客卿為中書舍人。沈客卿的口才非常好，而且還精通朝廷典故，對那些常規事務也是得心應手。於是，陳叔寶又讓他兼掌中書省的金帛局——你一看這個局的名字，就知道這可是個大大的肥缺，是為皇上掌管錢財的。

一個國家的財政收入基本是靠稅收。當時的舊制是軍人、士人都不徵收入市關稅。可是由於這些年來，陳叔寶大修宮室，而且又修得非常豪華富麗，簡直到了窮奢極欲的地步。隨著宮殿不斷地華麗壯觀，國家府庫就不斷地空虛，而且很快就探底歸零了。可是陳叔寶先生卻還是不過癮，還想繼續大興土木。相關部門說：「沒錢了！」

陳叔寶一聽，那張臉就苦了起來，看了看沈客卿：「沈愛卿，你不是很聰明嗎？快快給朕想辦法，解決這個問題。」

沈客卿的腦袋轉速果然很快，陳叔寶的話才一落，他就想到了一個增加稅收的好辦法：「馬上發表政策，不管是平民、還是士人，都得交納入市關稅。同時增加徵收數額。財政收入就會馬上提高。」

陳叔寶一聽，的確是個好辦法。好辦法有時就是這麼簡單。

陳叔寶平時很懶政，但這時他動作快得要命，馬上就任命陽惠郎為太市令，任暨慧景為尚書金、倉都令史，專門負責加稅工作。這兩個人本來是小吏出身，精打細算起來分毫不差，但就是不識為政大體，一旦大權在手，使用權力起來，既苛刻又繁碎，錙珠必較，而且聚斂無厭。多數官員百姓對他們都恨得咬牙切齒，一時間怨聲載道。沈客卿又是他們的頂頭上司，時刻督促他們努力超額完成任務。於是每年所得的收入，都超過正常數額的幾十倍。

陳叔寶一看，把人用對了，就什麼都妥了。科學用人才是第一生產力啊。他大悅之後，覺得施文慶他真有知人之能——要不是他推薦沈客卿這群人，現在他能收到這麼多稅收嗎？因此，他對施文慶的寵信又更進一步，把朝廷大大小小的事情都交給他處理——反正頭號執政大臣江總天天到三閣那裡上班，嚴格履行著狎客的現職，所以也沒有誰跟施文慶搶這個權力了。施文慶想不到自己原本只是一介小吏，就靠那點小聰明，居然得到如此重用，一步登天，成為朝廷中最有權勢的人，怎麼可能不盡情玩弄手中的大權？他跟他帶來的那一群人，共同把持著朝政，誰給他們好處，他們就提拔誰當大官。很短的時間內，經他們引薦而成為大官的就有五十多人。

那個孔范覺得自己能把個人事業做到這個地步，也是得意萬分，不由得自我膨脹，認為整個南陳朝廷中，只有他才算得上文武雙全，別人跟他比，都是熒火之光之於皓月之明——差他不止一萬條街，於是就一臉得意地對陳叔寶說：「陛下，外間諸將，都起自行伍，身上除了幾斤蠻力，別的什麼都沒有，那顆腦袋裝的基本都是洗腳水，根本不知道什麼叫深謀遠慮。」意思是只有像他這樣的文官才深謀遠慮，陳叔寶聽了他的吹牛後，就問當代的伯樂施文慶，是不是這樣？

施文慶雖然天天幫陳叔寶處理著大大小小的事情，好像是朝中重量級別的權臣，但他也知道，他的根基太淺，根本不是孔范這些大老級別的對手，更何況孔范現在還是孔貴妃的哥哥——陳叔寶對孔貴妃目前還無比熱愛，自己的心算再怎麼厲害，也比不過別人那張臉。他想法奇快，片刻之間，就什麼都想通了，馬上點頭說：「孔大人的確文武雙全，無人可比。」

那個司馬申又跟著湊過來，把孔范大人大力地誇讚了一番。

既然當代伯樂都這樣說了，還有什麼值得懷疑的？有這樣的大才不用，豈不是太浪費？錢財不能浪費，人才更不能浪費啊。

於是，陳叔寶決定把軍隊事務都交給孔范。他派人去巡察部隊，發現哪個將領稍有差錯，立刻奪掉他們的兵權，然後把部隊分配到能深謀遠慮的文官手上。任忠的部下就曾分到孔范的手下。如此一來，那些戰將的心都涼了。

當然，朝廷這麼大，雖然重要位子都被奸臣們擠滿了，很多大臣都對這些奸臣展開巴結活動，以求繼續得以富貴。但仍然有個骾骨之臣。

這個大臣就是傅縡。傅縡也是個大才子。他本來是北地靈州人，小時候就十分聰明，七歲就能背誦古詩賦達十萬字。記憶力這麼好，又十分好學，還沒有成年，就寫得一手好文章。南梁太清末年，他帶著母親南逃，可是才逃到半路，母親就死掉了。正處於兵荒馬亂時代，他仍然在亂中居喪盡禮，而且因悲哀過度，瘦得只剩下骨架了。這個形象一出現，士子們對他當然就是誇讚有加。後來，他來到湘州，依附蕭循。蕭循也是個讀書人，很喜歡結交讀書人，而且還跟蕭繹一樣，一直都在大量收集古代典籍。傅縡來後，可以隨意檢索閱讀，知識量得以大量增加。當時另一個能人王琳聽說他的名聲後，就讓他當自己的記室。王琳失敗後，傅縡就隨王琳的部將孫瑒回到建康。

陳蒨馬上派顏晃過去給孫瑒賞賜了很多東西。孫瑒就請傅縡幫他寫感謝信給陳蒨。傅縡當場命筆，一篇文辭優美的感謝信一揮而就，根本不用修改一個字。顏晃把這個過程都一一看在眼裡。他隨後報告了陳蒨。陳蒨馬上召傅縡為撰史學士。再之後再改任祕書監、右衛將軍，兼中書通事舍人，主管詔誥文件的起草工作，也算是進入權力的中心地帶了。

傅縡閱讀量大，文章寫得典雅華麗，而生性又非常聰明，不管起草什麼文件，都能下筆成文，從不用打草稿。每當他的文件一出來，很多想法縝密的人拿過去仔細推敲，就是無法在他的章句之間增刪一個字。因此，陳叔寶剛開始也很器重他。

如果他的性格稍為鬆散，在陳叔寶一朝中，他是會過得很不錯的。但他的性格太過倔強，一激動起來動作幅度就大，再加上自負才氣，非常自傲，動輒在語言上霸凌他人，朝廷上不管是什麼人，對他都很不滿意。

以他這樣的性格，他能看得慣施文慶那一群人嗎？

而施文慶他們更看不慣傅縡。於是，雙方你不理我，我也不把你放在眼裡，從同事變成了路人。傅縡只是一身傲骨，你不招惹他，他也不會對你怎麼樣，大不了說幾句刻薄得讓你很丟臉的話，然後就沒有然後了。可是施文慶他們就不一樣了，誰不投入他們的陣營，誰就是他們的敵人。誰是他們的敵人，誰就得去死。

施文慶一群人本來辦事效率就很高，害起人來就更快馬加鞭，通常都會提前完成既定目標。他們花了大量的時間，在陳叔寶面前說傅縡的壞話。但這時陳叔寶還覺得傅縡是個人才，不想辦他。他們又說傅縡收受了高麗使者的金子。陛下，傅縡可以收受任何人的金子，但萬萬不該收受外國人的金子啊。他一收高麗使者的金子，我們國家的面子就丟到了外國。人臉可以丟一下，國臉不能丟啊。陳叔寶一聽，還真不能放過傅縡。老傅啊，你平時那麼孤傲，原來也做這個勾當。你那道德的標準真是自相矛盾。於是，下令把傅縡投入獄中。

朝廷中幾乎所有人都知道傅縡的人品是非常純潔的，知道他下獄完全是冤枉的。可是大家都「唧恨」於他，誰也不幫他說一句公道話。即使有些人覺得他太冤枉，但更懼怕那一群奸臣，所以每個人只在那裡看好戲，看看他們是如何把傅縡害死的。

傅縡這些日子以來，並沒有直接得罪過那一幫奸臣，但仍然被陳叔寶抓起來，扔進大牢裡，心裡當然不服，便在獄中給陳叔寶上書，把陳叔寶指責了一番，說一個稱職的皇帝就應該上敬天帝、下愛子民，努力控制自己的欲望，要像諸葛亮說的那樣——親賢臣遠小人，而且要勤於朝政，要做到天沒亮就起床，夜已深仍然在加班得飯都顧不上吃。只有這樣，才能恩澤天下，福及子孫。而陛下卻酒色過度，對郊廟從不恭敬，卻喜歡淫昏之鬼。身邊圍著的是一堆小人，朝廷上則是宦官們在弄權。這些人都視賢臣如仇敵，視百姓如草芥。後宮奢糜無度，即使馬廄裡的食物也堆積如山，但老百姓卻流離失所，屍橫遍野。官員們都視而不見，只顧著爭搶巴結權貴，賄賂的行為已經做得公開透明。現在我們的情況是，庫藏見底，神怒民怨，眾叛親離。照此下去，東南王氣，恐怕就要宣告結束了。

陳叔寶一看，你不為自己辯護，卻來指責老子，不由得大怒。但他也知道傅縡的性格：老傅個性倔強，高傲至極，說話向來不計後果，但對自己並沒有什麼惡意，因此怒火沒多久就熄滅了，派人去對傅縡說：「我想赦免你，但你必須答應改過自新。」陳叔寶當皇帝到現在，從來沒有這麼寬宏過，現在他能說出這些話來，已經讓人有西邊日出的感覺了。如果是別人，一定會忙不迭地抓住這個機會，讓自己活下去——無非就是寫個檢討書——以傅縡水準，更會把這個檢討書寫得文采飛揚、華美豔麗，讓陳叔寶讀得暢快淋漓，連呼好文。沒想到，傅縡的脾氣一發作，對陳叔寶的寬大一點也不領情，斷然回答：「臣心如面，臣面可改，則臣心可改。」陳叔寶正在那裡翹首等著欣賞那篇美侖美奐的檢討書，沒想到卻等到這幾句硬梆梆的話，砸得他差點氣暈過去，不由得大罵，你自己找死，須怪不得我。命令組成傅縡專案組，由宦官李善慶當組長，徹查到底。結果傅縡當然沒有好下場。這群人害人的效率是很高的，沒幾天，就把傅縡的案子做了鐵案，然後賜死獄中。

傅縡只是性格倔強一點，然後又有點恃才傲物，並沒有跟那群奸臣針鋒對過，只是不願與他們組成團體，而遠離他們而已，最後仍然逃不過他們的毒手。而陳叔寶對此也知之甚祥，最後居然配合那群人把傅縡置於死地。

這就是目前南陳王朝的政治生態。

5

南陳把政治生態弄成這個樣子，讓楊堅很放心。他得以繼續專注內政，做好分化突厥的工作。

此時的突厥仍然是攝圖當老大——即沙缽略可汗，但那些小可汗跟他已經徹底談不攏了。尤其是稱阿波可汗的大邏便，此時勢力已經十分強盛，東抵都斤山、西到金山，都已經劃入他的版圖。而這一片十分廣闊的地區中的龜茲、鐵勒、伊吾等國也都成為他的附庸。其勢力已經完全可以跟沙缽略分庭抗禮，絲毫不把大可汗放在眼裡了。

楊堅一看，呵呵，這可是牽制沙缽略的最大力量啊。馬上就派使者出訪阿波可汗，算是承認他作為西突厥的存在。

於是，整個突厥勢力就不斷地複雜化了。不但突厥內部有阿波、達頭兩人當帶頭大哥，天天作勢要跟沙缽略較勁，就連東邊原本跟他們沒有多大衝突的契丹，這時也已經悄然崛起，給他們製造麻煩。

曾經強悍得天不怕地不怕的沙缽略也開始坐臥不安了。他左思右想之後，覺得還是求助於大隋。於是，就派使者向楊堅告急，說他在漠北的生存環境已經越來越艱難了，讓他率他的部落遷到漠南，在白道川暫住。

楊堅看到沙缽略被逼到這個地步，心裡當然很高興，分化突厥的策略取得了全面的成功。突厥內部的幾個勢力已經不可避免的要發生火拚了。楊堅對這個形勢是作了分析得。雖然目前突厥各種勢力都爭著過來向大隋稱臣，但並沒有哪個部落真心服他。相較而言，倒是沙缽略這條漢子更好打交道一點，因為他的身邊還睡著一個大義公主。大義公主對他的影響是不可替代的。其他幾個可汗，在成為弱勢群體時，會彎腰過來向他叩頭低頭，但力量一強大，就會馬上起兵南來，向他挑釁。因此，在五個突厥可汗中，他選擇了沙缽略。他在接到沙缽略可汗的告急信後，不但答應了他的要求，還派楊廣帶著大軍去當他的堅強後盾，並給他們提供後勤保障。沙缽略這時對阿波兄弟已經氣得火冒三丈，當成仇人中的仇人。他稍微緩過一口氣，就帶兵攻打阿波，把正怒火中燒的阿波打得抱頭鼠竄。沒想到，另一個勢力阿拔可汗看到沙波略帶著全部武裝力量去打阿波，後邊只剩下一批留守老人和兒童，戰鬥力已經等於零。這可是個大好機會啊。於是，在毫無徵兆的情況下，他突然起兵，襲擊沙缽略的後方，成功地俘獲了沙缽略的妻兒老少。

阿拔看到沙缽略的老婆果然很漂亮，心裡美得好像已上天堂了。可是他光盯著沙缽略，卻沒有看到沙缽略身後還有個強大的大隋。

楊廣看到阿拔突然襲擊了沙缽略，一點也不把他的存在放在眼裡，不由得大怒，下令大軍出擊。阿拔被打得大敗，又向大漠深外逃竄。楊廣把獲得的戰利品，全部無償贈送給沙缽略。

如果到這個時候，沙缽略還不懂得感激，那沙缽略簡直就不是人了。他感動得淚水都要奔流出來，他主動跟楊堅簽了個和平協議，請求從此以後，以砂磧為界，友好相處，而且上書表示：「天無二日，土無二王，大隋皇帝真皇帝也，豈敢阻兵恃險，偷竊名號！今感慕淳風，歸心有道，屈膝稽顙，永為藩附。」徹底順服了大隋皇帝，保證不再偷竊名號，永遠充當大隋北方的附庸。為了表達自己的誠意，還主動派他的兒子庫合真入朝——其實就是當人質。

開皇四年八月庫合真來到長安。

楊堅一看，費了這麼多精力，發大軍猛打，再分化瓦解，終於讓沙缽略低頭了。他看到人質到來，就下詔稱：「沙缽略往雖與和，猶是二國；今作君臣，便成一體。」然後舉行郊、廟大祀，告知天地、祖先，並命令把此事通知遠近，把大隋與突厥的從屬關係確定了下來。以後發給突厥的詔書，不稱其名。然後在內殿宴請庫合真，並引見皇后，大加賞賜，以示其親。沙缽略當然也大悅，從此之後「歲時貢獻不絕」。

6

這時，夾在隋陳勢力之間還有一個弱小的勢力，就是還在高舉著南梁旗幟的後梁（亦稱西梁）。這個勢力原本是由蕭詧建立的，一開始就是以西魏的附庸而存在，只是西魏滅亡之後，他們又成為北周的二層機構。蕭詧成為西魏的附庸之後，才發現兒皇帝實在是最委屈的職業，就後悔著死去。蕭詧死後，他的兒子蕭巋繼位。蕭巋就沒有他父親那樣的鬱悶了，只是很老實地守著那塊狹小的地盤，從不敢說影響團結的話。因此北周對他很放心，後來楊堅對他也很放心。於是，楊堅就繼續讓他們作為大梁勢力而存在，目前還是個單列的勢力，但天下人都知道，後梁雖然有自己的皇帝、有自己的年號和國號，可以隨便任命自己的官員，可是全靠仰大隋的鼻息而生存，說是一個國家，其實只是大隋境內一個特區而已——這樣的皇帝，就是一個歷史上的編外皇帝。只要大隋皇帝一不高興，這個特區就不復存在。

蕭巋即位後，自知以他現在的國力，自己就是有曹操和司馬懿加起來的水準，也無法復興大梁王朝了。自己所做的事，就是坐在那裡等大隋皇帝宣布大梁的終結。於是，他就老實地待在皇帝的位子上，當一天後梁主做一天工，無為而治，從不作亂，境內倒也政治清明，社會穩定。他把多餘的時間，都用在讀書和著書立說上，寫了大量的作品，是一個著作等身的皇帝。蕭巋自己在位二十三年，也在開皇四年死去。他的太子蕭琮接他的班，繼續當歷史上的編外皇帝。蕭衍晚年行事奇葩，把侯景當寶貝，鬧了個亡國之亂。他的那些兒子，雖然每個人大腦發達，讀起書來，都是國家級資優生，可是一到掌權時，也都奇葩得離譜。境內還沒有平定、外敵還在虎視眈眈，他們居然不管不顧，每個人爭著跟兄弟開打，使得在那個時期內，自相殘殺的戲碼一幕接著一幕上演，終於導致大梁朝廷從歷史舞臺上謝幕。倒是傳到蕭巋、蕭琮父子時，兩人都很正常。如果當時，由他們當政，蕭巋當個守成之主，一定會比南朝很多皇帝還要優秀。

蕭琮比他父親更加優秀。他一點沒有傳承他爺爺輩那些人的性格——那一輩梁家前輩最突出的性格就是脾氣火爆，看不得兄弟的事業做大，然後相互攻伐，打得不成體統，有的人雖然學問非常高，但卻非常殘暴。蕭琮卻生性仁厚，待人寬容，長得也是一表人才，而學問也不比他的前輩們差。更重要的是，他還善於騎射。他曾經做過一個表演，命令人趴在地上舉起靶子，然後他飛馬而射。大家知道，這是個非常危險的動作，那支箭稍一偏，就會射中伏地舉靶的人。可是我們的蕭帥哥縱騎飛奔之時，連發十箭，全部中靶。那些舉靶的人，對他的這個水準也非常信任，每次舉靶，沒有人感到害怕。楊堅遷都大興城時，他就是以大梁特使的身分前去長安祝賀的。

蕭琮比他的兩代前輩都有水準，而且文武雙全，可是卻生不逢時。此時，他周邊的幾個勢力實在太大，他僅僅守著江陵那片彈丸之地，連動彈一下都無從借力。更糟糕的是，楊堅又是一代雄主，把北方之地盡劃入版圖，正準備大舉南下，一統中國。蕭琮唯一能做的就只有在這個夾縫中求生存。而且能不能繼續生存下去，決定權緊緊握在楊堅的手裡。

梁琮即位後，大概還是想展現一下自己的抱負，派他的大將軍戚昕率水軍向南陳的公安發動了一次襲擊，但沒有成功。

楊堅對他父親向來是放心的，但對他還在觀察當中，現在看到他一即位，就對南陳展開軍事行動，便馬上警覺——我只需要你老實地待在江陵特區那裡，不需要你去滅南陳，更不需要你現在去挑釁南陳。但他嘴上又不好譴責，於是就玩了個手段。

蕭琮派他的叔叔蕭岑到長安入朝時，楊堅就把蕭岑留下，雖然封了個大將軍，其實是當人質。但這還不夠，他又設置了江陵總管。你知道，江陵現在是後梁僅有的一塊地盤，北周之前為了對付南朝，曾設有江陵總管，主要是為了對付南朝，兼顧一下江陵。後來蕭巋聽話了，楊堅就撤了江陵總管。現在再設江陵總管，其任務就是監控梁琮。

後梁君臣一群人當然知道楊堅的用意，但你有什麼辦法？弱國不但無外交，弱國連生存的權利都不掌握在自己的手中。蕭琮無可奈何，只好認命。但他手下的大將軍許世武覺得也太狼狽了，跟這樣的老大在這個世界上苟且實在太沒有意思了。於是，他就派人去跟南陳的荊州刺史陳侯慧取得聯絡，請陳老大派兵來襲擊江陵，他當內奸把門打開，放南陳大軍進來。

沒想到，這個密謀還沒有到實施階段，就已經洩漏出去。

蕭琮對楊堅沒有辦法，但對許世武還是有辦法的。他迅速把許世武抓了起來，然後斬首、然後繼續苟安地活下去。

一個弱得已經禁不住風吹的政權，內部仍然存在各種爭鬥、殺戮——有權力的地方，就埋伏著殺機。

楊堅對蕭琮還是很關心的。他很快就看得出，蕭琮的水準還是很厲害，蕭琮的內心世界還是很想復興一下大梁帝國。楊堅這麼一發現，就覺得沒有讓後梁存在的必要了。當然，他並沒有直接下令廢除後梁——畢竟當年蕭巋要求歸順時，他堅持留下南梁這個殘餘，現在自己又這麼宣布將其破產重組，面子上還是掛不住——因為現在蕭琮並沒有犯什麼錯誤。當然，這也難不倒政壇老滑頭楊堅。

開皇七年的八月。楊堅下令徵召蕭琮入朝。

蕭琮大概也看出楊堅的用心。他接到命令之後，不敢稍作拖延，在第一時間就帶著群臣二百多人離開江陵，來到長安。

楊堅接著走出第二步：以大梁皇帝在外為由，派崔弘度派兵去守江陵，以防南陳偷襲。

當然，大家一眼就可以看得出，南陳並沒有偷襲，而是他已經武力接管了江陵。

當然，如果崔弘度的大軍進駐江陵後，什麼事也沒有發生，楊堅想要走最後一步——即宣布廢南梁，也有點不順理成章。

但在這樣的情況下，可能什麼事都不發生嗎？

如果蕭琮還在江陵，可能他對隋兵進入江陵，還能忍得住。可是現在他已經離開江陵，負責坐鎮江陵的是他的叔叔蕭巖和他的弟弟等人。這兩人看到隋兵大踏步而來，怕隋兵會突襲他們，然後把江陵一舉拿下。他們這麼一想之後，覺得國破家亡已經迫在眉睫——其實，他們早就國破家亡了，楊堅留下江陵給他們高度自治這麼多年，也算是法外施恩了——只是這些人還活在一種虛幻之中，都還以為他們還是生活在大梁帝國時代。現在看到隋兵隆重開過來，以江陵的力量，又擋之不住。於是，他們就派都官尚書沈君公連夜跑到荊州那裡，向陳慧紀請降。

陳慧紀當然不客氣，馬上帶著部隊到江陵城下，接應蕭巖。

蕭巖等人就率領十萬後梁國官員百姓十多萬人，投降了南陳。

正等著消息的楊堅聞知，心裡很高興，立刻宣布，廢掉後梁，然後拜梁琮為上柱國，賜爵莒公。

至此，在江陵苟延殘喘多年正式宣布結束。

7

楊堅此時仍然將重心放於北部，派出大量的部隊，大力修建長城以及長城沿線的城堡。

楊堅的形勢看起來，是一片向好。可是仍然出了一些讓楊堅很惱怒和鬱悶的事。

首先是開皇五年三月，洛陽城裡有個叫高德的男人，不知道半夜做了什麼夢，早上起來就上書給楊堅。當然，如果高德在這個上書裡提出N條強軍富國的建議，楊堅一定龍顏大悅。可是他居然要求楊堅為太上皇，把皇位傳給太子楊勇。

楊堅一看，心頭怒火萬丈，但仍然強壓怒火，裝著很有度量地說：「朕承天命，撫育蒼生，日旰孜孜，猶恐不逮。豈效近代帝王，傳位於子，自求逸樂者哉！」如果是別的皇帝，一定會把高德抓起來，然後追查幕後黑手，然後打擊一大片，不殺得血流成河，絕不收兵。但他說過之後，並沒有繼續追查。

這個事件，看起來很平淡，似乎對隋朝的政治社會沒有造成什麼影響，但由於高德直接要求傳位楊勇，對楊勇是非常不利的。因為此時楊堅正有個部署，就是準備讓楊勇出鎮洛陽。高德在這個時間點上這個書，別人不把疑點放在楊勇身上才怪。

高德弄了一個上書，只讓楊堅鬱悶了一把，但接下來發生的一個事件，麻煩就很大了。

這個事件是由梁士顏和宇文忻聯合弄起來的。

這兩個人都是當時的名將。梁士彥當年跟隨韋孝寬，打過北齊，也打過南陳，接著打尉遲迥，每一場大戰都可圈可點，是當時有名的猛將。因為他在攻打尉遲迥時，表現良好，楊堅曾把他當自己人看。於是，在搞定尉遲迥之後，就讓他當了相州刺史，取代了尉遲迥。可是沒多久，楊堅又怕梁士彥坐大，對他的疑心不斷加重，就又把他調回長安，任了個上柱國，你想想梁士彥心裡高興嗎？

宇文忻還在很小的時候，就跟楊堅有交情，友誼可以說是源遠流長、歷史悠久了。宇文忻是個天生的軍事能人。還是小屁孩時，他跟一群同齡人玩時，只玩打仗的遊戲。而且不是像其他小孩那樣，分邊互砸石塊，而是把一群小朋友召集在一起，按照他的要求布成戰陣，然後在他的指揮下令行禁止。大家一看，都不由得大感驚奇。他十二歲時，就能騎馬奔馳，左右開弓，箭無虛發。他成長之後，性格更加慷慨激昂，很豪邁地發表過自己的感言：「自古名將，唯以韓、白、衛、霍為美談，吾察其行事，未足多尚。若使與僕並時，不令豎子獨擅高名也。」說如果這幾個名將跟他同時代，他完全可以秒殺他們。這話雖然有點扯，但大家仍然都很推崇他。就連韋孝寬對他都很看重。

後來，在宇文邕伐齊之戰中，他的表現十分搶眼，好幾次在宇文邕都準備打退堂鼓時，都是他力諫而止，終於取得勝利。當年宇文邕攻打并州，由於協調失誤，自己衝進城中，別的部來晚了一步，自己反而被包圍，幸而脫身而出，讓全軍都驚出一身冷汗來，一時士氣大跌。宇文邕和幾乎所有的將領都決定撤兵回去。只有宇文忻堅決反對，怎麼連這樣的失敗都受不了？抗壓性也太過弱了吧？男子漢頂天立地，就要勇於死裡逃生、敗中取勝。何況現在我們大勢還在，對北齊作戰，一路都是勢如破竹，為什麼要捨棄這樣的大好形勢，抱頭而回？以後還有多少這樣的機會？宇文邕被他說得又重新拾回信心，終於一鼓作氣，拿下晉陽，橫掃北齊。滅齊之後，宇文邕提拔宇文忻為大將軍。

後來，他跟王軌大破南陳的吳明徹，因功而被提拔為豫州總管，正式成為地方能人。

他雖然姓宇文，但他跟楊堅的友誼卻十分堅定。在所有人都知道楊堅必定會取代北周的情況下，他仍然不惜背叛自己的民族，堅定地站在楊堅一方。當尉遲迥造反時，他就為楊堅奮鬥在跟尉遲迥拚殺的第一線，而且在部隊即將失敗的形勢下，硬是作出關鍵的決策，得以反敗為勝，最終消滅了尉遲迥。

楊堅後來回憶起這場關係他到生死存亡的大戰時，不無感慨地對宇文忻說：「尉遲迥傾山東之眾，運百萬之師，公舉無遺策，戰無全陣，誠天下之英傑也。」因此進封英國公，增邑三千戶。從此之後，楊堅把宇文忻當成自己最親密的同袍之一，讓他參與自己的決策，而且還能「出入臥內」，可謂親密無間了。楊堅禪代之際，宇文忻也是出了大力。楊堅稱帝後，拜宇文忻為右領軍大將軍，對他更是無比信任。

宇文忻的這些表現，在軍中產生了無人能比的威望。當時他已經成為大隋全軍偶像級的人物。由於他精通兵法，治軍嚴整，大家都把他當成軍中的男神，只要六軍中出現某個金點子，即使不是宇文忻想出來的，人們仍然會強加到他身上，說：「此必英公法也。」由此可見他當時的威望——而且是在軍中的威望。

很多人都恨不得自己有這樣的威望。

但熟讀歷史的人都知道，一個軍事能人有了這個威望，絕對不是一件好事。

如果楊堅不是皇帝，他會為自己有這樣的朋友而自豪。可是現在他是皇帝。皇帝最共有的一個特質就是疑心病重。不說那些曾經的生死之交，就是自己的兄弟、甚至是自己的兒子，一旦覺得對方威望到一定的地步，疑心立刻瘋狂生長，塞滿內心世界，最後必定會不擇手段，滿臉橫肉地把對方擺平這才罷休。

到了這個時候，楊堅不懷疑宇文忻他還是楊堅嗎？

牢不可破的友情到了這個時候，就毫無阻力地破碎了。

當然這個時候，連楊堅都沒有想到他會懷疑宇文忻。但那充滿疑慮的內心世界裡，宇文忻三個字已經不知不覺地成為敏感詞了。

當突厥鬧事的時候，楊堅想到派去打突厥的第一人選就是宇文忻。當他準備下令時，高熲向他使了個眼色，說：「聽說宇文忻有異志。」

楊堅一聽這話，汗水都差不多冒出來，當場否掉了自己的決定——如果他心頭沒有天然的疑慮，他能這麼果斷地否決掉這個決定嗎？

這個疑心一起，楊堅對宇文忻就不那麼好了。他不能再讓宇文忻在軍隊裡待了，找了個藉口，免掉了他右領軍大將軍之職，讓他在家當個吃空餉的高層長官。

當時，一起享受這個待遇的還有梁士彥和劉昉。至於劉昉，楊堅倒從不懷疑他會有異志，他不重用劉昉，那是因為劉昉人品太差，是人們心目中奸臣一類，因此不宜重用。但劉昉哪會從這方面去設想？他只覺得自己幫了楊堅這個大忙，到頭來卻是這個待遇——即使是普通人都想不開，更何況一個已經被人們定位為奸臣的人？劉昉這時也跟梁士彥他們一樣，在家無所事事時，就望著窗外的世界，在心裡罵楊堅。

宇文忻此前跟梁士彥就是老朋友，現在一起賦閒，就經常串門聊天。兩人聊天的主題都是在埋怨楊堅。兩人埋怨得多了，就真的心生異志起來。宇文忻咬著牙說：「帝王豈有常乎？相扶即是。公於蒲州起事，我必從征。兩陣相當，然後連結，天下可圖也。」他仍然保持著他年輕時的慷慨風度，把當年陳勝說的話拿來灌輸給梁士彥。

兩人主意一定，又打聽到劉昉也有跟他們同樣的遭遇，完全可以發展成同盟軍，於是就把劉昉也拉進團體。

這時，他們推梁士彥為帶頭大哥。梁士彥和宇文忻此前在戰場上表現得十分果敢，但現在他們都上了年紀，觀念想法嚴重老化，做事當然難以再像過去那樣雷厲風行。梁士彥在做決斷時，覺得可以趁楊堅到宗廟祭祀時，率家裡的僮僕，舉起兵器突襲，就可以搞定了。但又覺得這個把握不大，便又想按照宇文忻說的那樣，在蒲州起兵，先攻取黃河以北的地方，拿下黎陽關，阻斷河陽要道，攔截朝廷徵調的物資作軍需，然後招募流寇來充當子弟兵。可以說，這個部署還真的很大氣，即使不成功，也會讓楊堅手忙腳亂、狼狽不堪一陣子。沒想到，他的計畫做得很激動人心，他的外甥裴通卻在得知他的計畫後，就在第一時間向楊堅告密。

楊堅是靠政變上臺的，而且經過這麼多年的歷練，這時已經非常冷靜。他接到消息後，壓住那個複雜的心情，冷靜地揮了揮手，並沒有氣急敗壞地派人去抓捕三人團。這三個人是當世名將，國內前幾名得猛人，雖然年紀已經很大，手中已經沒有什麼權力。但他們的威望加起來，真的無人能及。如果一著不慎，麻煩還是不少的，必須先穩住他們。

於是，他不動聲色，好像什麼都沒有聽到一樣，發了個任命文件：任梁士彥為晉州刺史。看看老梁拿了這個委任狀後會變出什麼花樣來。

梁士彥當然不知道這是楊堅的陰謀，拿到委任狀後，兩隻本來已經昏花的老眼，一下就光芒萬丈起來，把宇文忻和劉昉請來，指著委任狀，對他們說：「天也！」這是天意啊，老天也支持我們的行動。

他又向楊堅請求，讓薛摩兒跟他過去當他的長史。

楊堅當然爽快地滿足了他的要求，讓他們徹底喪失警惕。

梁士彥三人也想讓楊堅對他們放心，因此也跟著公卿們一起高興地上朝。

楊堅看到三人都已經來齊，在班列中站好。他心頭冷冷一笑，手一揮，一群武士衝出，把梁士彥、宇文忻、劉昉三人從官列中抓了起來。

楊堅指著三人喝道：「爾等欲反，何敢發此意？」

三人當然不願承認，齊聲大叫冤枉。

楊堅冷冷一笑，手一招。一個人來到現場。

三人一看，不由得大叫苦也：來人居然是薛摩兒。此前，梁士彥可是把他當自己的親信啊。就這種看人眼光的程度，真不應該去做造反的事業。

薛摩兒把他所知道的情節全部敘述一遍之後，說：「梁士彥次子梁剛曾流淚苦勸他不要做謀反這樣的事。可是他的三子卻說：作猛獸就要作獸中之王。」

梁士彥聽了這個細節，不由得臉色大變，轉頭對薛摩兒說：「汝殺我。」這三個字就是梁士彥的最後遺言。他把自己被族滅的責任都推到薛摩兒的身上，其實在整個過程當中，最不應該承攬責任的就是薛摩兒。首先，光從事件的表面看，真正出賣他們的並不是薛摩兒，而是他的外甥裴通。如果沒有薛摩兒出場作證，楊堅也會叫裴通出場揭發他們。然後從事件的深層來看，是他和楊堅共同謀害了他，也就是權力場上長期以來形成的爭鬥模式害了他。楊堅身為皇帝，心頭對位高權重的能人，有著天生的疑慮。只要看到某位猛人功勞疊加到一定的程度、聲望漲到一定的高度，手中掌握到一定的力量，那雙眼睛就會控制不住地盯向你，而內心對你的疑慮就越來越多，這些疑慮累積到一定的地步時，他就會忍無可忍。而梁士彥之類的功臣，他們的遠大理想就是建功立業，覺得功勞越大越能光宗耀祖、越能出人頭地，恨不能把官做到一人之下萬人之上。於是，一邊搶著立功，一邊不斷地猜忌，結果就是你死我活。通常在這樣的情況，皇帝是從不退讓的，如果某位大功臣主動退出，情況可能會是另一個樣子。但歷史上真正能捨得放下的又有多少人？於是，這樣的情節就不斷出面在歷史的頁面上。而像梁士彥這樣的當事人，到死都想不通其中的關鍵，都以為是某人出賣了他們，才使得他們血濺當場、身首異處、全族盡滅的。

就這樣，梁士彥和宇文忻、劉昉同時伏誅。

這一年，梁士彥七十二歲，宇文忻六十四歲。

他們的叔姪、兄弟免死除名為民。

這次謀反事件，雖然被楊堅摁滅於未發之時，未能對他造成什麼重大損失，但對他的刺激還是很大的。為了舉一反三、讓大家都汲取教訓，他主持了一個批判批鬥大會。他把三家的很多東西都擺在射殿上，然後召集百官，自己也穿著白衣，要求大家用箭對準那些東西射擊。為什麼他一定要穿著白衣？因為此三人不但都跟他有舊交情，而且都對他有過擁立之功，放眼朝中，目前沒有誰跟他的交情能超過這三人的，也沒有誰的功勞能蓋過這三個老人家。他透過這個形式來告誡百官，膽敢心生不臣之心、敢跟他挑釁者，不管職務有多高、跟他關係有多好，他都格殺勿論。

8

這一年，南陳朝廷很亂，大隋也發生了這麼一起事變，而另一個集團也出現了狀況。這個集團就是吐谷渾。

吐谷渾雖然也是鮮卑族，但由於地理位置的原因，與中原地區沒有多少衝突，雖然他們有時也出來製造一點麻煩，但中原王朝也沒把他們當菜，因此每當他們出來騷擾時，就出兵把他們猛打一次，然後收兵回去了——一來他們的地形複雜，實在不宜深入進剿，二來他們的地盤也引不起中原王朝想占領的欲望，於是當西部很多比他們更厲害更囂張的勢力已經消滅多年了，他們仍然在那裡屹立不倒。當然，他們的國力也沒有得到多少提升，仍然是當初那個模樣。

現在吐谷渾的可汗叫慕容夸呂。他實際生於哪年，史書也語焉不詳，只說他很長壽。有的史書說他到在位已近百年（大概誇大的成份居多）。他的父親叫慕容伏連籌。他是吐谷渾第十八任首領，同時也是吐谷渾第一個稱可汗的吐谷渾老大。他定都於伏俟城（距青海湖西十五里）。但他只修建了土城，並沒有像中原皇帝那樣，自己在城裡居住、然後向各地發號施令，而是繼續保持著游牧民族的習慣，隨草畜牧。他為什麼如此？總不會閒得沒事白白浪費一大批錢財去修一個沒用的土城吧？我想，他是有他的道理的。

吐谷渾的戰鬥力雖然不強，但由於他們所處之地，生產資源並不豐富，因此他們必須靠貿易來彌補這個不足。他們處於中原與西域的交接地帶，很便於跟東西兩邊做生意。於是，這個傳統的游牧民族，被這個環境所逼迫，很快就成為一個善於做買賣的族群。伏俟城東連西平（今青海西寧）、金城（蘭州），南下可達益州，西通鄯善，其地理位置的重要性可想而知。再加上當時河西走廊處於阻塞不通的情況，東西商旅往來，多取道祁連山南，經青海再到南疆。那時，吐谷渾的商業已經做得很大，他們的商隊經常出沒於益州甚至黃河中下游地區。他們的商隊有多大？據史載，承聖二年（西元553年），由北齊首都鄴城返回吐谷渾的商隊有二百四十多人，他們趕著駝、騾六百頭，馱著以萬計的雜彩絲絹，一路浩浩蕩蕩西去。據說，他們的商隊中，也有波斯良馬，這也足以說明，吐谷渾商隊也跟西亞有商業往來。如此一來，伏俟城就為成這條交通道上最為重要的樞紐，控制了這個地方，就等於控制了這條孔道的命脈。從這個角度來看，就不難看出，慕容夸呂修建這座土城的用心了。

誇呂修建伏俟城很有商業策略眼光，但他也是個喜怒無常的老大。自己在位時間已經很久，年紀也已經很大，但對權力仍然十分敏感，居然在某一天怒殺自己的太子。另一個兒子被任為太子時，心裡就充滿了恐懼，腦海裡都是哥哥被殺的悲慘畫面。這種恐懼感在心裡積壓到一定的程度，心態就發生了變化。他越來越覺得自己不用多久就會步哥哥的後塵——哪天這個老態龍鍾又喜怒無常的父親情緒一波動，自己的腦袋就會被砍落在地。他一直想著如何才能保住自己的腦袋。最後認為，只有把父親抓起來，獻給楊堅，自己才安全。這個念頭一產生，他與誇呂的關係立刻轉換成仇人的關係。他策劃這個行動是很認真的。他先派人來跟大隋的邊防部隊指揮官取得聯絡，請他們事先派部隊到邊境接應。

當時負責西部國土安全的是楊堅的第三子楊弘。楊弘接到這個密報後，立刻請示楊堅，說這是千載難逢的大好時機，我們行動吧。

但楊堅也跟以前很多皇帝一樣，對吐谷渾的土地不怎麼感興趣，從來沒有把吐谷渾作為主要打擊對象過。現在他正全力以赴做好北部的安全工作，以便創造機會，一統江南，沒想到在西部又惹出戰端，讓他疲於奔命。所以他在楊弘的請示上批了個「不許」。

吐谷渾太子以為自己這麼主動請降，把肥肉送到楊堅的嘴邊，楊堅豈有不一口吞下的道理？因此他一邊跟楊弘聯絡，一邊繼續密謀。哪知道那邊居然不答應，而他的密謀沒多久就暴露出去。

誇呂當然不客氣，你居然要弄老子，老子當然不會放過你。他有過殺太子的經驗，這時動刀起來，那雙老眼都不眨一下。

誇呂雖然恨不得自己在這個位子上萬壽無疆，但他仍然知道，人是不可能萬壽無疆的，他再怎麼長壽，終會有一天要死翹翹，終於有一天會把這個權力移交給自己的後代。太子是必須要有的。

於是，在開皇四年十一月，他殺了要把他捆起來送給楊堅的太子，又立小兒子嵬王訶為太子。

連續兩個太子被殺，太子顯然已經成為最危險的職業了。當嵬王訶被立為太子時，就有被架到烈火上燒烤的感覺，怕哪天父親充滿疑心的情緒波動起來，又手起刀落，就想帶自己的部落一萬五千戶向大隋請降——寧當大隋的狗，也不當吐谷番的太子。以前，他的二哥只派人去請示楊弘，最後完全不被楊堅重視，導致密謀失敗而丟了腦袋。嵬王訶汲取這個教訓，一步到位，派心腹直接「詣闕」，向楊堅陳述自己投降的心願，懇切盼望大隋天朝派兵去接應他。

楊堅聽說之後，心頭居然大為厭惡，對大臣們說：「渾賊風俗，特異人倫，父既不慈，子復不孝。朕以德訓人，何有成其惡逆乎！」然後派人道德人倫說教了使者：「父有過失，子當諫爭。豈可潛謀非法，受不孝之名？溥天之下皆朕臣妾，各為善事，即稱朕心。嵬王既欲歸朕，唯教嵬王為臣子之法，不可遠遣兵馬，助為惡事！」意思是說，如果他出兵去救嵬王，即是在為虎作倀。他寧願放過吐谷番歸入大隋版圖的大好時機，也不願幫助吐谷番這個太子造父親的反。從楊堅現在顯露的這個心態來說，他對太子的要求是非常嚴的。也許他此時，對楊勇還沒有顯露出什麼惡意，但心裡已經潛藏著某些難以言說的情緒。

嵬王訶看到自己冒死派人去見楊堅，最後卻被他狠狠地責罵一頓，心裡當然不是滋味，但是別人就是不接受你，你拿別人有什麼辦法？他只好叫停了自己的行動，然後夾著尾巴膽顫心驚地繼續把太子這個職業當下去。

第五章　風雨飄搖，南陳後主猶聲色；大舉南伐，大隋王師下建康

1

楊堅這時仍然花大量的精力在北部邊境。開皇七年二月，他又徵調十萬男丁去修長城。十萬人在長城工地上，整整工作了快二十幾天，這才收工。之後於當年四月，他又在揚州開鑿山陽瀆，以通漕運。山陽瀆在歷史上並不有名，但卻是大運河開通的前期工程。如果楊堅多活幾年，他是不是也會像楊廣一樣開通大運河，還真說不定。他也是個建築狂。

楊堅這些年來，又是修長城、又是建城堡，還把大量部隊派駐北部邊境，然後還配套一系列的陰謀詭計，從突厥內部作亂，終於讓沙缽略徹底服輸。

楊堅取得了預期的勝利。

沙缽略這次服輸是心服口服，誠心誠意地付出自己的努力為突隋雙方往好的發展。

開皇四年二月，沙缽略又派其子來到長安，入貢大隋，然後請求到恆、代兩州之間打獵。楊堅當然爽快地答應了——以前他想進入這兩地，都是帶著全體突厥子弟兵，從不打招呼，直接席捲而來，見人殺人、見財掠財。現在他主動申請，批准之後，才帶著一幫親隨，悠閒地進來，見到大隋的官員時，也是一臉笑容，非常有禮貌。他進來打獵之後，楊堅還派人賜以酒食。而沙缽略在接受楊堅的賞賜時，則率著全體人員跪拜謝恩。

大家一看，與突厥的關係至少會在一段很長的時期內進入安全的和平期了。沒想到，才過幾天，腦中謀反念頭已經全部清洗完畢的沙缽略卻突然死去。

這對於楊堅來說，實在是大大的噩耗。他為之廢朝三日，派太常寺卿前去弔唁。

沙缽略是個強勢的老大，而且死得又突然，而突厥這些年來權力鬥爭活動，向來又吵得轟轟烈烈，不亦樂乎。現在沙缽略突然死去，正常來說，突厥政局的變數是很大的，如果處理不好，沙缽略掌管的部落又會來一場自相殘殺，甚至阿波或達頭乘勢併吞沙缽略的勢力——如此一來，突厥本來已經分裂的局面又會被統一，突厥的力量會重新聚攏，這對於大隋而言，實在不是一件好事。

幸虧沙缽略自從歸化大隋之後，頭腦已經不像以前那麼老是發著高燒，而是非常冷靜了。他看到自己的兒子雍虞閭雖然很健康強壯，四肢沒有缺陷，器官也很正常，但性格懦弱，智商普通，如果接過他的班，結果只會被別人搞定。於是在他臨死的那一刻，要求兒子別當可汗，而是叫他的弟弟葉護處羅侯繼位。他兩腿一伸之後，雍虞閭馬上按照他的遺命，派人去請叔叔處羅侯來當可汗。

處羅侯當然表現了一下謙讓的精神，表示：「我們突厥自從木桿可汗以來，開了個不好的先例，就是以弟代兄、以庶奪嫡，失了祖先之法，兄弟們再也不相敬畏。你是大可汗的嫡長子，理應順位繼承。我們都堅決擁護你。」

雍虞閭雖然智商不發達，但經歷過前番突厥兄弟們的大拚殺，連他的母親都被別人搶過，一連串驚險的鏡頭時刻都在他眼前晃動，在這樣的政治環境下當老大，風險實在太大，連嗜權如命的父親都這麼看不好他，他哪敢當這個大可汗？眼見叔叔謙讓，忙說：「我父親和叔叔本來就是一母所生，同氣連枝。我是你們的晚輩，算起來只是你們的枝葉，叔叔才是根本。根本怎麼可能反過來服從葉枝呢？況且這是我父親最後的遺命，千萬不能違背。」

可是處羅侯仍然不答應，雙方的傳話使者往返了多次，把兩人謙讓的話轉來轉去。最後說得一點沒有新意了，處羅侯這才答應當了大可汗，史稱莫何可汗。任命雍虞閭為葉護。葉護是突厥的官銜。突厥的官制遠遠沒有中原王朝那麼複雜，他們的官銜一共只有這麼幾個：特勒（由可汗子弟擔任，大概等於親王）、葉護（首席大臣，在非常時期，可以接任大可汗）、屈律啜、阿波、俟利發、吐屯、俟斤、閻洪達、頡利發、達干。這些官名都是突厥語音譯。

莫何即位後，派使者向楊堅報備。楊堅看到莫何可汗仍然這麼尊重大隋，心頭的那塊石頭這才落下，也派長孫晟持節去冊封莫何正式承認他的大可汗地位。並賜給他一套鼓吹和幡旗——這些賞賜看起來，雖然只是一些樂器和旗子，但使用這些器物是需要資格的，沒有立過大功，通常是不會得到這些賞賜。

一般的人得到這些賞賜之後，基本就是拿來炫耀，讓大家知道我現在是全國最厲害的貴族，是皇帝最信任的能人。莫何卻是個現實主義者，他接到這旗幡後，並沒有掛在辦公室的牆上，向別人展示，而是下令高舉這個旗幟、猛擊這面大鼓，突然向阿波出擊。

阿波雖然好戰，目前勢力也很大，也是目前為止，最想滅掉大可汗部落的能人。只是他雖然是個機會主義者，但由於沙缽略一直有大隋當靠山，所以也不敢有什麼動彈。他聽說沙缽略已經死了，另一個兄弟莫何繼位，也正在盼望那邊內部出現一點變故，自己好搶上去一鼓作氣做掉——只要能在大隋出兵之前，收拾好局面，最後楊堅只會承認他。沒想到，他還在那裡眼睜睜地等著對方發生動亂，莫何卻突然率兵殺了上來。

本來，以他的實力跟莫何死拚，莫何未必打得過他。但莫何這時高舉的是大隋的旗幟，播出的卻是大隋的鼓聲。阿波以及他的手下，對大隋的情況很熟悉，一看到這個架式，就以為是大隋的部隊跟莫何的大軍已經聯手，一起來打他們了。他們對莫何並不怕，但他們怕隋朝的大兵。阿波士兵們產生了這個想法，哪還有什麼鬥志？紛紛舉手投降。阿波可汗這些年來，兼併了很多小部落，占領了很多土地，但他只會用強，從不會講政治，並沒有洗腦新歸順的人民，讓他們死心塌地當自己的老百姓。因此這些人雖然天天跟著他喊打喊殺，可是一到危急時刻，看到他已經形勢大壞，馬上就丟掉武器，投降了大可汗。由於敗勢來得太猛，他還沒有反應過來，士兵們就已經集體出降了，大營中就只剩下他一條好漢。他跑路的想法都還沒有生成，莫何的大軍就殺了上來，將他生擒過去。

莫何雖然對阿波恨之入骨，但他是突厥老大中很少有政治頭腦的可汗。他拿下了阿波之後，並沒有滿臉橫肉地喝令斬乞報來，而上書楊堅，請示如何處置阿波——其實是把這個燙手山芋交到楊堅手裡，如果楊堅下令殺掉阿波，那麼突厥人要恨也只能恨楊堅。如果楊堅不殺阿波，他還可以說是自己本來就不想殺兄弟。

楊堅接到這個請示後，也感到很不好辦，就召集群臣來開了個會，問大家怎麼辦。

元諧先發言，阿波是個反覆無常人士，對這樣的人最好的處分方式就是就地斬首示眾，讓突厥人知道，對大隋不敬的下場。

李充認為，還是叫他們把阿波送到長安，然後判處他死刑，這一刀砍下去，可大揚我們的國威啊。

楊堅一看，長孫晟還沒有發言。他是國內目前最權威的突厥問題專家，便問長孫晟：「你認為如何？」

長孫晟說：「如果阿波違背大隋朝廷的命令，死不改悔地跟天朝作對，我們就應該對他處以極刑。現在是他們兄弟間的自相殘殺，阿波此前並沒有做出什麼對不起我們的事。如果這樣就下令將他殺掉，理由並不充分，對我們處理周邊關係也只是有害無益。不如赦免阿波，兩存其國。」長孫晟認為，突厥鬧成現在這個四分五裂的樣子，就是因為其內部派系眾多，一個不服一個。如果殺掉阿波，那麼莫何馬上就一支獨大。一支獨大後的莫何，還會甘願當大隋的附屬機構嗎？還是讓阿波活著，使他們繼續互相牽制下去。

高熲也贊同長孫晟的意見。於是，楊堅採納了長孫晟的建議，赦免了阿波。

赦免了阿波，也免除了北方的邊境危機。

楊堅花了大量精力，終於穩定北方的局面，得以把目光鎖定了南陳。

2

南征絕對是歷史性的大事件。

楊堅在下這個決心時，內心世界一定裝滿了神聖感。為此，他特地於開皇七年的十一月，巡幸馮翊。馮翊是他的出生地。他到馮翊是為了祭祀他出生的社神，在向社神感恩的同時，也希望出生地的社神保佑他南征一戰而勝。

他在這次出巡中，由於李德林身上有病，向他請假，不能陪同。可是他沒有准假，從同州那裡下敕書，請他一定要過去。李德林到同州之後，兩人連續密談，定下了伐陳之計。

回到長安之後，楊堅就已經豪氣勃發，舉著馬鞭南指，對李德林說：「待平陳之日，以七寶裝嚴公，使自山以東無及公者。」平定南陳之時，我用七寶裝飾你，使山東的士大夫，沒有一個人比你尊貴。李德林是山東人。如果誰聽到這些話時，就以為從此之後，李德林就會再次崛起，那一定是想錯了。

大家知道，此前楊堅集中精力做突厥的工作，對南陳都保持著很低的姿態，不但經常派隋朝代表團出訪南陳，不斷地增進隋陳雙方的友誼。而且他的友好並不僅僅停留在嘴巴上，在行動上也讓南陳對他大大地放心——每次抓到南陳前來刺探情報的間諜，他不但沒有砍頭，而且都贈送衣服、馬匹，說很多客氣的話，再將他們遣返，好像他抓到的不是間諜，而是一個友好使者。太建末年，隋陳雙方打了一場大戰，雖然他取得了勝利，但他仍然以陳頊剛死為由，下令班師。班師之後，還遣使赴弔。他給南陳朝廷的書信，都稱：「楊堅頓首。」好像自己是南陳的二層機構一樣。

如果是別的皇帝看到楊堅這麼放下身段，心裡一定會無比警覺。你想想，目前大隋占了天下三分之二以上國土，人口也比南陳多出很多，更是對南陳形成了C形包圍圈，他有必要在自己面前低聲下氣向你頓首嗎？楊堅可不是這個世界上最有謙讓精神的人。他要是能這麼謙讓，他還做篡位奪權的勾當嗎？

可是陳叔寶不是這樣的皇帝，他看到楊堅一天到晚不斷地給他來信頓首，心裡非常得意。以為一定是南陳在自己的治下，民強國富，把楊堅嚇得不敢囂張了，現在隋朝境內的老百姓一定是水深火熱、全國上下一片混亂了。於是，在一次回信中，直接就說：「想彼統內如宜，此宇宙清泰。」看來你治下的大隋，一定不夠穩定。我管理的大陳，那是天下太平、海清河宴。注意，他不光沒有陳叔寶頓首這樣的字，而且直稱楊堅為「彼」——這是最沒有敬意的一個稱呼。

楊堅把這封信拿到朝堂上，向群臣展示。

大家當然很不開心。

楊素更是氣得臉上發紫，他認為陳叔寶這是在侮辱大隋皇帝，然後大聲說：「主辱臣死，天經地義。」上前跪拜叩頭請罪。

楊堅看到大家對南陳已經十分憤怒，動員的目的已經順利達到。

他把高熲叫來，問取陳之策。

高熲對伐陳之事，一定進行過長考，心裡已經想好策略，聽到楊堅的提問，就馬上回答：「我們地處江北，他們在江南。兩地之間的差別是，江北地寒，田裡莊稼收穫就稍晚一點。我們大可在這方面作文章。就是在他們的莊稼成熟、他們準備收割的時候，高調宣稱出兵，攻打他們。他們一定會緊急動員進行防禦。如此一來，就讓他們耽誤了收割莊稼的時間，從而廢掉他們的農時。當他們把兵力集中起來時，我們又沒有動靜了。如此一而再再而三，他們就會以為我們這是在玩他們，便不再理我們了。等我們真正集結部隊時，他們也不會當一回事了。在他們還在觀望的時候，我們就已經渡過長江，撕開他們的防線了。我們指戰員一旦登陸彼岸，士氣就會大增。另外，我也暗中作過了解，江南水淺土薄，房子基本都是茅草、竹子搭成，他們的物資也都堆放在這樣的房子裡，而並不是儲藏在地窖裡。我們完全可以派出別動隊，暗中潛往，縱火焚燒他們的戰備物資。他們重修之後，再燒。這樣不用多久，他們的財力就會被我們折騰得一乾二淨。」你一看，高熲的這些辦法雖然不像隆中對那麼大氣磅礴，但非常缺德，而且操作性強，成本低、效率高。

楊堅完全採納。

幾番下來，南陳朝廷的一干人果然都大感疲勞，一致認為楊堅這人就會耍花招，其實不敢真的打過長江來的——當年曹操那麼厲害，都打不過來。晉朝那一批名士守著長江，都還固若金湯，北方五胡十六國那麼多生猛的能人，最厲害的也只敢到長江那南望一眼，就一聲唿哨，退兵回去。楊堅一個花花公子出身的，對付突厥那些沒腦的騎兵都還大感吃力，能有打過長江的膽量嗎？他們在很睏很累之後，便對高熲之計開始麻木了——更糟糕的是，農時被耽誤，而軍用物資又被多次「失火」，部隊糧草都成了問題——這是戰爭勝敗的關鍵，但他們對此居然也沒有警覺出來。

大隋高層在實施這個計畫後，都密切地盯著形勢的發展，看到所有情節的發展都在按照高熲的指令進行，而且已經進行到預期目標了，便都覺得出兵時機已到。

楊素、賀若弼、高勱、崔仲方等前線將領，也都紛紛向楊堅陳述平江南之策。

其中崔仲方的策略最具操作性：「我們必須在武昌以下，即蘄、和、滁、方、吳、海等州增加精兵，進行戰備部署，做好一切戰鬥準備；在益、信、襄、荊、基、郢等州加快修造船艦，作水戰的準備，而且一定做得聲勢浩大。蜀漢二江在長江的上游，是水陸策略要地，對於南陳而言，他們是勢在必爭的，否則他們就會陷於極端的被動。敵人雖然在流頭、荊門、延州、公安、巴陵、隱磯、夏首、蘄口、湓城等地準備了船隻，但最終還是要聚集大軍於漢口、峽口，透過水戰來與我們決戰。當他們看到我們在上游大造船隻時，就會斷定我們要像當年的王濬那樣，樓船順風而下，他們就會把最精銳的部隊都部署到上游來增援。如果是這樣，我們在下游的部隊就可以乘虛渡過長江，直下建康。如果他們把精銳部隊都部署在下游死守，我們在上游的諸軍即可順流而下，同樣可以直搗建康。他們雖然有九江、五湖之險，但陳叔寶失德已久，豈能固守？徒有三吳百越之兵，也奈何不了我們。」

楊堅立刻把崔仲方調到基州擔任刺史，然後高調下令大建戰艦。

大臣中有人建議還是隱蔽一點吧，這麼高調會打草驚蛇的。

楊堅大聲道：「吾將顯行天誅，何密之有！」

為了讓行動更明顯一點，他下令造船的工人們把大量造船的邊角廢料都投進江裡，讓南陳的群臣知道他已經在大造艦船了。他下這個命令之後還說：「如果他們看到這些之後感到害怕，就改過自新，我的目的就達到了。」

與此同時，楊素在永安也修建大船。他的這個船十分大，叫「五牙」。五牙並不是說這種戰艦有五根牙齒，而是取道教的一個專門術語，即金、木、水、火、土五行的初生之氣。這種船上起五層樓，高百餘尺，左右前後一共設定六根拍竿——一種可以把石頭之類的拍向敵船的裝置，是當時水兵最具威脅的裝備，南北朝後期的水戰中，南朝的水軍就已經普遍使用，每根拍竿都有五十尺高，全船可容納戰士八百人。當然，他也還建造其他中小型戰艦，比如「黃龍船」，船上可載一百名軍人，其他的還有「平乘」、「舴艋」等小型戰艦。

到了這時，大隋滿朝文武都信心滿滿，所有的話題都少不了平南的內容。有志氣的，則爭取到前線，以便建功立業。

當然，要到前線去當軍事首長，並不是每個人都能去的。你必須有能力，有謀略，而且這個能力和謀略必須得到楊堅的認可。皇甫續獲得晉州刺史的任命時，前來向楊堅陛辭。如果要到別的地方，通常就是皇帝對你說幾句誡勉的話——當然都是空話套話的多。但晉州現在跟南陳接壤，戰端一開，就是前線。所以，這樣的陛辭，其實更是一次楊堅對皇甫續的面試。

在這次面試中，楊堅問他對滅陳有什麼看法？

皇甫續說：「在臣看來，陳有三可滅。」

楊堅說：「說說看。」

皇甫續說：「大吞小，一也。以有道伐無道。二也。納叛臣蕭巖，於我有詞，三也。陛下若命將出師，臣願展絲髮之功！」比起高熲和崔仲方的那些事略，皇甫續的這三句話實在是太空洞了。但楊堅仍然喜歡聽。伐無道之類的話，雖然空洞，但對玩政治的老奸巨猾的人來說，聽在耳朵裡還是很舒服的。

楊堅果然很滿意，對他慰勞一番後，命令他馬上到晉州赴任。

3

在大隋君臣一天到晚籌劃著南下直搗建康的時候，陳叔寶仍然在組團合唱著〈玉樹後庭花〉，一點警惕都沒有。他對那些大隋造船廠故意扔下來浮滿江面的造船邊角廢料，繼續視而不見。但他對南陳境內發生的一些所謂的妖異卻十分在意。當時錢塘縣有一湖泊叫臨平湖。此湖常年被水草堵塞。當時有一句民謠：「湖開則天下平。」這一年，堵塞湖口的水草卻突然無緣無故地散開。平時絕對不關心老百姓的事的陳叔寶在第一時間就聽到這個報告。他聽到之後，又第一時間聯想到那句流傳已久的民謠。「天下平」這三個字聽起來好像是天下太平一樣。其實，在陳叔寶看來，這幾個字是「平定天下」的意思。現在六合之內還分裂成幾個集團，而這幾個集團當中，他是絕對沒有「平定天下」的實力的。如果真如民謠所說，那就只有他被別人平定了。他儘管很懶政，把朝政都丟給那幾個奸臣辦理，把皇帝的正經工作，都推得一乾二淨，但他知道，如果他被別人平定了，被別人從皇帝的寶座上趕下來，他的命運就悲催了。悲催到什麼地步？歷史上亡國之君的先例很多，隨便參看。

他想到要被別人平定了，並沒有抖擻起精神，向那些中興皇帝看齊，重整旗鼓，來個勵精圖治，以便對抗強大的敵人。而是完全把命運交給那些看不見的世界。很多人絕對都不會想到，他是這麼做的：把自己賣身到佛寺為奴隸。以為如此一來，就會得到佛祖的幫助，把這些妖異的事鎮住，然後國家就繁榮昌盛，楊堅隔著長江向江南看過來時，就望而生畏。

他又覺得光在佛寺裡當幾天義工，似乎還感動不了佛祖，於是這個新科奴隸又下令在建康城中修建大皇寺，在寺裡建造七層寶塔。他以為把佛祖的寺廟造得如此氣派，就能滿足佛祖的虛榮心，佛祖就會全心全意來保佑他。沒想到，七層寶塔正在全力地建設當中，塔中居然冒出火來，把這個佛塔燒成一地灰。這讓他很鬱悶。

如果他鬱悶了，就丟掉這些不切實際的幻想，好好把皇帝的工作做好，可能後果還不那麼嚴重。但他不是這樣的人。

有個叫章華的大臣，很有學問，寫的詩也不錯，但因為他不會巴結，也看很多大臣不順眼，於是大家也都看他不順眼，一有時間就說他的壞話，使得他在官場上混了多年，也只混到一個太市令。他雖然鬱鬱不得志，但仍然「位卑不敢忘國憂」，看到陳叔寶整天與一群寵臣玩得無法無天，除了酒就是色，從不願認真治國安邦，就上書給陳叔寶：以前，高祖南平百越、北誅胡虜，世祖又東定吳會、西破王琳，高宗同樣奮起神威，克復淮南、闢地千里。三個先帝都建立了豐功偉業。陛下即位至今，已有五年，卻不思先帝之艱難，不知天命之可畏，整天溺於嬖寵、惑於酒色，祭禮七廟時又託病不出，冊封三位妃子時卻親臨殿庭，把排場弄得華麗壯觀。而在朝廷上，又將老臣宿將棄之草莽，將那一群諂佞讒邪的小人都提拔到重要職位。現在我們的邊界一天比一天縮小，而隋朝大軍已在壓境，陛下如果不再改過自新，繼續這樣玩下去，我可以斷言，不用多久，我們的首都就會變成一片廢墟。

陳叔寶本來就已經非常鬱悶，看到這個人居然敢責罵他，而且火力這麼生猛，直接把他批成亡國之君。老子是不是亡國之君，至少現在還沒有結論，但你馬上就會成為死亡之人。他二話不說，下令立刻將章華斬之。

他雖然殺了章華，但聽說楊堅在上游造船造得太多了，天天那麼多的廢料浮江而來，還真的有點擔心起來。他擔心之後，又沒有別的辦法，只好又來個加強雙方關係。開皇八年正月，他派散騎常袁雅冒著早春的風寒出使長安，盼望這個外交活動能讓陳隋雙方的友好關係更精進一層。但他後來覺得好像有點不對勁，於是又派周羅睺帶著一支部隊屯住峽口，周羅睺來到峽口之後，不知哪根筋不對，居然向隋的峽州展開軍事行動。

你想想，就這麼一支部隊，也勇於向楊堅的土地開進，充分說明了一點，直到這時，南陳全國上下對楊堅征南的意圖一點不了解，他們仍然以為楊堅不會有什麼軍事行動。否則，周羅睺一支部隊哪敢這麼毛手毛腳？這種行動向來是貪小便宜的心態使然。

周羅睺的這種行動，楊堅基本上不予理會。

他在接待南陳訪隋代表團之後，仍然派了一個代表團回訪南陳。

在這個代表團出發的當天，楊堅就下詔：「陳叔寶據手掌之地，恣谿壑之欲，劫奪閭閻，資產俱竭，驅逼內外，勞役弗已；窮奢極侈，俾晝作夜；斬直言之客，滅無罪之家；欺天造惡，祭鬼求恩；盛粉黛而執干戈，曳羅綺而呼警蹕；自古昏亂，罕或能比。君子潛逃，小人得志。天災地孽，物怪人妖。衣冠箝口，道路以目。重以背德違言，搖盪疆埸；晝伏夜遊，鼠竊狗盜。天之所覆，無非朕臣，每關聽覽，有懷傷惻。可出師授律，應機誅殄；在斯一舉，永清吳越。」

這個詔書，就是楊堅向南陳發出的宣戰書。

為了把這次平南之戰說成是正義之戰，楊堅派人拿著他的一份詔書送給陳叔寶。這份詔書裡，他歷數了陳叔寶二十條罪狀。當然，如果只送一份給陳叔寶，那最多就讓陳叔寶的心情難受一點，沒有別的收穫。楊堅讓人再抄了三十萬份這個詔書，像分發傳單一樣，分發給南陳境內的老百姓。在把陳叔寶義正詞嚴地猛批一頓之外，還強調了自己出兵的正當性——我們是來打倒昏君暴君、解救江南人民的。

楊堅如此公開譴責陳叔寶，譴責得全江南人民都知道了。大家都知道，楊堅發完傳單之後，大兵就要隆重抵達。大家都在睜著眼睛，看陳叔寶怎麼應對。人們都一致認為，陳叔寶這次應該急了吧。

陳叔寶這次真得是有點急了。

但他並不為隋兵打過來焦急，而是在為太子陳胤的事大冒無名之火。

陳胤是陳叔寶的兒子，在很多方面傳承了陳叔寶的基因。陳叔寶很聰明，也很好學，而陳胤也「性聰敏、好文學」，然後有很多不良行為，而且誰也勸不住他。由於陳叔寶這些年來，專寵三閣中那幾個貴妃精力都不夠，哪還顧得上皇后娘娘沈氏。陳叔寶雖然已經讓沈氏享受黃臉婆待遇，但他並沒有就此不管這個皇后娘娘。沈皇后失寵之後，兒子當然成為自己最牽掛的人，因此她身邊的人也就常常到東宮裡看兒子。陳胤雖然也很亂來，但對母親還是不錯的，看到母親孤獨，便也常派東宮工作人員去問候、安慰一下母親。

陳叔寶看到這兩宮人員來往這麼頻繁，就認定這對母子一定在天天說他的壞話，對他怨聲載道，心情大為不滿。

後宮也是個經常展開權鬥的地方。爭鬥的雙方，通常就是皇后對陣寵妃。皇后不滿皇帝花太多的精力在寵妃身上，因為寵妃被寵的程度高到一定的地步，皇后就非常危險了。而很多寵妃也都知道，自己只要再加把勁，就可以板倒不可一世的皇后，然後自己就成為第一夫人、昂著自己的頭，母儀天下。這種爭鬥有時也異常激烈。當然，用得最多的手段就是不斷地抓住對方的過失、或者揑造對方的負面消息，向皇帝報告。

張麗華和孔貴妃看到陳叔寶對沈皇后越來越不滿意，知道搞定沈皇后的機會已經到了，於是就不斷地在陳叔寶面前說沈女士的壞話。孔范他們又在旁邊幫腔，不斷地推波助瀾、火上加油。陳叔寶看沈皇后不順眼，最大的原因就是想立張麗華的兒子為接班人。陳叔寶當皇帝這麼多年，基本都是在亂來，但他也是讀書人，知道別的可以亂來，但換太子可不能亂來。你要是處理不好，就會鬧成大事故。做這個決定之前，他必須得到大臣們的擁護。

於是，他就在大臣們面前，試探性地提出這件事。

吏部尚書蔡徵一聽，這可是巴結皇上的一個大好機會啊，馬上就伸出那根瘦瘦的拇指說，皇上太英明了。

蔡徵的話還沒有劃完句號，袁憲就大聲喝道：「皇太子乃國之儲副，萬民敬仰，你算什麼人，居然敢在這裡隨便說廢立大事？」

如果從傳統觀念看，袁憲說的絕對是真理。

所以，蔡徵被罵了一頓，也不敢再說什麼了。陳叔寶聽完，雖然心裡有氣，但也不好意思對袁憲說什麼。

袁憲雖然罵得氣勢磅礴，罵得真理在手，可是陳叔寶並沒有改變主意，說：「蔡徵的建議甚合朕意。」陳叔寶這次工作效率很高，也不再展開討論了，於當年（開皇八年）的五月，宣布廢太子陳胤為吳興王，立張麗華的兒子陳深為太子。陳深雖然是張麗華的兒子，但舉止卻非常嚴肅，品行端莊，一點也沒有他母親那麼活潑，他身邊的那些工作人員都很少看到他的喜怒。

陳叔寶廢立太子，最主要的還是想立張麗華為皇后。而且很多人都知道，這一步是遲早之事。只是沈皇后雖然被陳叔寶冷落，但她對張麗華專寵皇宮的事從來都是淡然處之，從不發表自己的不滿，而且她還很節儉，穿著樸素，從來沒誰看到她穿過一件名牌服飾。陳叔寶不來寵幸她，她每天就去讀書讀佛經。有時，她看陳叔寶做得太荒唐了，也拿起筆來上書給陳叔寶，勸他務一下皇帝的正業。陳叔寶心裡很恨她，時刻都準備把她打入冷宮。只是一時找不到很好的理由，就暫時沒有動作。

此時，楊堅又設定淮南行臺，任命楊廣為行臺第一手。這個任命，為楊廣之後與他哥哥爭鬥時，搶得了高分。

到了這時，陳叔寶對形勢仍然沒有一丁點清楚的理解，他還在派王琬、許善心出訪長安。此前，每當南陳代表團來到長安時，楊堅都很好的接待他們——即使他已經決定南征了，仍然沒有降低接待南陳使者的規格。但這一次他那張臉一翻，下令把王琬和許善心扣在飯店裡。王琬雖然多次抗議，要求放他們回去。可是楊堅理都不理。

4

開皇八年十月二十八日，楊堅終於下令出兵。

這天，他一臉莊嚴地來到太廟，祭告先祖：他要出兵南征，統一中國。此戰成功，則四海之內自西晉末年到現在幾百年的分裂局面就可以宣告結束。他不但建立了大隋，同時也改寫了歷史的過程。這是很多皇帝無法企及的。

楊堅就在太廟那裡命令楊廣、楊俊、楊素為都元帥，分數路南下：楊廣出六合，楊俊出襄陽，楊素出永安，荊州刺史劉仁恩則出江陵，蘄州刺史王世積出蘄春，廬州總管韓擒虎出廬江，吳州總管賀若弼出廣陵，青州總管燕榮出東海。這次出征的將領，光總管級別的能人就有九十人，總兵力五十一萬八千人。幾乎所有的能人全部出馬，幾乎所有的精兵都出動。而這一支傾國之兵，都受楊廣控制。

楊廣這時在楊堅心目中的地位，由此可知一斑。

而此時，楊廣尚未二十歲。

數十萬水陸之軍，擺在長江北岸，東接東海，西拒巴蜀，旌旗舟楫，橫亙數千里，蔚為壯觀。

當然，真正的決策者是高熲和王韶。

十一月初二，楊堅親自舉行儀式，為出征將士餞行。

之後，他又來到定城，舉行了一次隆重的誓師大會。

楊堅回到長安之後，又接到一個讓他心頭一跳的消息：莫何死了。莫何是個好戰分子，這時趁著與大隋和好，就出兵向西發展，攻打鄰國。沒想到，戰鬥還沒有結束，一支來歷不明的箭正好射中他的要害部位，讓他在戰場上光榮犧牲。莫何雖然是個好戰分子，但他對楊堅的忠誠度還是很高的。現在他突然死去，突厥又變得不可預測起來，而且是在這樣的歷史關頭——大隋所有能打的部隊已經全部擺在長江北岸，此時正鼓角齊鳴，萬船齊發，向南急駛——如果這時突厥這邊又發生狀況，門板都擋不住啊。

幸虧這時突厥內部做出的一個決策，讓楊堅把提到舌頭根部的心又重重地放下：他們立雍虞閭為老大，號頡伽施多那都藍可汗。他的可汗之號雖然很長，但性格懦弱，一點也不好戰。僅這一點，就讓楊堅把十二顆心放下了：真乃天助我也！

此時的長江前線。

實際軍事指揮者高熲正站在岸上，目光掃過微波蕩漾的江面，直望南岸。他雖然長期研究對陳作戰，在楊堅向他諮詢時，他回答得胸有成竹，但滅陳畢竟是歷史性的大事，此前很多北方英雄，都曾站在這裡南望，信心十足地打過長江去，但最後都鎩羽而歸，某些朝代甚至因此急轉直下，最後滅不了南朝自己先滅了——經典例子就是苻堅。所以，當他南望時，心情也就有些複雜起來，他收回目光，問身邊的薛道衡：「今茲大舉，江東必可克乎？」

薛道衡也是當時的大才子，年輕時就很出名，在北齊時與李德林齊名。他在北齊的主要任務就是接待南陳來的使者，專門跟南陳的才子們鬥口才、拚學問。當時，南陳使者傅縡跟他交手後，對他也非常推崇，向他贈詩五十韻，他當然也步韻而和，而且寫得比傅縡更美。兩人的詩一出籠，迅速傳遍大江南北，而且南北一致稱美。魏收看過之後，說：「傅縡所謂以蚓投魚耳。」——當時的大名士，是真的很有個性，也很風雅，雙方雖然在外交場合上，唇槍舌劍，引經據典，不把對方駁得丟臉丟到下水道絕不罷休，但公事一了，便又常在一起，以酒就詩，言談甚歡，而且毫不掩飾對對方的崇敬之意。此等風采，的確令人神往。後來，他也充當北齊出使南陳的主使。

北齊亡國之後，宇文邕任命他為御史二命士。御史是高官，但加了個二命士，這個職務就不怎麼可觀了。當時北周的官制都仿周朝舊制。御史下面分別有御史上士、正三命士，御史中士、正二命士，御史下士、正一命士。他當這個正二命士，離御史還有一段可觀的距離。薛道衡十三歲時就寫過一篇讓他名聲大震的雄文〈國僑贊〉。這個國僑可不是我們平常熟悉的海外僑胞，或者是三國時代的大喬小喬，而是春秋時代的能人子產，由此可知他心裡的遠大理想。現在以傾國之才，卻只當個區區御史二命士，心裡當然滿是失望之情。他失望之下，辭官歸里。當然，這樣的名士當時還是不能賦閒的。他歸鄉沒多久，就又被徵召為州主簿，再入仕途。當的官仍然不大。

直到楊堅當了輔政大臣，薛道衡的仕途才開始開外掛。當時，三大總管聯合倒楊，楊堅手下也沒有什麼人才可用，於是就讓薛道衡隨梁睿去打王謙。他因此獲得了「攝陵州刺史」之職，職務終於上了檯面。沒多久，他被授儀同，攝邛州刺史。按道理而言，他應該算是楊堅心腹，可是在楊堅受禪時，他居然腦袋進水，眼睛發懵，硬是表現得讓楊堅生氣，將他除名。後來，楊弘北征突厥，又把他召到帳下當大祕，專門把關軍內的文件。回來之後，被任命為內史舍人，仕途又有起色。之後，他一直負責擔任出使南陳的任務。

別看他是一介書生，但在對南陳事務上，他是大隋朝廷群臣鷹派中的鷹派。他在接受出使任務時，就上奏楊堅，要求楊堅讓他面對南陳時，可以「責以稱藩」。可是當時楊堅正在實施安撫突厥政策，全力在北部連境做維穩工作，還不想刺激南陳，因此得到他的奏摺之後，就告誡他：「朕且含養，置之度外，勿以言辭相折，識朕意焉。」要求他一定要把韜光養晦的策略做好，在外交辭令上能讓則讓，能低姿態就低姿態。

當時，南陳雖然偏安一隅，實力非常的弱，但名士風度還是很盛行的，士大夫們都喜歡文學，而且陳叔寶也非常喜歡詞賦。所以，他在出使南陳期間，只要有作品出現，「南人無不吟誦」，他已經成為南陳名士們眼中的男神。由於出使過南陳，又是對陳的鷹派，楊堅當然把他也派到伐陳的指揮部裡，協同高熲指揮作戰。當他聽到高熲的提問時，馬上作答：「克之。這是不容置疑的。道理如下：當年郭璞曾有一句預言：江東偏王三百年，還與中國合。現在三百年之數正好到期，以運數而言，其必克一也。我們的皇上躬履恭儉，憂勞庶政，陳叔寶荒淫驕侈，酣酒荒色。上下離心，人神同憤，其必克二也。國之安危興亡，在於用人。現在陳叔寶以江總為相，總攬朝政。江總本人每天只把精力全部投入到飲酒賦詩的事業，然後提拔施文慶這些小人，把政事全部打包給他們。他們目前的軍事能人就只有蕭摩訶和任蠻奴，但他們只有匹夫之勇而毫無智謀。軍政事務如此，能擋得住我們的進攻嗎？此必克三也。我們有道而力量龐大，他們無德而實力弱小。他們現有的甲士，不過十萬。從西邊的巫峽、到東邊的滄海，千里的距離，他們如何部署兵力把守？如果分兵，則勢懸而力弱；如果聚之則守此而失彼。此其必克之四。綜合以上四點，可以斷言，席捲之勢，不用懷疑。」

高熲一聽，哈哈大笑，道：「聽你說了這些成敗之理，我心頭也豁然開通了。我原本只是佩服你的才學，沒想到你還能如此運籌帷幄。」

5

揭幕戰由楊素發起。

楊素率水軍順流而下，一口氣越過三峽，直插流頭灘。

南陳將軍戚昕早在此有所準備。他帶著青龍戰艦一百多艘駐守狼尾灘。這裡地勢險要，是典型易守難攻之處。再加上水面作戰，向來是南朝的強項，現在又據險而守，要拿下他們難度真不是普通的大。

楊素的大軍從三峽風馳電掣而來，士兵們都信心滿滿，沒想到看到這裡如此險峻，信心瞬間跌停：這仗怎麼打啊。

楊素一看，也是倒抽了一口氣，但事已至此，無論如何都得把這仗打下去，而且必須打贏。否則，首戰告負，全軍的信心都會受到影響，南伐之戰，只怕又會草草而收。所以，他必須將戰士們跌落的信心拉升上來。他大聲對大家說：「勝負大計，在此一舉。如果我們白天下船，他們就會掌握我們的虛實。再加上灘流迅急，船隻難以掌控，我們就失去了上游的有利條件。所以，不如在夜裡行動，對他們來個襲擊。他們不會想到我們勇於夜間行動。」

楊素率領數千艘黃龍船，於夜間銜牧而下，向南陳的水軍陣地衝過去。他還命令王長襲率步兵偷偷登上南岸，襲擊戚昕的別營，再命大將軍劉仁恩帥騎兵自北岸向白沙出發。

黎明時分，各路部隊都到達指定地點，一起發動進攻。

戚昕果然沒有想到對方居然勇於在夜間展開水上行動，勇於夜間摸上人生地不熟的南岸。他天亮起床時，模糊地聽到號角之聲。他以為自己昨晚喝得太多，以至現在還產生幻覺。他搖搖頭想清理一下腦袋裡的亂碼，門外有人急闖進來：「報大帥，敵人打過來了。」

什麼？這怎麼可能？敵人難道夜間也敢下來？你再說一遍？

來人滿臉是汗，兩腿還打著毫無節奏的哆嗦：「是真的，江面上全是敵人的船啊。不信，大帥可以過去，親眼目睹一下那個場面。」

此時，江面上的隋軍已經鼓聲如雷，戚昕馬上知道這真的不是幻覺，是敵人真的打過來了。媽的，打仗真是大意不得啊。一大意就失敗。他急忙從床上翻身下去，胡亂披衣出來。隋兵的黃龍艦已經直撞而入，自己手下的士兵全慌成一團，再放眼望去，上流的敵船還成片地蜂擁而下，而且一眼望不到邊。戚昕守在這裡已經很久了，在他的想像裡，從來沒有產生過這樣的畫面。往時，他都以為，敵人不善水戰，向他展開軍事行動，一定是在天氣良好的情況下，白天向他進攻。他完全可以根據敵人的來龍去脈，及時地調整戰術，憑著險要，讓敵人損兵折將而回。沒想到，現在敵人卻是夜間行動，他還沒有醒來，大面積的船隻已經衝進他的大營。士兵們亂了套，他也亂了套。

戚昕並沒有亂得徹底，他那個滿是亂碼的腦袋裡，還了解到如果不抓緊時間扯呼，他就連逃命的機會都被別人封死。

他情急之下，也不管士兵們的死活了，自己上岸逃得路都不見。

在這樣的情況下，失去協調的南陳士兵就只能繼續亂著，毫無抵抗能力。

楊素大軍一陣快刀斬亂麻，把南陳守軍全部打趴。戚昕部除了戰死之外，全部成為俘虜。

楊素並沒有虐待這些俘虜，而是很講人道地來個「勞而遣之」，讓他們回去到處散布大隋子弟兵英勇善戰、又人性化還紀律嚴明、秋毫無犯的故事。這樣的部隊就是傳說中的仁義之師、威武之師。自有南北朝以來，多數江南百姓還從沒有真切地偶遇過這樣的軍隊。現在碰到這樣的軍隊，你難道還不擁護？

楊素取得了首場勝利，更是信心百倍。他並沒有停留，繼續率領著他龐大的艦隊，揚帆東下。當時，長江沿岸的目擊者望著江面，只看到眼前舟艫被江，旌甲耀日。而楊素則腰板挺直地坐在一艘平板的大船上。他本業就是帥哥一枚，又是職業軍人，身上自有一股勃勃英氣，這時又剛剛取得一場大勝，更是精神抖擻，威嚴外露，岸上的陳人一看，都不由大生恐懼之心，說：「清河公即江神也！」真的把他當男神了。

隨著楊素一路而下，南陳沿岸的各鎮要塞紛紛向朝廷告急，請朝廷立刻做好協調，部署兵力，大打一場抗隋救國的人民戰爭。

6

當這些告急文書雪片般地湧向建康、堆滿施文慶和沈客卿的辦公桌時，兩人卻大手一按，通通壓下不報。他們知道陳叔寶最不愛聽壞消息，如果把這些消息報告給陳叔寶，陳叔寶會生氣的。

陳叔寶此前又有一個大大的敗筆。本來，地球人都知道，現在對南陳有著致命威脅的就是大隋這個超級大國，只有陳叔寶一點也沒有把大隋當成最大的威脅，而是把注意力都投入到剛剛從江陵投奔而來的後梁降將蕭巖和蕭瓛。這兩人來投奔時，可不是只帶著他們兩家男女老少，而是軍民十萬之眾。陳叔寶看到這個規模，心裡又是一陣波瀾起伏的懷疑。為了防止蕭巖和蕭瓛亂事，他就把隨兩人來的民眾都分散到邊遠地區——江陵向來是很繁華的——如果不繁華，當年蕭繹是不會選擇那裡當首都的。他們追隨蕭巖而來，本來以為至少可以在揚州某個地方安居樂業。沒想到，才投降沒有幾天，就全部被發配到艱苦的地方，心裡就非常鬱悶了。然後，他任命蕭巖為東揚州刺史，任命蕭瓛為吳州刺史。他還是覺得不夠安全，便又派南陳的軍事能人任忠率兵駐在吳興郡——只要有眼睛，誰都可以看得出陳叔寶的這個安排，就是要任忠嚴控蕭巖和蕭瓛的。兩人滿懷誠意地前來投奔，最後就是這個待遇，兩人只好暗中叫苦不已。這兩人固然叫苦，而南陳的邊防線就更加難受了。本來，他已經安排陳嶷鎮江州、陳彥守南徐州。這兩個地方都是江防要塞，更是建康的兩大屏障。可是這時正好年底，轉眼就到要明年的元會了，陳叔寶是個很講排場的人，為了明年的元會開成一個團結的大會、鼓勁的大會、熱烈的大會、隆重的大會、勝利的大會，他把這兩個親王都召回建康，做好明年元會的準備工作。更糟糕的是，他竟然還要求沿江鎮防戍守的船隻全都跟從二王開返建康。這個動作的唯一目的，就是想藉機向後梁降附軍民顯示強大的聲勢。

這樣做的結果是，當這些艦隊浩浩蕩蕩地東下之後，江面就再也沒有一條船了，等於江防系統自動撤除，長江天險，就只剩下滾滾洪流，再無一兵一卒把守了。

當時，上流諸軍看到這個情況後，都知道首都危殆，就在眼前，想全力下來相救，可是全部被楊素塞滿江面的艦隊擋住，連一隻鳥都飛不過來。

陳叔寶不光疑忌蕭巖，對自己的另一個兄弟陳叔文也不放心。陳叔文是陳頊的第十二子，現任湘州刺史。他雖然「性情輕險、好虛榮」，頗有名士派，但他在治理湘州時，還是很有政聲的，湘州人民對他還是很擁護的。如此一來，又被陳叔寶「陰忌之」，怕這個很得民心的老弟突然在上游發難，自己的麻煩就大了。於是，陳叔寶又在百忙的酒色活動中，想出一個辦法，撤掉老弟的職務，派自己信得過的人去當湘州老大。但是這個想法產生後，他又被遇到困難了：原來這些年來，自己只忙於酒色，荒於政事，很少跟朝臣們交流，更沒有給朝臣們多少賞賜，對大臣們一點也不皇恩浩蕩。沒有沾到皇家雨露的大臣，即使當了湘州刺史，他們還能為自己賣命嗎？只怕他們當了湘州刺史，比叔文弟弟還可怕。在他抓狂之際，突然想到施文慶，他這些年來，既為自己當伯樂、不斷地把人才推薦給自己，又幫他處理朝政，從沒有給他添過麻煩。對啊，這個人是可以重用的，是可以獨當一面的。就讓他接替湘州老大。於是任施文慶為都督、湘州刺史，分配給他兩千精兵，準備派他西上，然後徵召陳叔文回朝。

施文慶得到這個任命後，開心的半夜都要在床上跳起踢踏舞來。可是他又怕自己離開朝廷外任後，繼任者會掌握自己處理朝政時的各種內幕，然後告發起來，那可是大大的不妙。當然這是難不倒足智多謀的施文慶。

他略一思忖，就想到了一個好辦法：推薦沈客卿接自己的班。

陳叔寶當然沒有意見。他要是對施文慶的推薦有意見，他還是南陳後主陳叔寶嗎？

在施文慶還沒有正式赴任時，他就讓沈客卿跟他一起辦公，為沈客卿扶上馬、送一程，以便熟悉業務。

這時，江防已經告急，那些軍事能人也已經急了。樊毅對袁憲說：「京口、採石都是策略要地，一定要在這兩個地方各部署五千精兵，而且還必須配備金翅船二百艘，在江上巡邏，以備非常。」金翅船也是大型戰艦，其船在甲板上搭建幾層樓，各層都有女牆堆口，可以配備弓箭手以及長槍兵，遠近交戰皆宜。樓船上還配備幾對拍竿，用來投擲石塊（此類裝置已成當時戰艦的常規配置了），大拍沿船體兩側排列，居於樓船兩側，就像大船的左右翅膀，故稱金翅船。

袁憲和蕭摩訶聽到後，「皆以為然」，於是他們就把這個建議拿來跟文武大臣們共同討論，大家也都同意。於是，就想聯名奏請陳叔寶按照樊毅的建議去部署。

可是施文慶和沈客卿卻不同意。

施文慶不同意，是怕把部隊都分派到京口了，自己無兵可帶，湘州刺史這個已經到手的職務就有飛掉的可能。沈客卿不同意，是怕施文慶不能外任當刺史，就會留在原位繼續當政，自己就不能專權了。

兩人想法不同，但目標一致，便在朝堂上大聲道：「諸位有什麼議論請求，不必一定要當面向皇上陳奏，只要寫好書表，我們就會立刻代為轉交呈奏。」

袁憲他們雖然在為朝廷著想時，很深謀遠慮，可是在弄權方面，比起施文慶來就太弱了。他們對這兩人的話居然信以為真，馬上寫了奏章，交由施文慶和沈客卿——也許他們知道這兩個是個弄權高手，但他們認為，國家都到這個地步了，離滅亡只有幾公尺的距離，他們不會再玩什麼花招——況且這個部署並沒有奪取他們的什麼利益，對他們的晉升也毫無影響。沒想到，這些奸邪小人的手段是永遠沒有極限的，他們那陰暗的心理你是永遠看不透澈的。

當眾人放心地回家洗腳睡覺後，兩人拿著那份奏章去面見陳叔寶。

陳叔寶一看，覺得也有些道理，說是不是可以照此辦理？

兩人說：「陛下，此是常事，邊城將領是完全可以擋得住，不必大驚小怪。如果一定要小題大做，戰艦和部隊頻繁出入，只會造成民眾的恐慌。」

陳叔寶一聽，兩位愛卿說得有理。現在是穩定壓倒一切。

沒幾天，隋軍就已經臨江。與此同時，隋軍派出的間諜已經在江南到處出現，情況已經萬分危急。袁憲等人看到他們的建議呈上去之後，就再也沒有冒泡，不由心急起來，又連續奏請，盡快部署。

陳叔寶一看，心裡也有點緊張起來，急忙叫來施文慶。

施文慶卻不慌不忙，說：「陛下，現在我們的首要大事是籌備元旦朝會。元旦朝會馬上就要到來。要按日程安排，南效大祀那天，太子必須率領很多部隊參加啊。如果現在就向京口、採石派部隊和戰艦，南郊大祀的場面就難看了。大國天朝還有何顏面？」

陳叔寶這時的腦袋似乎又有點清晰了，說：「我看不如暫且出兵，如果江北無事，我們就順便以這支水軍參加郊祭。」

施文慶想不到陳叔寶還能想出這個兩全其美的辦法，他想了一想，又道：「這樣做當然也可以。只是這事要是傳出去，被隋國那邊的人知道，會笑我們的。這臉就丟到了國際上。」

可是陳叔寶仍然搖搖頭，不同意他的話。

施文慶一看就急了。這可是陳叔寶第一次對他的意見產生懷疑。他不能讓陳叔寶繼續懷疑他的話，他馬上拿出大量的金銀財寶，送到江總的面前。江總那雙眼睛一接觸那些金光閃閃的東西，立刻就有被亮瞎的感覺。他當然知道，施文慶不會白白地送這麼多財寶給他的——平時施文慶只收別人的錢，哪送給別人錢過，於是就笑瞇瞇地問施大人有何計畫？

施文慶就說，勞駕江大人進宮幫我說服皇上，別派部隊去京口和採石，這會讓南效大祀太沒有震撼感了。這是丟國家的臉啊。

江總一聽，笑納了施文慶的那一堆財寶，然後進宮去當陳叔寶的說客。

陳叔寶一看，江總都出來說話了，只好不再堅持了，但看到群臣都反覆奏請，又感到有些為難——這可是他當皇帝之後，第一次為朝政的事左右為難。他沒有辦法，便又把這個意見丟給大臣們，命令大家再認真思考，反覆論證，再作決定。

就連江總也沒有想到，向來對他們言聽計從的陳叔寶會來這一招。江總知道，群臣們一討論起來，這個方案一定會通過。他堅決不能讓這個方案獲得通過。因為他阻止不了這個方案，那堆金光閃閃、幾乎要瞎亮他雙眼的財寶，他就不好意思要了。拿了別人的錢財，就必須為別人辦事——這點職業道德他是有的。江總勸不了陳叔寶，但身為朝廷的首席大臣，他對群臣們還是有辦法的。他終於放下了詩酒生活，親自主持群臣們的討論。在討論會上，他多方壓制袁憲等出兵派，然後就讓大家一直討論下去，最後討論不出什麼結果來。於是，袁憲的這個正確建議，就在大家的討論中不了了之。

陳叔寶也不再去理會這個事了。

當然，他也知道隋兵已經衝殺來。知道隋兵已經大舉進攻的陳叔寶，並沒有急著召集群臣，商討如何抵擋隋國侵略軍的策略，而只是站在那裡望了建康的天空一圈，然後對身邊的侍臣從容道：「呵呵，王氣在此，侵略軍能奈我何？想當年，齊兵三次大舉侵犯、周師也兩次大兵壓境，最後都遭到可恥的失敗。現在隋軍來犯，又能拿我怎麼樣？」他的原話是：王氣在此。齊兵三來，周師再來，無不摧敗。彼何為者邪！

他只知道當年齊兵、周兵都被打敗，但他沒有想到，打敗齊兵的都是什麼人。當年陳霸先何等英雄、手下又有幾大猛將，這才把齊師數番大敗，阻在江北，陳蒨、陳頊兩人在位時，宵衣旰食，政治清明，深得人心，這才勉強打敗北周兵的南侵，保住這半壁江山。現在他把這個國家弄得烏煙瘴氣，不但民不聊生，就連官都不聊生，邊防鬆弛，前線形同虛設，而朝中幾個奸臣在弄權，敵人已經隆重進攻，他們連一點緊迫感都沒有，都還在為自己的那點私心而不惜陷國家於危殆之中。

陳叔寶說過這話之後，長期沒有發言的孔范終於找到適合他發言的機會了，道：「哈哈，長江天險難道是虛設的？它自古以來就是為了隔絕南北而存在的。我不信隋兵都長了翅膀，每個人能飛渡而來。現在邊關告急，都是在小題大做。其實真實情況是，隋兵並沒有南下，而是我們邊關將帥想建功立業，謊報邊關事急而已。老實說，我一直覺得自己官職太低，倒盼望敵軍真的渡過長江，如此一來，我就可以建功立業，榮升太尉。可惜敵人卻不給我這個機會。可恨亦復可惜。」

陳叔寶看著孔范大人在那裡做著痛心疾首的樣子，內心世界的安全感又突飛猛進地飆升起來，覺得金陵王氣已經嚴絲合縫般地罩著他，任楊堅如何有能耐，發多大的兵，也會針插不入、水潑不進的。正好有人報告說隋軍的馬匹死亡很多，孔范馬上大聲說：「這些軍馬都是中國的馬，怎麼會死亡呢？」言下之意是說，這些馬若渡江，必不能北歸，將都為南陳所有。陳叔寶一聽，哈哈大笑，孔大人真是豪氣沖天啊，有這樣的大臣，我還有擔心什麼隋國侵略者？於是，好不容易生成的警惕性全部蒸發，每天又進入奏樂觀舞、賦詩飲酒、大唱後庭花的模式。

轉眼就到開皇九年的正月。

陳叔寶盼望和籌備已久的元旦朝會終於到來。

正月初一，陳叔寶如期地舉行了元會。

由於籌備已久——這些奸臣做別的事，也許很廢，但這種形象工程、弄個奢華無比的場面還是很出色的。

陳叔寶按時來到朝堂，準備接受群臣的朝賀。他望著朝堂中的群臣，每個人身穿嶄新的朝服，正整齊地排列，只等一聲口令，便按規定動作向他行禮如儀，他心頭滿是身為皇帝的幸福感。沒想到，奸臣們辦事很努力，場面也布置得很華麗壯觀，但老天爺卻不配合。當陳叔寶才剛剛坐定，突然之間，天氣濃霧四塞，連朝堂裡也是霧氣如濃煙，片刻之間，能見度就直降到只能望見自己的鼻尖了。

陳叔寶看到霧氣進來，瞬間塞滿朝堂，一定以為是王氣霸氣冒出，把個金陵城變成人間天堂。這是好兆頭啊。老天爺，朕謝謝你！

沒想到，他還沒有整理好感謝信的內容，就發覺一股惡氣進入鼻孔，辛酸異常。他覺得有點奇怪，這是什麼氣體？怎麼這麼難聞？他轉頭看了看身邊的工作人員——他甚至懷疑誰放的屁。可是屁不是這個氣味啊。他還在那裡分析著，但氣體越來越嚴重，最後他突然覺得腦袋一片空白，迅速進入缺氧狀態，然後打了幾個哈欠，就昏睡在龍椅上。

群臣看到皇上突然睡著了，都以為一定是夜裡〈玉樹後庭花〉唱得通宵達旦，沒有休息好，這才睡著。雖然元會是大事，皇帝應該做好充分的準備，好好休息，以便好好臨朝，但這是正常人的做事方式，而陳叔寶能算是正常人的做法嗎？他連已經喊殺連天，衝過來搶奪他江山的隋國侵略大軍都不理，還用心去舉行這個朝會嗎？比起江山來，朝會只算個屁。

陳叔寶就在那裡一直睡著，直到下午的申時才醒來。於是，這個他投入大量精力去籌備、不惜撤掉邊防部隊來舉行的朝會，就這麼不了了之。當然，南陳官方的定性仍然是一次勝利的大會、鼓勁的大會……

7

就在當天，賀若弼已經一聲令下，所屬部隊冒著奇冷的春寒，千舟競發，從廣陵渡江，又在長江沿岸撕開一道突破口。

賀若弼事先已作了長期的準備工作。他老早就被楊堅指定為南伐的指揮官之一，多年來一直在長江邊做伐陳的準備。他雖然是個十足的鷹派，但做這些準備時，做得很隱蔽。他先把軍中的老馬全部就地拍賣，然後大量購買南陳的船隻，並把這些船藏匿起來。接著他收購了五六十艘二手破船，而把這些破船公開透明地停泊在小河裡。南陳的間諜跑過去一看，這些破船，也想裝備水軍？你們把長江看得太普通了吧？看來，隋國是沒有戰艦的。

然後，他又要求沿江防守的部隊在換防交接時，都一定集聚廣陵。當這些部隊抵達廣陵時，都大舉旗幟，弄得營幕遍野、聲勢浩大。對岸的南陳守軍看到，以為隋兵要大舉進攻了，都急忙集結，握著武器，準備與來犯之敵一決死戰。可是當他們在那裡枕戈待旦，要殺個氣壯河山時，敵人並沒有來。連續幾次之後，他們這才恍然大悟：原來隋兵是在換防。這幫人都是吃飽撐著，硬是用這個方式來進行換防儀式，讓他們狠狠的緊張了一次。他們「看破」隋兵的用意，馬上就習以為常，不管對岸的隋兵玩得怎麼熱鬧隆重，都跟他們無關——警惕性也隨著逐步下降。

賀若弼看到對方果然上當，就玩得更加深入。他又派軍隊沿江打獵，弄得人歡馬叫，旌旗獵獵。幾番下來，南陳部隊對這個模式又習以為常，不管對面弄得如何隆重，也不關他們屁事了。賀若弼看到自己不管弄得怎麼熱鬧，對方都已經漠不關心了，順利達到自己的目的。這一次，他集結部隊時，也弄得光明正大，而南陳邊防兵繼續習以為常。直到他大軍南渡時，南陳部隊仍然沒有察覺。

大家知道，本來袁憲等人都曾建議在採石部署精兵，但因施文慶、江總的反對而作罷。於是，江南重鎮此時也毫無防範。

負責進攻採石的就是韓擒虎。

韓擒虎帶著五百人半夜從橫江浦出發，襲擊採石。

南陳守軍剛剛歡度春節，全軍都喝得大醉。韓擒虎輕鬆地登陸，然後發起進攻。南陳兵毫無抵抗之力。

江南重鎮採石就這樣被韓擒虎輕鬆攻下——他們拿下採石時，連零星的抵抗都沒有遇到，戰鬥激烈的程度還不如一場軍事演習，連韓擒虎都有點過意不去。

楊廣看到楊素、賀若弼、韓擒虎都已經行動，而且都取得了超過預期的成功，也率主力部隊挺進到六合鎮。

而此時，離採石不遠的建康城裡，陳叔寶等一干人，還沉浸在節日的歡樂之中，每個人都在那裡吟詩寫賦，歌功頌德，說南陳百姓正在陳叔寶的統治下，進入了空前的盛世時代。南陳國歌〈後庭玉樹花〉大合唱的聲音，此起彼伏……第二天（正月初二），居然在酒醉狀態下還能逃脫出來的採石戍主徐子建拚命來到建康，向朝廷報告，採石已經失守。目前採石上空已經插上了敵人的旗幟。

可以說，只要頭腦正常的人接到這個報告時，都會嚇得面容失色，馬上就會召開緊急會議，商量對策——採石一失，建康就完全暴露在敵人的眼前啊。

可是，陳叔寶居然無動於衷，直到第二天才通知大臣們來開會，告知大家採石失守，不是謠言，而是真的，今天的會議就是商量下一步該怎麼辦。大家都面面相覷，但誰也不敢出聲。

而陳叔寶仍然鎮定如故，絲毫沒有氣急敗壞。

他看到群臣都低頭看著自己的腳尖，而沒有說一句話，弄得會場一點也不熱烈一點也不隆重，覺得必須給他們打打氣。第二天，他下詔：「犬羊陵縱，侵竊郊畿，蜂蠆有毒，宜時掃定。朕當親御六師，廓清八表，內外並可戒嚴。」這幾句話，不但寫文辭工整，而且鏗鏘有力。其實內容概括起來，只有兩個字：戒嚴。採石都被別人占領了，站在建康城頭都能聞到北方人的氣息了，當然得戒嚴。當然，他也知道，雖然金陵王氣濃厚得把他熏死過去，但戰鬥還是必須進行的。陳叔寶終於進行了軍事部署：任蕭摩訶、樊毅、魯方達併為都督，司馬消難、施文慶併為大監軍，遣南豫州刺史樊猛帥舟師出白下，散騎常侍皋文奏鎮南豫州。從他的這個安排來看，他對蕭摩訶等人仍然心存猜疑，這才叫施文慶當蕭摩訶的監軍。監軍可是代皇帝監視軍事指揮官的。監軍們不用指揮打仗，那雙眼睛根本不用去觀察敵情，而只是死盯著司令官不放，看看司令官有沒有偏離皇帝的傾向。

已到生死關頭，陳叔寶仍然不惜刀刃向內，防內甚於防外。

到了這時，陳叔寶又有個驚人的發現：建康的部隊人數太少了，根本打不起一場有規模的大戰。他情急之下，馬上拿出錢財，設立重賞，徵發僧、尼、道士等出家人服役。要求他們丟下法器、拿起武器，準備戰鬥。

在陳叔寶手忙腳亂地下令準備戰鬥時，賀若弼已經攻拔京口，活捉南徐州刺史黃恪。

至此，建康兩大屏障，盡陷敵手。

這一次，大隋全軍都統一紀律，堅決做到秋毫無犯。

賀若弼在拿下京口之後，有士兵想喝幾口酒慶祝勝利，就到街上買幾斤江南女兒紅之類的酒來喝。

賀若弼知道後，立刻把這個士兵「斬之」。然後他也像楊素一樣，把所俘獲的六千南陳兵，全部讓他們好好地吃一頓之後，發給足夠的路費，讓他們回老家去，還每人發了一份宣傳單，讓他們一邊回去一邊替大隋子弟兵作宣傳。說大隋兵此番南下，是推翻南陳王朝的腐朽統治，解救江南人民於水深火熱之中。

這個動作，果然得到很好的效果，南陳軍民都引頸而望，只要隋兵抵達，就立刻投降。

直到這時，南陳軍還沒有哪路軍隊主動出擊、抵抗源源不斷而來的隋兵。

南陳的主將之一樊猛，剛剛被委任為南豫州刺史，可是人還在建康，只好讓自己的兒子樊巡代行刺史之職駐守姑孰。樊猛絕對是當時的悍將。當年他率部追隨王琳，攻打蕭紀時，做得有聲有色，之後又跟王琳與陳霸先手下以周文育為首的幾大戰將對陣，竟將他們全部生擒。王琳失敗後，他才歸順南陳。可是他的兒子樊巡的軍事能力卻很差。在韓擒虎進攻姑孰時，樊巡咬緊牙關，只守了半天，就被別人「拔之」。於是，樊巡以及樊猛所有的家人都成為韓擒虎的俘虜。

那個跟樊猛一起受命於危難之間的皋文奏就更差了，才跟別人接觸不到一個回合，就宣布失敗，拚盡吃奶之力，抱頭而回，向陳叔寶報告，我真的被別人打敗了。

皋文奏雖然不是什麼著名人物，但身為陳叔寶現在部署抗敵的四大將之一，就這麼被別人一頓暴揍，而且被揍得毫無還手之力，看熱鬧的觀眾們的注意力還沒來得及集中，他就宣告失敗了，對南陳軍民的精神打擊實在太大了——連朝廷充滿期望的皋文奏將軍都如此不堪一擊，別人還能打下去嗎？再加上楊堅利用俘虜為他們充當宣傳，大隋侵略軍的形象已經變成了解救他們脫離苦海的「王師」了。於是，韓擒虎的大軍一抵達，南陳老百姓都自動到軍門拜謁韓大將軍，而且排著長隊，晝夜不絕。

當然，還是有人誓死抵抗到底的。

這個人就是魯廣達。

魯廣達也是南陳的資深軍事能人了。他還在侯景之亂時，就已經隨其兄魯悉達起兵。後來，他以軍功成為晉州刺史，全程參與了平定侯景之亂。在蕭繹時期，他是王僧辯手下的得力戰將。後來，他又歸順陳霸先，被任命為散騎常侍。湘州刺史華皎造反時，魯廣達隨吳徹明去進剿，立下了大功。之後，他出兵三峽地區，招撫定、安、蜀三州，鞏固了南陳西部邊防。他雖然在戰場上打得奮不顧身，給人的印象是莽漢一個，其實他想法非常細膩。他在巴州當老大時，對北周的防範非常嚴密。他發現北周在蜀水邊上大規模建造船隻，而且還屯貯糧草，就知道北周在做搶占江北的準備工作。他不動聲色，祕密聯絡郢州刺史錢道戢，一起出兵，向北周兵偷襲，把北周的造船基地和糧草全部燒成一地火灰。然後又裝作什麼事都沒有發生一樣，率兵回到巴州。

當時南朝的官員，幾乎都可以跟腐敗分子劃上等號。但魯廣達卻是這個腐敗社會裡的一股清流。他為政清廉，待人真誠，因此深得巴州百姓的擁戴。當他在巴州任期屆滿時，巴州老百姓聯名上書，請求朝廷讓他繼續在巴州當他們的父母官。於是，他又在巴州當了兩年的刺史。

陳頊發動太建北伐時，魯廣達當然也積極參與。他率部收復了淮南舊地，之後與北齊軍在大峴會戰，取得重大勝利，在戰場上將對方指揮官張元範斬首，並攻克徐州，當場被任為都督北徐州諸軍事、北徐州刺史。但在太建十一年，北周大將梁士彥南征包圍壽春時，魯廣達被打敗，使得淮南之地又全部丟失。他因此而被免職。當然，這樣的免職也跟當年諸葛亮請辭一樣，是做樣子給別人看的——這時南陳的人才並不多，怎麼可能讓魯廣達這樣的戰將賦閒？太建十二年，他又被重新啟用。這一次，他與樊毅搭檔，率兵北伐，連克郭默等城。陳頊對他的戰功大力表彰了一把，任他為使持節、西平將軍、都督郢州以上七州諸軍事，率水軍四萬，鎮守江夏，多次擊退北周的進攻。

如果南陳朝廷繼續讓他手握重兵駐紮夏口，全面負責郢州以上七州的全部軍事行動，楊素等人南下的阻力就不會是普通的大了。可是，陳叔寶沒有這個策略眼光，他那雙眼睛一接觸到這些軍事能人時，心裡的疑忌馬上就油然而生。他對隋兵很放心，但對自己的這些軍事將領很不放心。他即位之後，就把魯廣達的兵權奪了，召魯廣達回朝當安左將軍，然後一陣折騰，又晉升中領軍——職務雖然越來越大，但手裡的兵權卻越來越單薄。

魯廣達雖然在朝中當大官，但他的家人仍然在新蔡。他的兩個兒子魯世真和魯世雄對南陳已經失望至極，看到別人都排隊去向韓擒虎投降——投降韓擒虎好像已經成為一種潮流。於是，他們也率部跑到韓擒虎那裡，辦理了投降手續——別人都投降了，我們再怎麼狠，也是打不過別人的。韓擒虎這幾天來，收編了大量前來投奔的南陳軍人，很多軍人他都招待一餐之後，放回老家。現在看到魯廣達的兩個兒子，心裡的喜悅之情，自不待言。他熱情招待兩人，一番吃喝的推心置腹過後，兩人對韓擒虎非常感激，也不用韓擒虎說什麼，就主動拿起來筆來，給還在建康的老爹寫了封信，勸老爹也以他們為榜樣，過來投降大隋。南陳朝廷那麼腐敗，你因為拒絕參與腐敗，所以在那裡就被別人邊緣化。如果說對不起，那只有陳家對不起我們魯家，沒有我們對不起陳家的。

魯廣達這時正率部駐紮在建康，收到這個信後，就主動向陳叔寶報告，當面向陳叔寶請求處分。陳叔寶雖然對這些武將都抱有疑心，但這時也知道，現在真不能處分魯廣達。在魯廣達跪在那裡請罪時，他和顏悅色地好言勸慰，說兒子是兒子，你是你。你的忠心我知道，朝廷的人都知道，全國人民也都知道。你放心去打仗吧。說完，還賜給老魯黃金，然後讓他回營，做好本職工作。從這事看來，陳叔寶做政治說客是有一套的，也知道政治說客的重要性，而且本質上也能知人善任——至少他知道魯廣達是忠於他的、是個能帶兵打仗的人，只是由於他玩心太重，向來把玩樂當成人生的第一要務，於是就懶政，一懶政就又怕大權榜落。一怕大權旁落，對有能力的人就嚴重懷疑，於是就只好重用那幾個小人，讓他們來牽制這些猛人，自己樂得放開手腳喝酒把妹、唱歌寫詩，風流又文雅。沒想到，南陳王朝就是被他這樣帶進了深淵。

陳叔寶對魯廣達很放心，但對樊猛卻又不放心。

這時，樊猛和蔣元遜帶著八十多艘青龍大船在白下巡遊，以防備六合的隋兵。六合的隋兵指揮官就是楊廣。而六合就在建康北邊，悄一放鬆，隋兵就可以直擊建康。因此，樊猛此時所負的責任是何等的重要。但陳叔寶一懷疑起來，這些重要性就都不重要了。當然，他懷疑樊猛是有他的理由的，因為樊猛現在的兒子和妻子都被隋軍控制。現在江南遍地又是投降成了潮流，別人投降也就算了，要是樊猛突然宣布帶著那八十艘大船投向楊廣，建康就立刻宣布完蛋——金陵王氣再金剛不壞，也擋不住啊。陳叔寶為這個事，停了幾天的後庭花的合唱節目，苦想著如何解決這個問題。他最後想到一個辦法，派鎮東大將軍任忠去取代樊猛。但他又不好意思直接對樊猛宣布這個想法，就叫蕭摩訶去找樊猛，透過聊天，採取迂迴的談話方式，從遠及近，慢慢接近這些話題。當蕭摩訶小心翼翼地把陳叔寶這個想法提出來後，樊猛的臉色就更不好看。

蕭摩訶把這個情況跟陳叔寶匯報。

陳叔寶到了這個時候也不敢大意，怕樊猛一受刺激，什麼事都做得出來，那就不好收拾了。於是，他只好作罷。

陳叔寶這時才感到萬分被動。

而南陳的前線就更被動了。

賀若弼和韓擒虎這時分工明確，一個從北道出發，一個從南道挺進，兩路並駕齊驅，向建康夾擊而來，所到之處，南陳沿江諸戍都毫無例外地放棄抵抗、望風而走。賀若弼分兵占領了曲阿，切斷了南陳援軍的通道，然後自己帶著主力部隊，進逼建康。

賀若弼這個行動，立刻使建康處於孤立無援的境內，逼得陳叔寶提前跟隋兵進入最後的決戰——而此時，南陳各地的部隊都還沒有參與抗戰。

陳叔寶也沒有辦法了，也知道光憑王氣是保不住性命的，急忙進行部署，命令他的弟弟陳叔英屯住朝堂（他萬萬沒有想到，盛大的元會才剛剛結束，盛世頌歌的餘音還在繞梁，朝堂就已經成為抗擊侵略軍的前線了），命令蕭摩訶屯兵樂遊苑（可憐此地名曰遊樂苑，現在也殺氣彌漫了），命樊毅屯耆暗寺，魯廣達屯白土崗，孔范守寶田寺——他還在千人合唱〈玉樹後庭花〉時，他就到處吹牛說全國只有他一個人才算是文武雙全的人才，他這輩子最恨的是隋軍沒有打過來給他製造建功立業的機會，現在隋兵數路大軍隆重進攻，他那張嘴巴好像喪失了說話功能，只老實地聽從陳叔寶的安排，滿臉是汗地守在寶田寺。另外，任忠也率部趕來，屯住朱雀門。

南陳幾個最生猛的大將，這時都在建康城四周。你一看這個形勢，就知道是南陳必敗的形勢。戰端才一打開，敵人就直赴建康，並切斷了建康與外界的聯絡，使得首都成為無援的孤城。儘管當年南朝有幾次取得首都保衛戰的勝利，但每次都費掉九牛二虎之力才把敵人趕走，可是現在的情形跟往時已經大大不同。以前，南朝的將領都是當世名將，勇悍無匹，而且北朝當時的皇帝並沒有吞併江南的雄心壯志，因此殺到建康外圍的都不是北朝的主力部隊，往往是一些偏師、孤立無援，被南朝部隊一阻擊，便進退失距，以失敗而告終。而現在是隋朝大軍源源不斷而來，楊廣、賀若弼、韓擒虎大軍則直赴建康，楊素數千戰艦正在長江上破浪東下，狠狠堵住南陳增援建康的部隊，使得建康處於孤立無援的境地。而且南陳朝廷一干高層，人心不齊，還相互猜忌，沒有誰能把全部精力花到戰事上。如此決戰，還有何勝算可言？

幾路隋軍這時從容地進行部署：賀若弼進據鍾山，把大營屯紮於白土崗之東。楊廣也派他的總管杜彥率兵前來，與韓擒虎會合，然後駐紮新林。蘄州總管王世積則以水軍出九江，正好碰上南陳大將紀瑱，兩下大戰，王世積把紀瑱打得大敗。南陳兵那殘存的信心，就此全部蒸發，都紛紛丟掉兵器，向隋兵投降了事。

楊廣把這些情況全部向楊堅報告。

楊堅一看，哈哈，比預期的進展要快得多了。

他馬上設宴，把群臣請來，大吃大喝一餐，順便把這個大好消息向大家宣布了。

楊堅舉目向東南，直有「目吳會於雲間」之感。

8

此時，陳叔寶在被圍困的建康城裡，坐臥不安，暈頭轉向。本來建康城裡還有十餘萬甲士，但他天生怯懦，又是個軍盲，面對如此困境，更不知如何是好。他越來越感到前途渺茫，最後就忍不住哭起來。而且這一哭就再也收拾不住，白天哭、晚上也哭。可是情況並不是因你無窮無盡的哭就能好起來。大量的軍政事務還必須處理，大臣們的奏章、各處的告急文書還在源源不斷地塞到他的桌面來。他這時腦袋裡已塞得滿滿的，即使你讓他再唱一曲這輩子最拿手的〈玉樹後庭花〉，恐怕都會跑調。於是，他就把朝廷的大事繼續交由施文慶處理。他徹底忘記了，就是前一段時間，施文慶他們極力反對在採石、京口部署部隊，這才讓隋兵毫無阻力地渡江而來，在很短的時間內逼近建康，造成了今天這麼絕望的局面。現在居然還把大事交由施文慶處理，跟揮刀自宮有什麼兩樣？當然，他一直以來，都在做揮刀自宮的動作，做得已經習慣了。

陳叔寶已經處於無腦狀態，但施文慶的腦袋卻清醒得很。他知道自己這些年來的所作所為，尤其是力阻袁憲的建議，放棄採石和京口的防守，導致現在的這個局面，群臣對他已經恨之入骨，幾乎所有的人都已經把他當成亡國賊看待。如果這次諸將護國成功，他們立了大功，皇帝就會對他們大加賞賜，他們就會反過頭來追究他的責任。於是，當他再次接受陳叔寶的委託時，他第一時間並沒有去想破敵之策，而是想著如何讓這些軍事能人不能立功。他對陳叔寶說：「陛下，這些將軍平時心裡都裝著不滿，向來不心甘情願地服從陛下，現在到了危機時刻，萬萬不可信任他們。」

你一看施文慶說的這幾句話，跟敵方的臥底人士有什麼區別？

陳叔寶本來就是個疑心病重的人，這時腦袋又亂成一團，對施文慶的話就信得更加徹底。只是兩人都知道，現在雖然懷疑他們，但還真的不能奪掉他們的兵權，更不能免除他們保衛建康的職責——免掉了他們，就只有他們這對活寶群臣了。他們雖然不懂軍事，但他們比誰都了解，他們上去，就是送死。

那幾個軍事能人雖然知道陳叔寶是個奇葩，施文慶更是個奸臣，但他們以為到了這個時候，陳叔寶的頭腦會清醒過來、施文慶的奸滑也會暫時收斂一下，只要大家齊心協力，局面也許還有可為，於是不斷地提出作戰方略。可是這些建議送上去之後，都得不到採納。陳叔寶此時頭腦已經不會運轉，只是兩眼無光地望著這些建議，什麼話也不說。而施文慶則是死抱一個原則，凡是諸將的主張，他就堅決反對。不管你的策略有多正確，他先槍斃了再說。

當初賀若弼進攻京口時，蕭摩訶請求帶兵逆戰。

陳叔寶問施文慶：「可以嗎？」

施文慶搖搖頭。於是，陳叔寶就對蕭摩訶的請求來個不准。當賀若弼一軍進到鍾山時，蕭摩訶又請求出戰，並指出：「賀若弼懸軍深入，壘塹未堅，如果派我出兵掩襲，完全可以取得勝利。」蕭摩訶的這個建議，對於南陳而言，是絕對正確的建議。賀若弼這時進度太超前，其他各路部隊都還在半路上急行軍，所以他的部隊絕對可以算作是孤軍一支。這時集建康全軍之力，對他奮力一擊，他能撐得住嗎？再加上賀若弼這幾天來，進展太過順利，行軍到處，從未遇到像樣的抵抗，他也會認為南陳軍已經不敢對他怎麼樣了。如此一來，蕭摩訶還可以得到攻其不備的效果。可以說，陳叔寶只要勇於派蕭摩訶出擊，勝算絕對在握。可惜，蕭摩訶雖然看到了機會，但施文慶卻故意把這個機會滅掉。

陳叔寶和施文慶雖然不斷地把蕭摩訶的建議否決，但他們自己又想不出什麼好的辦法來，內心也很焦急。他們內心一焦急，就又把蕭摩訶和任忠叫來，商議退敵之策。

任忠看到兩人的神色真的很焦慮，就以為這次他們會聽一下正確的意見，便道：「兵法有云：『客貴速戰，主貴持重。』現在我們足兵足食，完全可以憑險固守臺城，沿著淮河修建柵欄，做好防禦工事，不管他們多少部隊打過來，我們都不跟他們交戰。我們只是分兵截斷江面，讓他們不能音信相通。陛下現在可以分給我一萬精兵，金翅三百艘，順江而下，襲擊六合。如此一來，隋兵一定會以為他們渡過江的將士已經被我們擊破並全部俘獲，銳氣當然跟著受挫。此外，淮南一帶的民眾跟我的關係還不錯，如果聽到是我率軍前來，一定會群起響應。我的隊伍就會不斷壯大。我再揚言進攻徐州，斷敵退路。敵人的各路部隊都會不戰而退。待到雨季春水既漲，上游的周羅睺等軍就可以順流而下來援。緊張局勢就會得到緩解。」

這的確是絕望中唯一的希望之計。

沒想到，陳叔寶在看了施文慶一眼之後，又搖搖頭，表示不同意。為什麼不同意？因為施文慶不同意。為什麼施文慶不同意？因為施文慶一聽就知道這個計策太妙了，任忠要是成功，他就困難了。所以堅決不同意。

當天會議就這樣結束了。在任忠和蕭摩訶離開後，陳叔寶又和施文慶商議。施文慶繼續堅持他的那個意見。現在任忠說不能速戰，我就偏要速戰。

第二天，陳叔寶又把兩人叫來，對他們說：「老是這樣跟他們對峙，對峙得朕心煩起來。蕭摩訶你要去跟他們打一仗，打破這個沉悶的氛圍。」

任忠一聽，不由大驚，你們這是嫌送死得不夠快啊，他當場向陳叔寶撲通一聲跪下，大叩其頭：「陛下，萬萬不能，萬萬不能啊……」

此時，長期潛水的孔范又冒泡出來，大聲說：「請陛下盡快拍板，與隋軍決戰。只要派我出馬，我軍必勝。我必將為陛下勒石燕然！」這幾句話說得擲地有聲，豪氣縱橫，讓本來滿臉悲觀的陳叔寶也精神一振：「孔愛卿說得好。朕批准你的請求。」他又轉頭對蕭摩訶說：「公可為我一決。」強烈要求蕭摩訶率全軍與敵人作最後的決戰。

蕭摩訶本來跟任忠的思路是一致的，但現在看來，陳叔寶已全心全意要往死路上狂奔、自己再怎麼勸阻無濟於事了，只好說：「我是職業軍人，打仗既為了國家，也為了自己。今天這一仗，兼為妻兒家人。」

陳叔寶這時很大方，拿出很多金錢財物，分配給諸軍用作獎賞。他為了讓蕭摩訶放心，就請蕭摩訶把家人送到宮中，從此與蕭摩訶的家人憂戚與共。蕭摩訶也不多想，真的把家人託付給陳叔叔——當然，蕭摩訶這麼做，並不是真的認為陳叔寶能保護好的家人，而是認為，如此一來，陳叔寶就會對他大為放心。現在陳叔寶把全軍都交給他，心裡對他的猜忌一定無比巨大，現在讓家人進到宮中，陳叔寶的疑心減輕一點。只有陳叔寶沒有了疑心，他才可以在戰場上無所顧慮地大打。蕭摩訶這個想法很不錯。可是正因為這個做法，導致了他最後的失敗。

正月二十日，陳叔寶終於下達了決戰的命令。他的部署如下：魯廣達率兵在白土崗擺下陣勢，處於各軍的最南邊，往北依次是任忠部、樊毅部、孔范部。而蕭摩訶部在最北邊。最北邊面對是隋兵的主力。

這麼一排列，就列成了一條長達二十多里的陣勢，雖然連綿不斷，但首尾進退卻互不知曉，無法配合。

即使是擺了這麼一個一字長蛇陣，陳叔寶仍然還有取勝的機會。

賀若弼仍然很輕敵，仍然不把眼前的南陳大軍當一回事。賀若弼知道南陳軍出來結陣之後，立刻跑到山頂，觀望了一下南陳的陣地。他看到了這個一字長蛇陣之後，心情徹底放鬆，就這個布局，也出來打仗。他下山之後，就與所部七個總管帶八千士兵出來，勒陣對敵。

蕭摩訶是陳霸先時期的老將，在戰場上打滾幾十年。他雖然謀略不多，但卻是抓機會的高手。當年吳明徹第二次北伐時，在北周軍準備切斷他們的水師的退路時，全軍就只有他看透了北周軍的用意，建議吳明徹趁王軌阻斷行船通道時，把部隊撤回去。但吳明徹不聽。結果，被打得全軍覆沒，只有蕭摩訶所部全軍而還。前些日子，蕭摩訶提出的幾個戰術，都是打敗賀若弼的大好機會。但陳叔寶和施文慶都堅決否決。他們不知道，在否決蕭摩訶建議的同時，也把他們南陳難得一勝的歷史機會否決掉了。此時，陳叔寶已經把前線指揮權全盤打包給蕭摩訶。當賀若弼以這樣的姿態跟南陳主力對峙時，以蕭摩訶的眼光，他絕對知道，這又是一個擊敗賀若弼的大好機會。然而，他卻無動於衷，沒有下令全軍出擊。

這是為什麼？

難道蕭摩訶是在臨戰時，膽子縮水，或者突然老眼昏花，看不出機會？

其實，蕭摩訶一點不害怕，此公上戰場向來衝鋒在前，從沒有過退縮的行為，他更沒有老眼昏花到看不清戰場形勢的地步，而是他已經不想打仗了。

因為就在不久後，他得知了一個讓他幾乎肺部發生爆炸事件的消息。原來，蕭摩訶的前任夫人去世後，他又娶了一個老婆。當時，蕭摩訶是全國頭號軍事能人，權傾一時，苛國家之重，再娶老婆時，選美當然很嚴格。所以這個精選出來的老婆，十分漂亮動人。

當她來到宮中，緩緩向陳叔寶行禮時，陳叔寶那雙皇帝的眼睛，瞬間就被拉直了，這世間還有這麼漂亮的美女。蕭摩訶啊，你不但在戰場上給力，就是審美眼光也如此非凡。

就在那一刻，陳叔寶就心動了起來，難以自控。於是，在蕭摩訶帶兵出城之後，他滿臉堆笑地宴請了蕭摩訶這位年輕貌美的夫人，最終把這個美女弄到自己的龍床上，給蕭摩訶製造了一頂龍牌綠帽。

陳叔寶覺得很開心。可是他萬萬沒有想到，蕭摩訶要是知道了，他是什麼後果。

也許他以為，自己是在宮中搞定美女的，蕭摩訶現在正在戰場上，怎麼可能知道這回事？但蕭摩訶還是知道了，而且知道得很快，知道的時間點就是在可以全面殲滅賀若弼的時候。

於是，憤怒的蕭摩訶沒有在這個時候下令出擊，故意讓機會白白地浪費掉。我想，他此刻心裡的想法是很直白的：你弄了我老婆，我就弄掉你的江山！

其他人都在等著蕭摩訶下令，只有魯廣達率所部跟賀若弼死拚。兩人在那裡鬥得旗鼓相當。此時賀若弼仍然是自己一支力量，而南陳還有幾支部隊就在邊上，看著兩人在你死我活，卻沒有一個人出來夾擊賀若弼。所有的人都知道，只要南陳另一支部隊出來，向賀若弼部隊殺過去，賀若弼的這支部隊除了全軍覆沒之外，沒有另一個下場。

賀若弼沒有想到南陳兵居然還有這麼強大的戰鬥力，也不由得膽顫心驚起來。因為他知道，目前在觀戰的南陳諸將比如蕭摩訶、樊猛、任忠等人，無不身經百戰，此時如果一哄而上，對他來個群毆，他真的要死無葬身之地了。沒想到，當他跟魯廣達拚命時，那幾個濃眉大眼的好漢居然只作壁上觀，並沒有誰出手。尤其是最生猛的蕭摩訶的陣地更是靜如處子。他百思不得其解，但這個時候，已經不允許他繼續去研究這個課題了。此時，魯廣達拚得更起勁了，硬是把賀若弼多次擊退，部下戰死近三百人。

賀若弼心下大駭，再這樣被魯廣達硬碰硬下去，結果他仍然會被打敗。眼見魯廣達越戰越勇，他則越來越吃力，情急之際，他燒了一堆煙火，讓濃煙阻隔對方的視線，這才得以乘機脫離戰場。

當然，如果南陳兵繼續全軍追擊，對他痛打一頓，這股濃煙仍然救不了他的命。可是現在南陳兵指揮系統已經處於休眠狀態，魯廣達的士兵們這時也已經不聽約束，每個人搶著去割倒在地上的人頭，搶著回去報功領賞。

賀若弼全身而退之後，並沒有落荒而逃。他看到敵人並沒有追擊過來，馬上就知道南陳軍大多已不願戰鬥了。於是，他又冷靜起來，觀察敵人，馬上得出結論：魯廣部、蕭摩訶部、樊毅部是不能惹的，惹翻了是不好處理的。但孔范是可以惹一惹的。於是，賀若弼調整戰術，把矛頭對準了孔范。

孔范這幾天來，一直都在說恨不得跟敵人遭遇，以便成為太尉。此時看到敵人突然喊殺連天地衝殺而來，刀光閃閃，寒氣逼人，心下不由得一陣慌亂，想不到戰場居然這麼恐怖。這個自稱全國唯一文武雙全的大才，此時毫無主張。士兵們看到老大在那裡面無人色地抖得一點沒有節奏感，也都跟著亂了套。賀若弼大喜，揮軍掩殺。孔范軍連個抵抗的命令都發不出，全軍就被擊潰。孔范本人也在亂中逃出。

如果是在其他地方，孔范軍亂了也就亂了，對別人不會產生多大影響，可是這時諸路大軍都排列在一起，已經連成命運共同體。孔部一亂，馬上就衝擊到其他各軍。於是，南陳的一字長蛇陣就跟著全亂了套。再加上幾個將軍在現場消極怠工，誰也懶得出面安排、重新布陣，都是任由局勢自然壞下去。賀若弼大喜，縱兵掩殺，南陳軍全線潰退。

如果在以往，以蕭摩訶之勇，要殺出亂軍，逃命回去，那是綽綽有餘的。然而，此時他已經處於高度的麻木狀態——也許他根本就沒有想到要逃回去再見那個昏君。於是他在戰場上被一個叫員明的隋朝將軍俘虜。

蕭摩訶被押送到賀若弼面前。這個曾多次給北周隋朝製造麻煩的戰將，大隋那邊的人對他是很惱怒的。賀若弼看到他的第一眼，就一臉殺氣地呼喝拉下去砍了。

蕭摩訶卻神色自若，無所畏懼。

他還很年輕的時候，就成為陳霸先的心腹，跟著陳霸先打出這個天下，為陳家幾代人打拚，參加了無次大戰，死裡逃生了很多次，是目前南陳最資深的大臣。南陳前三個皇帝，對他還是恩寵有加，讓他很有榮耀之感。可是陳叔寶上任之後，他基本上就被邊緣化了。當隋兵大舉進攻，他的很多建議，都被陳叔寶毫無理由地否決。直到最後一刻，這才把部隊交給他，逼他出來決戰。然而，當他帶著部隊出來，準備跟敵人拚命時，陳叔寶居然寵幸了他的老婆，這讓他情何以堪啊。他能戴著這個綠帽去殺敵嗎？他可以當斷頭將軍，但絕對不當綠帽將軍。他真的希望就此讓賀若弼的劊子手一刀砍下，一了百了。

賀若弼看到他雖然滿臉風霜，但神情慷慨，不由得暗自喝采，便親自上前去，為他鬆綁，以禮相待。

9

任忠順利逃回臺城，第一時間就去面見陳叔寶，把大敗的前因後果向陳叔寶匯報，然後說：「陛下好自為之。我已經無能為力了。」

陳叔寶一聽，也有些急了。他這時也知道施文慶是不能幫他退敵的。孔范曾經讓他信心百倍、豪氣萬仗，沒想到最後就是敗在老孔手裡。而且，這個結果也跟任忠事先預測的沒有一點差別。看來只有任忠才能救他了。到了現在，才有這個覺悟，還有什麼用？亡羊補牢之類的話，說說也就算了，可是羊真的跑光了，做牢還有用嗎？

但陳叔寶仍然要努力——他不得不努力了。他拿出一堆金子，送給任忠，請任將軍拿這些金子去招募壯士，以後我都聽你的。

任忠一看，現在才都聽我的，我已經沒有辦法了。這是你自己找死，我就幫你到底吧。他對陳叔寶說：「陛下，目前的情況已經很危急，再招募兵力也已經來不及了。唯一的出路就是準備好船隻，逆江而上，到上游去跟主力部隊匯合。我願意拚死護送陛下順利到達目的地。」

陳叔寶在酒色方面創意無限、能創作出千古名作〈玉樹後庭花〉來，但在軍國大事上，向來缺乏主見，此時又處於這樣的情境，他更是腦袋一片混沌，聽任忠這麼一說，覺得也真的只能如此了。他這時對任忠無比信賴，情願把身家性命交給任忠，而不再交給施文慶了。

殊不知，此時的任忠已經不是此前的任忠了。此前的任忠對他忠心耿耿，提出了很多正確的建議，但他不信任當時的任忠，更不採納那些正確的建議。而當任忠被他逼得另有想法時，他才把全部的信任交給了任忠。

他聽到任忠這麼說之後，就吩咐任忠抓緊時間按此計行事。

任忠心裡一陣苦笑，你以前要是這麼對我，哪有今天？

陳叔寶看到任忠出去，自己就在那裡坐等。他雖然在此前對局勢很麻木，對長江沿岸雪片飛來的告急文書，一點也不著急。可是現在他心裡已經很著急了。在任忠出門的那一刻，他已經叫宮中的人都收拾好行裝，等任忠一回來，立刻跑出宮門、逃命去也。可是一干人在那裡早已裝束停當，就是沒看到老任的身影出現，便忍不住地埋怨老任都什麼時候了，辦事都還這麼拖拖拉拉。時間就是生命啊。

就在陳叔寶還在那裡忍不住地口出怨言，怪任忠辦事不講效率的時候，任忠已經帶著一隊親兵出城，然後向新林方向急馳。

你千萬不要以為他跑錯了方向。

現在韓擒虎的部隊正從新林方向狂奔而來。任忠就是要去向韓擒虎投降的。他在石子岡那裡迎面碰上了韓擒虎，馬上就辦了投降手續，然後帶著韓擒虎向臺城出發。

蔡徵守在朱雀航，才聽說韓擒虎將至，馬上就跑路，手下士兵也是在瞬間不見蹤影。

任忠帶著韓擒虎進了朱雀門。還沒有逃散的一些南陳士兵準備作最後一搏。

任忠獨騎上前，向他們揮揮手，說：「我都投降了，你們還打什麼打？」

眾士兵一看，果然是濃眉大眼的任大將軍啊。此前，全國人民都知道他是朝廷數一數二的軍方能人，是堅決的抗戰派，在隋兵才剛剛行動時，就已經多次請求帶兵去抗隋。現在連他都成了漢奸，而且還帶著敵人進來，我們這些人還抵抗個屁。於是，都丟下武器，四處逃散。

韓擒虎就是這樣兵不血刃地進了建康。

那些大臣看到敵人已經大搖大擺地進城，而且進得沒有遇到一丁點反抗，也知道他們的好日子到現在止步了。南陳朝廷的這些大臣，這些年來，基本都靠巴結施文慶、沈客卿這些人混日子，把生活混得真不錯。他們這些年來，做得最多的工作，就是在陳叔寶需要的時候，參加千人合唱團，把〈玉樹後庭花〉等名曲唱得雄壯華麗，唱完之後，就配合孔范頌聖，不管陳叔寶說什麼話，他們都一致地說皇上的決策無比英明，大陳百姓有福，在皇上的英明統治下，正進入一個史無前例的盛世時代，把陳叔寶歌頌得滿臉堆笑。陳叔寶一滿臉堆笑，就又請他們大吃大喝、吟詩賦詞。這樣的生活，你要是說不幸福，那什麼才是幸福生活？他們常常說一定要誓死捍衛這個生活。

沒想到，敵人才剛進城，他們就都紛紛撇開他們敬愛的皇上，逃得不知去向。

當然，還是有人堅守職位的。

這個人就是袁憲。

就在幾天之前，他都還是陳叔寶、江總、施文慶等當權派打壓得最嚴重的人，而且打壓的原因居然是他提出了正確的抗敵策略。但他對陳家仍然不離不棄，當那些當權派的核心人物都逃跑了，他仍然在挺直著腰桿站在殿中。這是原本大臣們上朝的地方。此前，大家都在這裡，看著施文慶等人的臉色，對著陳叔寶大放頌歌，把陳叔寶頌得滿臉堆笑，於是大家也都心情舒暢。只有袁憲一個人經常在這裡跟施文慶唱反調，每次他一說話，立刻招來大家的圍攻。說他抹黑皇上，說他只看到陰暗面沒有看到大陳光明建康的那一面。當他說，國家已經危機四伏、隋國侵略者已經乘風破浪而來，需要馬上派兵去把守險要時，一群人集體反對他。連反對的理由也不給一個，唯一的理由就是因為那個策略是他提出的。現在，那些曾經奮力指責他的人都已經夾著尾巴逃得路都不見了，他卻還死守在這裡。

是的，按照那群人的說法，他曾「抹黑」過這個「朝廷」，他也曾毫不客氣地指出這個朝廷馬上就要萬劫不復，但他愛這個朝廷，更忠於老陳家。那些在〈玉樹後庭花〉的大合唱中歌聲最嘹亮、把愛皇上的話說得最肉麻的人們，這時都已經不見蹤影。

物是人非，也轉換得太快了。

袁憲的心裡並沒有悲傷，也沒有憤怒。他只是在忠於自己的內心，既然已經把自己交給了這個國家、交給了老陳家，看到國家危難的時候，就貢獻自己的想法，看到皇上做得不對時，就勇敢地指出來。現在國家已經朝著自己預判的方向走過去，不用一天，就要被宣布退出歷史舞臺，他身為臣子，他已經盡力。他也沒有想法再去罵誰。

江總也還在。他當了這麼多年的宰相，但基本都是在酒桌上辦公，每天陪著陳叔寶喝酒、填詞、寫那些頌歌，是真的把才藝貨與帝王家了。他把所有的政事都交給施文慶，自己當了個空頭宰相。但他這時的表現還是可以的，他沒有像別人那樣逃得路都不見，而是繼續留在尚書省中。

陳叔寶看到空蕩蕩的大殿中只有袁憲還在滿臉風霜地站著。他愛講排場，連唱歌都要千人合唱，一定要唱得排山倒海、唱得氣貫長虹，他覺得這才配得上天朝大國的面子。他這個皇帝才當得有模有樣。可是現在這個雄偉壯麗的大殿中，就只剩袁憲一個老臣在陪著他。那些每日頌聖不絕、把盛世讚美得幾乎要嘔心泣血的大臣們都已經煙消雲散，這個曾在他們口裡無比英明的皇帝，此時也已經變成糞土一堆。

這樣的境況，陳叔寶做夢也沒有夢境裡出現過。但現在卻真切地出現在他的面前。

他再不感慨萬千，他就真不知感慨萬千為何物了。

這個感慨萬千在陳叔寶心裡翻滾了幾圈之後，終於流露出來。他對袁憲說：「我從來待卿不勝餘人，今日但以追愧。非唯朕無德，亦是江東衣冠道盡。」最後那句說得的確不錯，不但他失德無道，江東士大夫的氣節也都已經喪失得一乾二淨、毫毛不存了。只是他沒有更深一層次地理解了，江東士大夫氣節的喪盡，其根子就在他身上——當然更深層次的根子，就是傳統官場權力文化在作祟！在這個傳統官場文化的大染缸裡，打滾，你想獨善其身，就只好靠邊站、被邊緣化，如果硬擠上賊船，結果不是被人推你下水，就是在船上身死族滅。總之，這個大染缸是堅決不允許一股清流存在的。而把這個大染缺做得越來越巨大、越來越具有感染力的，就是陳叔寶這樣的皇帝。

陳叔寶把這個萬千感慨發出之後，恐懼感就塞滿了內心世界。他那雙酒色的眼睛，環視了一下大殿，驀然覺得這個大殿陰森森的，似乎到處都是猙獰可怕的鬼魅在盯著他，正張牙舞爪地向他赴來。他渾身戰慄，就要起身跑出，恨不得找個老鼠洞躲起來。

袁憲一看，別人可以逃，但皇帝不能逃。皇帝一逃，這個國家就亡得沒有尊嚴——亡國也要亡得有尊嚴。他一臉嚴肅地對正恐懼得要尿褲子的陳叔寶說：「北兵之入，必無所犯。大事如此，陛下去欲安之？臣願陛下正衣冠，依梁帝見侯景故事。」要陳叔寶向當年的蕭衍學習，在侯景進入臺城時，依然保持著皇帝的架勢，反而令侯景不知所措。

陳叔寶不是蕭衍。蕭衍後期雖然行事失常，除了捨身佛寺、精研佛學之外，就信任朱異、還毫無理由地信任侯景，把昏庸的狀態表現得十分到位，但他畢竟是開國之主，曾經指揮過千軍萬馬，定計奪天下，也曾算無遺策，表現得十分搶眼。所以，當他面對侯景時，雖然政權玩完，但底氣仍在。而陳叔寶是標準的花花公子出身，年幼時雖然被扣留在江陵，但身為陳霸先的親屬，北周對他以及他的母親還是禮貌有加的——他唯一被限制的就是不能自由進出襄陽，而每天仍然可以享受錦衣玉食的貴族生活，以至於「不知稼穡艱難」，即位之後，花天酒地。這樣的人意志當然無比脆弱。

他聽到袁憲的話後，就從座位上跳了下來，飛奔而去，還丟下一句話：「亂兵之下，凶險至極，怎麼可能拿性命去冒險？我自有辦法。」

這時宮裡也亂成一團，人們在宮後到處亂竄。陳叔寶看到一個十多人的逃跑團隊，便也加入進去。他們從後堂衝出景陽殿。他看到庭院裡有一口井，就想跳進去。

袁憲也跟著跑了過來，看到陳叔寶居然要跳井，這也太丟大陳的面子了吧？跳井只是那些小宮女的動作，堂堂大陳皇帝，要死也要死得尊嚴。他上去苦苦勸著陳叔寶。他以為以前向陳叔寶提建議，陳叔寶不採納，現在陳叔寶該聽他的話一次了吧。沒想到，陳叔寶就是不聽，就是繞過他，繼續向井口挺進。

這時，後舍人夏侯公韻也趕了過來，用自己的身體擋住了井口，使得陳叔寶投井無門。可是陳叔寶仍然奮力相爭，跟兩人在井口那裡拉扯，爭到最後，兩人也沒有辦法，只好讓出井口。陳叔寶這才得以如願入井。

陳叔寶剛剛跳進井中，隋兵就已經衝了進來。他們聽說大陳末代皇帝已經跳進井裡，便都圍到井口往下看。他們認為這口井是淹不死人的。於是就大聲呼喝，叫陳叔寶上來。

他們在井邊彎著腰，努力把聲音灌進井裡，但沒有一個回聲。最後，他們大聲說：「你要是再沒有反應，我們就往井裡扔石頭了，讓你體驗一下落井下石這個成語。」

陳叔寶一聽，急忙大叫：「不要扔石頭。扔石頭真的會出人命的。」

袁憲他們這才知道，原來這口井並不深，跳下去並不會死人。陳叔寶在宮裡住了這麼久，對宮裡的這些情況還真瞭如指掌——如果他對國際形勢、朝廷軍政也能如此瞭如指掌，哪用得著跳到井裡保命？

隋兵找來一根繩子，拋下去拉人。當他們把人拉上來時，感到非常沉重，都很驚訝：這個南陳的亡國之君體重也太重了吧。當井裡的人浮出井面時，他們才發現，居然是上來了三個人。其中一個是陳叔寶，另外兩個分別是張麗華和孔貴妃。三人綁在一起，同時上了井。

袁憲這才徹底了解，難怪陳叔寶一定要往裡跳，原來是事先跟這兩個美女約好。她們已經先下到井裡，等陳叔寶跳下來。看來陳叔寶這段時間都在挖空想法想著保命的事。只是堂堂一個皇帝，最後想到的保命之法，居然是躲到這口枯井裡。而且才剛剛跳進去，當枯井居民還沒有一柱香功夫就又被吊了上來，除了狼狽不堪之外，毫無作用。

袁憲看到這個場面，覺得面子都丟到火星上了。

那個被陳叔寶冷落多年的沈皇后倒鎮靜得多。本來，陳叔寶已經啟動廢后的過程，只是隋兵來得來快，他一時擠不出時間，這才讓沈氏把這個皇后當到亡國這一刻。她似乎對今日之事，早有心理準備，依然像平日一樣，神色如常。太子陳深這時才十五歲，同樣保持著那冷酷的神態，關在房裡，端坐如故。他的舍人孔伯魚站在他的身邊。

隋兵叩門而入。

陳深繼續保持著原本的坐姿和神態，對大步進門來的隋兵說：「戎旅在途，不至勞也！」你們一路奔來，沒有累著吧？

軍士們一聽，覺得這小屁孩還真不簡單，簡直不像是他父親生出來的，都紛紛向他致敬，袁憲心裡一陣長嘆，大陳最後居然靠這個小孩挽回了一點顏面。

本來，南陳宗室王侯在建康還有百多人，陳叔寶怕他的這些親戚會乘機亂事，發動政變，就把他們都召進來，命令他們都在朝堂上集中，叫他的弟弟陳叔英負責看管。他吩咐他的弟弟一定要加強戒備，不要讓他們亂來。陳叔英一直把這些管控著，到現在，眼看臺城已經失陷，他們才出來投降。

至此，建康城裡的南陳宗室人士都已經宣布投降，只有一個外姓人士還在抵抗。

他就是魯廣達。魯廣達繼續帶著他的殘部跟賀若弼在樂遊苑硬碰硬，雖然他的部隊越殺越少，但他仍然沒有停止衝殺。一直打到天暮。這時他也知道臺城已經失陷，大陳已經被別人摘牌，丟進歷史的垃圾堆了。他終於放棄了抵抗——如果大陳的旗號還飄揚，那麼他還可以說是為了大陳而戰。現在陳叔寶已經被宣布破產，他效忠的對象都沒有了。於是，他放下武器，脫掉血跡斑斑的軍裝，面向臺城跪拜痛哭。之後，他對大家說：「我身不能救國，負罪深矣！」

士兵們一聽，都跟著淚流滿面，跟他一起，放棄了抵抗，成為隋軍的俘虜。

賀若弼知道韓擒虎已經進入臺城，把最大的功勞搶到手裡，心裡當然不開心。本來，他是最先來到建康門外的，又是他把十萬南陳主力一戰打敗的。可是就因為打了這一仗，耽誤了他的進度，反而讓韓擒虎捷足先登，抓到了陳叔寶。這可是一個歷史性的時刻啊，過了這一次，永遠沒有下一次了。

他心中惱怒，衝進建康城，想殺進臺城，搶點功勞。此時，臺城各門的衛士都已經逃散，當他連夜趕到北掖門時，拍了幾下大門，沒有人打開。他一怒之下，放火把大門燒掉。他聞知韓擒虎真的已經抓到了陳叔寶，便大喊大叫，要求把這個亡國之君帶過來，給他看看。

陳叔寶這天先是被群臣所棄，然後又跳到井裡，接著又被別人逼著出來、成為俘虜，把狼狽形象做足，此時已經惶惶不可終日，不知別人下一步會怎麼處理他。這時聽到賀若弼這麼殺氣騰騰地呼喝他出來，更是惶恐得要命——儘管是寒風刺骨的早春，他仍然兩股顫顫，汗透重衣，被人帶出來、見到賀若弼時，就迫不及待地向賀若大人叩頭跪拜。

賀若弼得到這個亡國之君這麼一跪拜，那個虛榮心又得到了非常大的滿足，對著還在那裡瑟瑟發抖的陳叔寶說：「小國之君見了大國的公卿大臣，按照禮節就是應該跪拜。你做得很不錯，所以你入朝之後，一定能封個歸命侯，所以不必這麼緊張。」

他在陳叔寶面前大大的耍了一把威風，滿足了一把虛榮心後，仍然不滿意韓擒虎。你憑什麼搶了我的頭功？最後他越想越火氣越大，見到韓擒虎時，就破口大罵起來。韓擒虎是什麼人？哪甘心被賀若弼指著自己的鼻子大罵？老子立功是憑本事，你本事那麼大，為什麼不進臺城？誰規定一定要等你進臺城之後才可以進來？自己立不了大功，就罵別人？你算老幾！

兩人越吵越大聲，越吵火氣越猛。最後，賀若弼非常憤怒，居然刷地拔出大刀，怒氣沖沖大步而出。既然你抓陳叔寶，那我就讓陳叔寶向我辦理投降手續。於是，他逼著蔡徵為陳叔寶起草降書，然後又叫陳叔寶乘坐騾車歸附自己，讓自己帶著這個亡國之君到處拉風。但韓擒虎都沒有讓他得逞。亡國之君雖然已經沒有什麼價值，但按規定也得先保護起來，以便安全送到長安，由皇帝發落。別人是不能把他當道具到處展示的——如果出什麼差錯，到時楊堅不生氣才怪。於是，他只好又把陳叔寶安置在德教殿，派兵看守起來。

沒多久，高熲也來到建康。當時，高熲的兒子高德宏是晉王府的記室參軍，楊廣就派高德宏快馬來見高熲。你千萬不要以為，楊廣派高德宏過來見高熲，是為了讓他們父子在建康見面，留下個歷史性的足跡，而是他老早就聽說張麗華生得太美了，簡直是天仙下凡。他別的都不想要，就想要這個張麗華，所以就讓高德宏過來向高熲傳達他的這個意思。

高熲一聽，想都不想，說：「昔太公蒙面以斬妲己，今豈可留麗華！」然後毫不猶豫地下令把張麗華斬首。一代佳人，就這樣死於雪亮屠刀之下。好像斬了這個美女，就可以保大隋江山千秋萬載永不變色。結果真的這樣嗎？歷史已經給了答案。後來，很多史家在說到這段歷史時，往往都把大陳亡國的小耳朵放到張麗華的背上。其中蔡東藩大師的話最有代表性：「張麗華為江南尤物，與鄴下之馮小憐相似，小憐亡齊，麗華亡陳，乃知尤物之貽禍國家，無古今中外一也。」把歷史上那些亡國之罪都歸到美女身上，這些美女真有這些能量？這跟貪財怕死是一個道理的。一個為財而死的人，難道金錢是害死他的凶手？其實害死他的不是那些白花花、金燦燦的東西，而是他心中永遠不滿足的欲望。可以說，在陳叔寶那裡，如果沒有張麗華，也會有李麗華、王麗華。張麗華之所以在宮中能有那麼大的能耐，完全是陳叔寶賦予的。陳叔寶本身就是個大玩家，他當皇帝就是為了玩，就是為了表演自己才藝，而不是為了治國安邦。為了自己能玩好、玩得有創意、玩得聚精會神、玩得全心全意，他甚至把朝政交給了施文慶這類人。大隋水師已經乘風破浪而來，告急文書已經堆滿案上，他仍然不急，這能怪張麗華嗎？史上也沒有記載，是張麗華叫他別理這些告急文書的，也沒有記載是張麗華叫他一次又一次否決大臣們不斷提出的禦敵策略的。這些找死的決定，都是他在沒有誰干擾的情況下作出的。然後，他亡國了，然後我們的史家把這些罪責都推到張麗華的身上。

張麗華因美貌而獲罪。

這似乎是在為尊者諱。其實為親尊者諱已經變態成為昏君諱！

我們很多的歷史就是這樣寫出來的。

高熲斬了張麗華，心裡很開心，覺得為國家除了一個大大的隱患。其實是在為自己埋下了一個大大的隱患。

當高德宏回去報給楊廣時，楊廣在那裡發呆了幾秒，然後臉上勃然色變，咬牙道：「很好！古人說『無道不報』，我以後必定有辦法回報高公。」由此他對高熲大恨。

有些人在讀這個歷史細節時，說高熲斬張麗華絕對是斬錯了。如果讓楊廣納張麗華，他就會馬上陷於荒淫無度的生活中，那樣一來，楊堅必定憤怒，使得在後來的奪嫡之爭中，會是楊勇勝出，中國歷史就會改寫。會不會真的是這樣？歷史已經無法證明，我們也就只多了個如果而已。因為宮廷鬥爭，勝負的因素很多，絕對不會僅僅因某個事就能搞定一個繼承人那麼簡單。

沒多久，楊廣也來到建康，身為伐陳的總指揮，他必須來到這裡。

楊廣進入建康後，做的第一件事，就是下令把施文慶那個團體抓起來，然後當面責罵他們一番，說他們「受委不忠，曲為諂佞以蔽耳目，重賦厚斂以悅其上」，是南陳的亡國賊。這樣的人留著，實在有害無益。於是，施文慶、沈客卿等人同時被斬於石闕之下，以謝江南百姓。從楊廣的這番議論來看，他知道「重賦厚斂」是能讓政權滅亡的，然而當輪到自己執政時，又把這個忘記得一乾二淨——或者根本沒有忘記，只是因為底線被欲望戰勝了，就不把這些當一回事了。

楊廣這時一定已經有了奪嫡的打算，因此他進了建康之後，就命高熲等人「收圖籍、封府庫，資財一無所取」。大家一看，覺得楊廣真的不錯啊。

楊廣又把賀若弼叫來，說他缺乏大局觀，只想逞英雄，先期決戰，有違軍令，把他逮捕起來，移送相關部門。楊堅知道後，馬上派驛使傳詔，召賀若弼入朝，然後給楊廣下詔書：「這次平定江表，全仗賀若弼和韓擒虎。他們是立有大功的。」

楊堅還是把賀若弼當成第一功臣的，他先賞賜了賀若弼布帛等物一萬段，然後又給賀若弼和韓擒虎下詔記功。

楊堅這時心情超開心，他還記得前一段時間陳叔寶派來的使者許善心目前還被他關在飯店裡。他派人過去，告訴許善心，你們的國家沒有了，是被我消滅的。許善心聽到之後，馬上穿上喪服，在飯店西階下放聲痛哭。然後在乾草上面朝東方，坐了三天。楊堅下敕書向他表示慰問。第二天，楊堅又派人帶著詔書來到飯店，拜許善心為通直散騎常侍，並賜他朝服一套。許善心又是痛哭一陣，接過朝服，入房改穿在身上。再出來後，他就面北站立——等於歸化了大隋，然後垂泣再拜受詔。第二天，他來上朝時，仍然是一臉的淚水。

這番痛哭下來，很多人都有點懶得看下去的意思了，但楊堅喜歡，他對大家說：「我平陳國，唯獲此人——既能懷其舊君，又成我的忠臣。」是的，身為皇帝，他永遠是把忠誠度放在第一的。至於才華，永遠是放在第二位——甚至是第N位。這也是很多皇帝雖然天天找人才、卻永遠找不到可用之才的原因之一。你想想，找到一個人才後，先考察忠誠度一番之後，這才看其他方面，而且忠誠度又沒有法定標準，只是憑自己的感覺來判斷。結果是自己認為忠誠度高過天際的往往是奸邪小人一個，最後把國家都變壞了——亡國的時候，皇帝認定的很多所謂的「忠臣」倒成了最先投敵的漢奸賣國賊。

10

隋軍在建康那裡，基本上沒有遇到有效的抵抗，但在長江上游的情況就不一樣了。原本南陳部署在長江上游的周羅睺與郢州刺史荀法守在江夏，他們的部隊還很完整。他們原本的任務就是阻擊楊俊的水軍。當時，楊俊帶著三十總管水陸十萬部隊已經按照楊堅的統一部署，沿江東下，浩浩蕩蕩來到了漢口，但被周羅睺死死擋住，寸步難行。雙方對峙了一個多月。後來，南陳的荊州刺史陳慧紀還派南康內史呂忠肅屯駐岐亭、占據巫峽，在北岸鑿巖，然後拉起三條鐵鎖，橫截上流，阻住隋軍的船隻。呂肅忠把自己的家財全部拿來充當軍餉——當你看到這裡時，你就會相信，不管皇帝有多爛，手下都還有一批竭盡全力來保家衛國的人，他們說是為朝廷而戰，其實這樣的朝廷真是不值得一戰，他們只是為了自己的內心去戰鬥。

楊素和劉仁恩縱軍猛攻，那邊雖然兵力薄弱，物資緊缺，外援基本沒有，但仍然奮力硬碰硬，雙方連續打了四十多場大戰，呂忠肅殺敵五千餘人。這是隋軍伐陳以來，仗打得最激烈的地方，也是隋軍到現在損失最慘重的地方。南陳兵每天都能割到大量隋兵戰死者的鼻子去兌現獎金。

當然，陳兵這樣的打法是不能長久的，隨著戰鬥的繼續，有著優勢兵力的隋軍不斷取得勝利。楊素雖然很恨這些南陳兵，但他仍然不打折扣地執行禮遇俘虜的政策，把所俘獲的南陳兵分成三批全部釋放回去。當然，這些被釋放回去之後南陳兵，都各自回鄉不再投入呂忠肅的大營了。呂忠肅雖然意志堅強，但部隊越打越少，最終也覺得無能為力，便放棄營寨，率軍逃走。楊素這才毀掉跨江鐵鎖。

呂忠肅絕對是南陳王朝的死忠份子，他並不甘心失敗，又退守荊門的延洲，繼續抵抗。

楊素派出從巴中一帶召來的蠻族士兵一千人，乘坐四艘五牙戰艦，用拍竿發石，擊太碎陳軍十餘戰船。南陳兵被打得大敗，兩千人全部被俘。呂忠肅隻身逃脫。南陳信州刺史顧覺這時還守在安蜀城，聽說呂忠肅已經敗得沒有底褲了，覺得自己這個水準也不比老呂高到哪裡，如果硬著頭皮跟楊素對打，結果會比呂忠肅更慘，於是棄城而逃。

陳慧紀看到呂忠肅已經敗逃，上游防線被突破，便也燒掉物資儲備，率軍順流東下。

陳慧紀一走，自巴陵以東，便再也沒有南陳軍隊駐守。陳慧紀統帥的部隊仍然有三萬之眾，樓船一千多艘，沿江而下，意圖去救建康。但卻被楊俊的部隊擋住，再也無法前進。到了這個時候，你就不得不佩服楊堅的部署了。數路軍隊，都進入長江，完美地阻隔了上游的南陳援軍，使得建康成為孤城。

這時，那個被陳叔寶罷免湘州刺史的陳叔文奉召還朝，來到巴州時，就無法前進了。陳慧紀知道後，就宣布讓陳叔文當他們的盟主。可是，陳慧紀推舉陳叔文的文件還沒有下發，陳叔文已經與巴州刺史聯名，給楊俊寫了一封信，請求投降。楊俊已經派人去迎接並慰勞陳叔文。與此同時，賀若弼和韓擒虎已經占領建康，楊廣也來到建康。楊廣命令陳叔寶手書招撫南陳長江上流的諸將。本來南陳各地部隊既沒有戰鬥的欲望，更沒有統一的協調，一看到陳叔寶的手書，哪個還傻乎乎地去抵抗？派到周羅睺軍營的傳達陳叔寶命令的是樊毅。

周毅看到連樊毅這樣的猛人都已經投降，而且還帶著陳叔寶的親筆信，前來命令自己投降，他還有什麼話說？他把諸將招來，大哭三天，然後讓全軍就地復員。他一定想不通，在南陳朝廷裡，他只算是個中級軍官，平時都是在樊毅這些能人的指揮下。平時裡都是這些人在教誨自己，要精忠報國，要忠於朝廷、為國家戰死沙場。皇帝多次下的詔書裡，也都是這些令人血脈賁張的豪言壯語。沒想到，敵人才大舉進攻，他們在上游都還跟敵人大軍周旋，首都那一干說盡豪言壯語的人，除了魯廣達之外，其他能人都幾乎一槍不放，就繳械投降了。但到這個時候，已經不要求他去想通這些問題了。

楊廣派去招降陳慧紀的是陳慧紀的兒子陳正業。陳慧紀同樣無話可說。在南陳的這些宗室裡，他只算是旁支，但那些嫡系的宗室都已經向敵人舉起了白旗，而且他們舉起白旗當了可恥的投降派之後，怕自己繼續抵抗會連累他們，還不停地派人來勸說自己要認清形勢。他只好在心裡一聲長嘆，接受了這個現實。他帶著周羅睺等人，一起來到楊俊的大營裡，完成了投降手續。於是，長江流域也全部平定。楊素來到漢口，與楊俊會合。

王世積占領了蘄口，便派人向江南諸郡公告，你們腐朽的陳朝已經滅亡，陳叔寶已經宣布投降，請你們認清形勢，不要再作無謂的抗爭。

江南諸郡這時也都知道大陳王朝已經玩完，看到王世積的公告，便都跑到蘄口，向王世積辦理投降手續。

至此，南陳境內再也沒有誰在抵抗。這個結果一定大出楊堅君臣的意料之外。楊堅一直以來，把南陳當成最硬的骨頭來對付，做了幾年的前期準備工作，而且在準備期間，怕引起對方的警覺，還不惜放低姿態，在外交上全說謙虛的言辭。即使在拍板出兵時，心裡仍然覺得不好掌握——就連頭號謀主高熲站到長江邊時，心裡也還有點不踏實。在他們的預料裡，一定會經過幾場血流成河的大戰——畢竟，南陳還有十多萬軍隊，他們也還有蕭摩訶、樊毅、樊猛、任忠這樣能打的戰將。而且水上作戰，歷來又是他們的強項。沒想到，最後居然是這個結果，那些猛將居然一點不猛，十萬大軍，居然潰於一朝。他們幾乎是直接走進了建康城，然後把南陳皇帝順手抓了起來，成本甚至低於一場政變。

他們這個想不到，是因為他們沒有想到，天下居然有陳叔寶這樣的皇帝。

南陳朝廷的主流在最後的表現中，十分讓人失望，既沒有誰拚死到底，連一點應有的風骨都沒有展現出來。倒是一些非主流人士還在作最後的抗爭。

第一個是蕭瓛。蕭瓛是隨蕭巖一起自動投奔南陳的，是來南陳避難的後梁人士。當他們來到南陳後，卻被陳叔寶極度懷疑。陳叔寶為此居然用建康最精銳的部隊來監控他們，造成邊防力量的薄弱，導致隋兵一來就毫不費力地撕開防線，進入南陳境內後，如入無人之境。而且其他地方都還在抵抗，首都卻已經投降，比當年蜀國被鄧艾滅時，還難看。其他地方的能人，最後也被陳叔寶一紙詔書叫停。可是蕭瓛卻不願意投降。他這時是吳州刺史，此前被陳叔寶派任忠對他嚴密看管。現在陳叔寶投降了，任忠也成了優秀的帶路黨，但蕭瓛卻沒有放下武器。他絕對是個優秀的政治人物。他治理吳州沒有幾天，就已經深得吳州人民的擁戴。吳州人民不願當亡國奴，就都推蕭瓛當老大，帶領他們繼續對抗隋兵。

楊廣當然不能讓蕭瓛在吳州割據，馬上派宇文述帶元契、張默言等人去討伐。隋軍的另一個將軍燕東知道後，也主動帶著水軍前來參戰，共同夾擊蕭瓛。

這時有一支南陳的殘餘部隊在陳君範的帶領下從晉陵前來，投奔蕭瓛，兩下合兵，共同戰鬥。他們聽說宇文述的大軍已經隆重進攻，便提前在晉陵城東邊修建柵欄，做好積極防禦的準備。蕭瓛也知道隋軍勢大，是不能硬碰硬的。於是，他想了個計策，留下一部分士兵在這裡跟宇文述對壘，然後讓王褒去守吳州，自己率一主力從義興進入太湖，準備從背後襲擊宇文述。這個辦法看起來還是不錯的。可是由於他們的兵力太弱，宇文述根本不把與他正面對抗的那支部隊放在眼裡。到達指定地點之後，也沒有放下行李休整一下，而是直接開打，突破蕭瓛修建的柵欄，把正面的陳兵打得毫無招架之力。然後迅速回頭，迎擊蕭瓛。本來，蕭瓛以為宇文述會一心一意往前打，不會顧及背後，他完全可以得到出其不意的襲擊效果。沒想到，他的這個計策被對方一眼看穿。於是，現在的形勢就跟他的設想倒了過來——出其不意的變成了他。結果，蕭瓛被打了個大敗。宇文述又派兵去襲取吳州。王褒更是抵敵不住，眼看敵人湧進城裡，他急忙回到家裡，化裝成道士，這才逃出去。

吳州一失，蕭瓛就沒有了據點，但他仍然帶著他的殘部退保包山。燕榮一看，立功的機會來了，便帶著部隊前來攻打。蕭瓛的部隊很快被打光。他帶著僅剩的幾名左右躲到老百姓家中，但很快就被抓獲歸案。宇文述繼續進兵，與蕭瓛一起投奔南陳的蕭巖看到大勢不妙，也把會稽獻出。楊堅對這兩人憤怒至極，當他們被送到長安之後，就被拉到刑場斬首。於是，三吳地區全部平定。

第二個是陳叔慎。陳叔慎雖然也是陳叔寶的弟弟，但這時他才十八歲，封岳陽王，剛剛接任湘州刺史。本來湘州刺史是陳叔文，可是陳叔寶對陳叔文不放心，就奪了他的的刺史，準備讓施文慶接任。施文慶還沒有赴任，建康就被別人攻破了——南陳就被宣布滅亡了。於是，陳叔慎就成了湘州首長。在此之前，他是沒有什麼心理準備的。當他接手這個攤子時，陳叔寶已經投降，他的另一個哥哥也是他的前任，陳叔文也已經在巴州投敵，而楊素的部將龐暉已經率部南略湘州。湘州城裡的將士都是人心惶惶。陳叔慎也認為大勢已去。他擺了個酒席，請大家來喝一頓，然後流著淚對大家說：「我們的君臣之義，到今天為止了。喝完這酒之後，各人好自為之。」

他的長史謝基一聽，伏地痛哭。另外一個手下侯正理站了起來，大聲道：「主辱臣死，諸位難道都不是大陳國的臣子嗎？現在天下有難，國家將亡，就是我們以死報國的時候。縱然不能成功，也可以顯示出我們大陳忠臣的氣節。如果就此束手就擒，甘心淪為亡國奴，我真是死不瞑目。現在已經到最後關頭，不能再猶豫了，敢有人不響應的，我就斬了他的狗頭。」

酒桌上的人看到他兩眼殺氣騰騰，誰都不敢拿腦袋去開玩笑，因此都表示抵抗到底。

手下都這樣了，陳叔慎還能說什麼？他立刻和文武官員們殺牲，舉行結盟儀式。他們也知道，目前以他們的力量還真鬥不過龐暉，就玩了個陰謀，派人給龐暉送去一份降書——當然是詐降的。由於近來南陳大量的地方官都在排隊向隋軍投降，收到降書，已經成為隋軍將領的日常。龐暉收到這個降書後，當然一點都沒有懷疑，馬上跟陳叔慎約定入城受降的時間。

陳叔慎確認了龐暉前來受降的日期之後，馬上在城裡部署了埋伏。

龐暉當然不知道陳叔慎居然會來這一招——畢竟是一個十八歲的花花公子，在一片投降的形勢下，不嚇破膽子已經是抗壓性超好了，哪還敢有別的想法？於是，他騎著馬、帶著部隊，昂然而來，然後昂然進了陳叔慎的陷阱。然後陳叔慎一聲令下，龐暉和他的部隊在這樣的情況，也就只有被屠殺的份了。陳叔慎把龐暉以及他的部下全殲之後，招集士眾，擴大隊伍，數天之內就得到了五千人。

這個勝利大大地鼓舞了附近幾個正在觀望的能人。衡陽太守樊迪和武川刺史鄔居業都請求率軍過來，跟陳叔慎一起抗擊隋兵。沒想到，雙方還沒有取得共識，兵力也沒有集中起來，楊素派遣的湘州刺史薛胄和行軍總管劉仁恩已經合兵一處，殺到湘州。

陳叔慎派陳正理出馬迎敵，被打了個大敗。

陳叔慎不是軍事人才，陳正理也不是一個合格的戰場指揮官。他被打敗之後，抱頭往回狂逃，準備進城固守。可是他快，薛胄更快。當他氣喘吁吁地進城時，薛胄也已經緊隨其後，衝進了城門，隋朝大軍也跟著蜂湧而入。陳叔慎萬萬沒有想到，居然是這個局面，連逃跑的想法還沒來得及產生就被敵人抓住了。

此時，鄔居業正率著部隊前來。劉仁恩帶著本部人馬前去迎敵。雙方在横橋相遇。結果劉仁恩一舉擊潰鄔居業的部隊，連鄔居業也成了俘虜。劉仁恩把陳叔慎和鄔居業等人都押到漢口，交給楊俊。楊俊將他們全部砍頭。

湘州經過這個波折，又被平定了。

但嶺南還沒有平定。陳霸先發跡於嶺南，跟嶺南的土著關係向來很密切。這時江南幾大州都已臣服，而嶺南數郡還推高涼郡的太夫人冼氏為老大（陳霸先跟冼氏的關係可參見拙作《道不盡的南北朝》），保境拒守，不承認隋朝。楊堅一看，就幾個土著在感情用事而已，也不想勞動大軍出征，只派柱國韋洸帶著詔書南下，到嶺南進行宣傳，當說客，安撫一下這些土著。可是韋洸才到南康，就被剛剛從前線撤下來的南陳豫章太守徐璒擋住。韋洸只帶著一個宣講團，並沒有多少戰鬥力，被老徐一擋，就寸步難行。

楊廣一看，只好把陳叔寶再廢物利用一下，讓他給冼夫人寫一封信，說現在大陳已經沒有了，普天之下已經是大隋的天下了。老夫人順應歷史潮流吧。冼夫人接到這個信後，帶著數千部眾大哭一番後，派她的孫子馮魂去迎接韋洸，然後派兵去進攻徐璒，將之斬首。韋洸進入廣州，向嶺南諸郡傳達大隋的命令。嶺南諸州都全部平定。楊堅大喜，任命馮魂為儀同三司，特地冊封冼夫人為宋康郡夫人。

至此，南陳國境全部歸順大隋。從陳霸先稱帝到現在，南陳一共在歷史上存在了三十三年，換了五個皇帝，轄區內共有三十個州、一百個郡、四百個縣。

楊堅下令，把南陳宗室人士以及高官，連同很多物資，都當成戰利品，帶回長安。他還特地下令，把建康城裡的宮殿盡數毀掉，全部復墾為農田，然後在石頭城設定蔣州。於是，作為南朝文化中心的建康城，數代繁華終於被毀於一旦、歸於荒蕪。

當南陳末代皇帝陳叔寶以俘虜的身分被楊廣帶著離開建康，象徵著歷經二百七十年南北朝時代，正式終結。一個新的歷史時代即將到來。

第六章 炫耀武功，長安大獻俘；因地制宜，楊堅任能吏

1

開皇九年三月初六，對於陳叔寶而言，是一個令他永遠忘不了的日子。

這一天，大隋晉王楊廣宣布勝利班師。陳叔寶與原本南陳王公及高官百僚也都一起排著長隊（這個隊伍有多長？史書是這樣說的：大小在路，五百里累累不絕），被大隋士兵們押著，離開了他原本的首都建康。這幾天來，他在自己曾經的首都裡以亡國之君的身分當大隋兵的俘虜。他目睹了他前些年以舉國之力修建的那些宮殿被隋朝大兵悉數推倒，萬千豪華，瞬間化成廢墟。這些豪華曾經是他跟心愛的張麗華、孔貴妃等一干美女以及江總等一大堆文人墨客吟詩賦詞、喝酒狂歡的場所。當這些雄偉壯麗的建築群轟然倒下之時，他的耳畔還在縈繞著千人合唱的〈玉樹後庭花〉那纏綿婉轉的旋律。

雕欄玉砌已不在，耳邊猶響後庭曲。

後庭花是江南常見的一種花，民間叫雞冠花，最宜於在庭院栽培。有紅白兩色，其中開白花的，綻放之時，讓人看過去，如冠玉一樣潔白美麗，故又稱玉樹後庭花。徐光啟在《農政全書》裡，對此花是這樣描述的：「後庭花，一名雁來紅，別人園圃多種之……其葉眾葉攢聚，狀如花朵，其色嬌紅可愛，故以名之。」

陳叔寶看到這花長得豔麗可愛，便用心制了此曲，還填了此詞，成為他的代表作之一。其中最後兩句是：「花開花落不長久，落紅滿地歸寂中！」也許陳叔寶在填詞時，沒有想那麼多，但當看到他所修建的豪華宮殿被隋兵推得轟然倒塌，揚起漫天塵埃時，他必定心頭一緊：真是一語成讖！曾經綻放皇宮庭院裡的那些雞冠花，也被轟然倒下的建築群輾壓得花殘月缺、香消玉殞。陳叔寶的心頭也是漫天尖埃、不見日月。

此刻，就是三月初。

江南的煙花三月，春意迷濛。

去年今日，他還在一派奢華的三閣裡懷抱佳人，面含微笑地跟江總等人，飲酒賦詩——儘管閣外春寒料峭，但三閣之中，卻春意融融。他們在錦衣玉食的現場裡，盡情地歌唱春天、歌唱他們的幸福生活，歌頌他的英明……

三閣之宮，巍峨壯麗……

〈臨春〉之曲，綺麗纏綿……

頌聖之聲，山呼海嘯……

當時，面對如此佳聲佳色，陳叔寶的心情無限歡樂，胸腔裡滿滿的都是皇帝的滿足感……而今，他木然地躬身車裡，腦海中不斷地播放著這些令他更加傷感的畫面。

他不敢抬頭對建康作最後的道別。

他只低著頭，掩面而泣。如果光從智商來看，他並不蠢，他也知道一個好皇帝該怎麼做。這在他登基之初，發的很多詔書的內容可見其一斑。他即位後下的第一個詔書：「上天降禍，大行皇帝奄棄萬國，攀號擗踴，無所迨及。朕以哀煢，嗣膺寶曆，若涉巨川，罔知攸濟，方賴群公，用匡寡薄。思播遺德，覃被億兆，凡厥遐邇，咸與唯新。可大赦天下。在位文武及孝悌力田為父後者，並賜爵一級。孤老鰥寡不能自存者，賜穀人五斛、帛二匹。」在這裡，他還是有點如履薄冰之感，對大臣們說：「朕以哀煢，嗣膺寶曆，若涉巨川，罔知攸濟，方賴群公，用匡寡薄。」這段話的意思就是，我以哀傷孤獨之身、繼承大統，就如同涉過巨浪滔天的大江，不知如何渡過。諸位務必盡心盡力，輔助我這個無德無能之人，共同把國家治理好。我們一定要團結一心，大力傳播先人偉大的德行，使之遍及百姓，讓全國老百姓都獲得幸福感。不管是誰，都要積極參與革新、共同創造美好幸福的新生活。從這些話裡，你可以看到，當時他滿臉肅然地望著班列群臣，目光裡也是充滿了期待——對自己的期待，也是對群臣的期待。詔書最後還說「孤老鰥寡不能自存者，賜穀人五斛、帛二匹。」可見他對民眾的疾苦還是有點知情並放在心上的，還是想為人民謀點幸福的。

幾個月後，他又下詔：

躬推為勸，義顯前經，力農見賞，事昭往誥。斯乃國儲是資，民命攸屬，豐儉隆替，靡不由之。夫入賦自古，輸藁唯舊，沃饒貴於十金，磽确至於三易，腴脊既異，盈縮不同。詐偽日興，簿書歲改。稻田使者，著自西京，不實峻刑，聞諸東漢。老農懼於祇應，俗吏因以侮文。輟耒成群，遊手為伍，永言妨蠹，良可太息。今陽和在節，膏澤潤下，宜展春耨，以望秋坻。其有新闢塍畎，進墾蒿萊，廣袤勿得度量，徵租悉皆停免。私業久廢，咸許占作，公田荒縱，亦隨肆勤。儻良守教耕，淳民載酒，有茲督課，議以賞擢。外可為格班下，稱朕意焉。

這是一個勸課農桑的文件，放在今天就等於某年的一號文件。在這裡，他明確地指出農業生產對國家的重要性，說農業是國家的根本，也是民眾性命的關鍵所在，豐歉興衰，無不在於農業，一定要獎勵努力耕作的農民。他更要求各地的官員要體恤農民的辛苦，寬大執法，不要讓老農因供奉而感到畏懼，堅決禁止官員們舞文弄墨玩數字遊戲。還說，每當他聽到妨礙農業生產的事時，都在心裡長長地嘆息。

從這些文字中，可以看得出，陳叔寶對國家的根本、對百姓的疾苦是有所知曉的，是知道如何去解決這些問題的，同時他也知道治理國家是需要賢才的——他也幾度下詔求賢。可以說，他開篇的序言做得很有模有樣。然而，沒多久之後，他發現做這些事，實在是太累了。身為一個玩心非常重的花花公子、皇帝藝術家，他真的不想這麼累。更何況，這些才藝一上手，就會上癮，那根神經就會自動處於從不鬆弛的狀態，有一天沒有大合唱的場面，他就覺得難受，有一天不創作詞曲，他就會覺得時光虛度。於是，富國強民就見鬼去吧。於是，他把全部精力都花在玩樂上，以玩為樂，以玩為皇帝的第一要務。終於，本來就很孱弱的南陳，被他這麼一荒廢，立刻就一腳踏進奄奄一息的最後狀態。在他即位之時，是南陳國力開始走下坡路之時，他的對手大隋則正在楊堅的帶領下，走向全盛的時期。而他對這樣的形勢卻毫不關心，只是抓緊時間玩、玩、玩。他玩出了千古名曲〈玉樹後庭花〉、〈臨春曲〉，而丟掉了南陳的無限江山。他高唱的後庭花也成為亡國之音的代名詞。後來，杜牧遊秦淮河，聽到畫舫之上的那些男女，還在唱著綺豔輕蕩的後庭花，不由心生無限感慨，當即就寫了這首詩：

煙籠寒水月籠沙，夜泊秦淮近酒家。

商女不知亡國恨，隔江猶唱後庭花。

後來，王安石遊金陵時，也作了一首名詞〈桂枝香．金陵懷古〉：

登臨送目。正故國晚秋，天氣初肅。千里澄江似練，翠峰如簇。歸帆去棹殘陽裡，背西風、酒旗斜矗。彩舟雲淡，星河鷺起，畫圖難足。

念往昔、繁華競逐。嘆門外樓頭，悲恨相續。千古憑高對此，謾嗟榮辱。六朝舊事隨流水，但寒煙衰草凝綠。至今商女，時時猶唱、後庭遺曲。

在這兩件作品中，兩位作者都寫了後庭花。其中最讓人感到警醒的，我想應該是「猶唱」二字。他們都不約而同地用了這兩個字，其中的用心，確實良苦。很多歷史看客都能從「猶唱」二字感受到作者在下筆時的汗流浹背，但那些李隆基、趙佶之類的皇帝都選擇了忽略——然後很多善於逢迎的臣子又幫助皇帝忽略得更徹底。這就是歷史的悲哀。這個悲哀在於，一些道理是很淺顯的，陳叔寶之類的皇帝也都懂，但他們就是硬著頭皮逆理而行，直至亡國之時，方才無比悔恨。

車轔轔，馬蕭蕭，長長的隊伍向西北逶迤而行。

陳叔寶坐在車裡黯然傷神、不敢向那些已轟然倒下的巍峨宮殿再看一眼。

他彷彿聽到有人在用飽含滄桑的聲音吟唱：

我曾見金陵王殿鶯啼曉，秦淮水榭花開早，誰知道容易冰消。

眼看他起朱樓，眼看他宴賓客，眼看他樓塌了……

2

不過，這絕對是楊堅人生最為榮耀的時刻。

他為了陳叔寶一行人的到來，進行了充分的準備工作。

由於這支南來的隊伍十分龐大，人口眾多，要解決住宿問題，確實不易。他下令暫時調撥長安士民的房舍，當作這些降人的住處。楊堅這時心情很開心，對這些俘虜很尊重，他下令把降人居住的庭院都修整得很乾淨，營造出一種賓至如歸的氛圍。降人們入住之後，他還派人帶著他的溫暖和關懷，向從南方來的朋友進行了慰問。這讓提心吊膽、滿腔恐懼感的降人們大大地鬆了一口氣。

當然，事情並沒有如此就終結。

四月十八日，楊堅來到驪山，親自慰勞得勝歸來的將士。接著，他又舉行了一個盛大的閱兵儀式，南征各軍高奏凱歌進入長安。然後到太廟舉行獻俘儀式。於是，陳叔寶及他的那班宗室大臣都被押著隆重出場。他們平時穿的朝服以及其他辦公、生活用具、天文圖籍也被當成戰利品，依次排列在太廟的廣場上。他們的周圍，則由威武的鐵騎包圍。之後，由鐵騎押送他們，隨著楊廣、楊俊兩人入宮。陳叔寶以及大臣們連同那些戰利品一起，又排列在殿庭之中，展覽給楊堅和大臣們欣賞。

楊堅心花怒放，他現在可驕傲地宣布，自己建立了一次歷史性的偉大功績，這個功績，幾乎可以跟秦始皇、劉邦相提並論。三百多年的分裂局面，今天經他之手、完美地落下了帷幕。

他當場拜楊廣為太尉，賜輅車、乘馬、袞冕之服（這可是皇帝穿的服裝）、玄圭（這東西則象徵著特殊權力和地位）、白璧。

到了二十三日，楊堅端坐廣陽門觀闕上，然後傳令帶上亡國之君陳叔寶、南陳太子以及宗室諸王二十八人、還有司馬消難以下至尚書郎共二百多人進來。

這些人進來排列好之後，楊堅命令納言蘇威宣讀詔書，向他們表示慰問。接著又讓內史宣讀另一份詔書，內容是責備他們君臣，長期以來，只知腐敗享樂，不顧民生，終於導致國家滅亡。你們的滅亡，不是我造成的，完全是你們自食其果。

陳叔寶聽著，羞愧滿臉得無地自容。他們聽到內史越讀越是聲色俱厲，字裡行間對他們的指控、剖析，無不刀刀見血、入木三分，而且飽含著無比憤怒之情，不由得又惶恐，怕楊堅會把他們殺掉，於是都伏在地上，「屏息不能對」——不但不能對，也不敢對啊。

當然，後來楊堅並沒有大開殺戒——與其說這是在控訴著南陳君臣們的惡行，歷數他們的罪狀，不如說是對大隋群臣的一次警示教育。希望大家都能從陳叔寶君臣的身上汲取教訓，舉一反三，不要再犯這些亡國滅種的錯誤。很多錯誤一旦鑄成，就會大勢去矣，神仙都救不了——然後他就宣布對陳叔寶們寬大處分，免除死罪。

在這群俘虜中，最為尷尬的是司馬消難。他原本是北齊能人的司馬子如的長子、還是高歡的女婿，當年因為高洋所疑，不得不逃奔北周避禍。他投奔北周時，是楊堅的父親楊忠帶兵去接應的。所以，兩人的關係很好，好到結為兄弟的地步。那時，楊堅碰到他時，都是以叔父之禮事之。可是當年尉遲迥舉兵時，司馬消難卻堅定地站在尉遲迥的立場上，與楊堅為敵到底。尉遲迥失敗後，司馬消難又投奔了南陳。如此一來，南北朝的幾個勢力北齊、北周、南陳，他全部都待過，應該是當時閱歷最廣的一個政治人物。

當年司馬消難脫北向南時，他以為他可以在南陳的保護下，在美麗的江南了此一生。沒想到，他的一生還沒有了，南陳就先了了。於是，轉了一圈，他又回到了長安，而且是以降人的身分回來。真是早知如此、何必當初。

不過，楊堅還是看在父親的面子上，沒有再為難司馬消難叔叔，給他下了詔書，特免死罪。但卻安排他為樂戶。樂戶是以音樂歌舞為專業活動的人員。千萬不要以為，成為樂戶，是為了培養你當明星。那時音樂歌舞人員可沒有現在專業文藝人才這麼高階。那時這類人都是當時社會的低端人口，其來源都是罪犯或者是他們的家屬，是受到處罰後才成為樂戶的。這個處罰手段是北魏開始出現的。主要用來處罰政敵——讓政敵或者政敵的家屬天天為我唱歌跳舞，讓我的快樂建立在你們的痛苦上。

過了二十天，楊堅又說念在舊恩上，免了司馬消難的樂戶身分。這明顯就是先羞辱司馬叔叔一把，再表現自己的寬宏大量。司馬消難是北齊貴族出身，怎麼可能受得了這樣的羞辱，解除低端人口身分後回到家裡沒有多久，就掛掉了。他當了北齊的高層，後來北齊滅亡；當了北周的高層，北周又滅亡；投奔南陳，沒幾天，南陳又滅亡。當時大家都把他當成反覆無常的典型，又是無人可比的災星。

3

獻俘儀式結束後，楊堅又舉行了一次隆重的慶祝宴會。

宴請的對象就是南征的將士。

地點仍然在廣陽門。

當然，不僅是喝酒，還有大量的獎品。獎品主要以布帛為主。由於獎品太多，從廣陽門外就開始夾道擺放，一直擺到城南的城牆邊。據相關部門統計，這次獎勵一共用去布帛三百餘萬段。他還特地下詔，原南陳境內免除十年賦稅徭役，其餘地區州郡，免除當年租稅。由此可見其當時的心情是何等的興奮、爽快。

到了這裡，對南陳君臣的處分似乎可以宣告結束了。

沒想到，又有人控訴說那些南陳的奸臣都不能免死啊。他們還羅列了一份名單：孔范、王瑳、王儀、沈瓘。本來，楊廣在建康時就已經砍了施文慶、沈客卿、陽慧朗、徐析、暨慧景等人。當時他不知道孔范這些人也這麼惹人憤怒，所以沒有對他們動刀。可是南陳的大臣們對這幾個人恨得要死，現在看到他們作了這麼多惡行，居然還好好地活著，無不心下大憤，就上書控訴他們。

楊堅接到控訴之後，當然不會讓這些人繼續好活，他公布了這些人的罪行，然後把他們通通流放到邊遠地區，以向江南百姓謝罪。這幾個人在陳叔寶一朝中，積極展開阿諛奉承工作，投陳叔寶之所好，把權力弄到手，陷害一切他們看不順的人，嘴裡好話說盡、害人手段用絕，終於夥同施文慶等人配合陳叔寶把南陳帶向了深淵。他們在玩弄權力、陷害忠良時，當然沒有想到，他們這麼做會把南陳推向滅亡，讓他們變成了亡國奴，然後被充軍遠方，從此過著生不如死的悲慘生活。

楊堅心裡對陳叔寶是很生氣的，但為了表現一下自己的氣度，對陳叔寶還是很寬大。當他處分完所有降人後，元諧看到他對陳叔寶這麼寬大，以為他會給陳叔寶封個實用性官銜，就對楊堅說：「陛下威德遠被，萬邦臣服。以前我曾經請求陛下，平定突厥和南陳之後，可以讓突厥可汗為侯正，讓陳叔寶為令史。現在突厥和南陳都已經歸化，陛下可以採納我的建議了。」

楊堅冷笑道：「朕平南陳，本是為了除掉奸逆無道，而不是為了向誰炫耀功績的。你的這個建議，根本不合我意。突厥可汗向來野蠻，對山川形勢缺乏起碼的認知，怎麼可能擔任偵候？陳叔寶昏饋嗜酒，哪堪重用？」

不過，楊堅還是給原南陳一眾高官都發了委任狀：江總、袁憲、蕭摩訶、任忠等都是開府儀同三司。在這些人中，楊堅最欣賞的是袁憲，對袁憲的評價很高，在詔書中稱袁憲是江表士大夫的楷模。不幾天，就授袁憲為昌州刺史，是南陳降人中最受重用的人。

沒多久，楊堅又打聽到原南陳的散騎常侍袁元友曾經多次向陳叔寶進言規勸，覺得這樣的大臣很難得，就提拔袁元友為主爵侍郎。

他又單獨接見了周羅睺，對他百般勸慰之後，說你是個好人也是個很有能力的人，只要你努力工作，富貴就在眼前。

周羅睺一聽，馬上淚水紛紛，說：「我本來苛陳氏的厚恩，現在本朝淪亡，我沒有以死報國，已經毫無節操可言。現在能得免於死，皆賴陛下恩典，哪還敢奢望富貴？」

賀若弼說：「我聽說你被調到郢州和漢口地區之後，就知道拿下揚州易如反掌。結果我們的軍隊果然順利渡過長江，過程跟我預料的沒有差別。」

周羅睺一點也不謙虛地說：「如果我能夠率兵跟老大對決，我敢說，勝負真未可知。」

周羅睺確實有這個不謙虛的資格。他是九江人，也是個將二代，他的父親叫周法暠，曾在南梁當過始興太守、南康內史等官。他還很小的時候，就不是一個愛讀書的好學生，但卻愛騎射。十五歲時，就能騎馬射箭，很有好漢的風格，任俠放蕩，專門當那些亡命之徒的老大。當然他並不蠻來，而是在暗中學習兵法——這說明他與普通的街頭無賴是有著天地般的區別的。他的叔祖周景彥看到他一天到晚帶著一幫無賴，到處玩刀玩槍、不務正業，就告誡過他：「我們家的人做事向來都很謹慎，可你卻到處放縱，難以保家啊。你要是不死，我們必遭族滅。」可是他就是不聽。長大後，他投身軍隊，不斷立功，還在陳頊時代時就被授開遠將軍。後來，他隨吳明徹北伐，跟北齊軍在江陽大戰，左眼被流矢射中。吳明徹被北齊重兵包圍在預宿時，各路部隊都相顧不前，皆無鬥志。周羅睺見狀，知道再這樣下去，大家必死無疑。他舞起兵器，大聲呼喝著衝鋒突進，北齊兵莫不披靡。蕭摩訶看到他如此英勇，馬上火線提拔他為自己的副將。兩人齊心協力，大砍大殺，殲敵無數。

兩人向徐州進軍時，恰逢北周猛將梁士彥。蕭摩訶在大戰時，發生了一個意外，中箭從馬上墜落下來。周羅睺看到後，殺進去拚死把蕭摩訶搶救出來。當吳明徹再北伐時，諸軍皆敗，只有周羅睺全軍而歸。陳頊因此提拔他為光遠將軍、鍾離太守。之後，授他使持節、都督霍州諸軍事。之後又平定了幾場南陳境內的十二洞山賊。陳頊給他賜金銀三千兩。他卻把這三千兩現金都分給手下的兄弟們。陳頊知道後，對他更加欣賞了，任命他為晉陵太守——職務雖然沒有提升，但封邑卻增了一千戶。再後來，他又被調任預章內史。可能有的人對內史這個官名不夠了解。大家知道，當時都有很多外封的親王。這些親王通常都配置一個「相」，專門負責親王轄區裡的行政工作——其實就是等於郡太守。後來，就乾脆改「相」為內史。還有一些重要郡的第一把守也稱內史，比如會稽郡。由此看來，內史的級別雖然跟太守一樣，但又比普通太守稍為重要一點。他雖然年輕時不讀書，專門玩打打殺殺，可是當了郡守之後，辦事效率很高，在斷案時從不含糊，也從不假手幕僚，執法公平，治下的百姓都說他是個好太守。他還沒有離任，大家就已經自動為他立碑頌其德。本來，這樣的好官，就應該提拔重用。沒想到，這個時代實在是個混蛋的時代。南陳打開陳叔寶時代後，他被任命為都督南川諸軍事，前途已經有些看好。可是江州司馬吳世興卻偷偷地向陳叔寶告密。告什麼密？告周羅睺太得民心，現在讓他擁眾嶺表，期意難測啊。本來就在心裡裝滿了各種猜疑的陳叔寶接到這個密報後，那雙眼睛立刻大睜，就要把周羅睺的職務解除。幸虧蕭摩訶和魯廣達知道後，在陳叔寶面前力保周羅睺。周羅睺這才沒有丟官。有人知道這個細節後，就告訴了周羅睺，並對他說：「你為陳家拚了這麼多年，但他們仍然這麼懷疑你。這樣的朝廷真不值得繼續保了。不如謀反算了。」可是周羅睺卻一口回絕，老子可以在戰場上拚命，但絕對不做造反分子。沒多久他率軍還朝，被任命為左衛率。陳叔寶當時經常性活動就是叫大家喝酒比賽寫詩。這本來不是周羅睺的強項。他的學問不高，但人很聰明，每次他的作業都比別人交得快。弄得陳叔寶都有點想不通，說：「周左率是個武將，可作詩每次都能提前完成，文士們都比他落後。這是為什麼？」孔范說：「呵呵，周羅睺寫詩，也跟他上馬入陣一樣，從不在人後。」孔范用這話，為他們文士解了嘲，也博得陳叔寶的歡心。陳叔寶因此也很信任周羅睺，讓他出任湘州諸軍事，拜散騎常侍。他在這裡，率軍與楊俊相戰了超過一個月，直到南陳朝廷投降了，這才放棄抵抗。

從他的這個履歷看，他確實是南陳諸將中最生猛的將軍之一。而且，他的腦袋也不差，當初他在建康，由他代替蕭摩訶當總指揮，只怕賀若弼的日子就真的難過了——當然，綜合各方面的才華，他還是差賀若弼一大截的，畢竟打仗，不是全靠猛衝猛打，還需要謀略和氣度等等。

楊堅聽了他的話，不由得微笑點頭，任命他為上儀同三司。

在隋兵南伐之前，南陳有個將領羊翔已經投降了隋朝。楊堅下令征陳後，就是讓羊翔當嚮導帶路的，滅陳時計功，羊翔被任命為開府儀同三司。這是儀同三司裡的最高級別，而周羅睺只有儀同三司，卻沒有開府的權力。因此，每次朝會時，周羅睺都排在羊翔的後面。韓擒虎有一次就直接在朝堂上嘲笑周羅睺：「看不清歷史潮流，沒有順應時代的眼光，不知隨機應變，現在你只好站在羊翔的屁股後面了。你不感到羞愧嗎？」

周羅睺馬上懟回去：「我在江南的時候，就久聞老大的名聲。一直以為老大堪稱天下節士。可今天老大說的話，實在令我大失所望。」

韓擒虎萬萬想不到這個降將居然勇於把他駁斥了一把，而且駁斥得有理有據，讓他一時無法回答，那張威風凜凜的臉在那裡紅紅的，尷尬又羞愧——本來想狠狠地嘲笑對方一下，最後反被對方諷了一頓。

還有一個韋鼎，他的祖父就是鼎鼎大名的韋睿。韋睿以打仗出名，但到韋鼎時，已經不在第一線戰鬥了。他是純粹的文官。此前，他以散騎常侍的官位出使長安。當他第一次看到楊堅時，就覺得楊堅的相貌不普通，便直接對楊堅說：「公當貴。貴則天下一家。十二年後，老夫將委質稱臣於公。」當時，還是北周朝代。

韋鼎對自己的相面能力超級自信，回到南方後，把自己家的田產豪宅都盡數賣掉。大匠卿毛彪看到這個情況，你老韋腦袋有問題了吧？怎麼把家產全部變現？韋鼎也不隱瞞，直言相告：「江東王氣，盡於此矣。我和你死後都會埋在長安。」

楊堅對韋鼎的話記得很牢固，平陳之後，馬上召他為上儀同三司。他雖然沒有他祖父那樣指揮千軍萬馬，狂飆席捲於沙場之帥才，但其政治敏銳性非常高，出使一趟，便對國際形勢一目了然，而且果斷地作了必要的準備。他既沒有背負投降之名，又得到對方的青眼有加。有時，眼光也是一種能力。

4

對另外幾個南陳降人，楊堅的態度就是另一個模樣了。

他本來很看重任忠，可是後來聽說任忠在臺城欲破之時，居然騙陳叔寶，使其在皇宮裡枯坐待斃，自己卻去把敵人引過來，這是典型的不忠啊。他咬著牙對群臣說：「平陳之初，我悔不殺任蠻奴。受人榮祿，享盡榮華富貴，在危急關頭，不但不能橫屍疆場報效國，反而對自己的老闆說無能為力，然後去投降敵人，引敵入宮。實在令人不齒。」

還有陳步文，楊堅也是很看不順眼的。身為陳叔寶的弟弟，是標準的皇親國戚，現在國家滅亡了，本來應該滿臉悲傷才對。可是在楊堅猛批南陳一干君臣時，別人都低頭在那裡無地自容，唯獨陳叔文的臉上依然掛著燦爛的笑容，一點沒有亡國之恨。楊堅越看越覺得噁心。而更讓楊堅噁心的還在後面。沒多久，陳叔文居然向他上表自陳：「以前我在巴州的時候，已經先向陛下請求歸降，為江南諸郡帶了個好頭。現在請陛下明察這一事實，然後給我和普通南陳降人不同的待遇。」

楊堅一看，氣得快要把一口鮮血狂噴出來。如此不忠，不殺你已經是對你客氣了。不過，為了懷柔江南，收攬民心，楊堅把這口惡氣又強吞回去，還真的答應了他的請求，授他開府儀同三司、並拜宜州刺史。

當然，楊堅也很照顧陳叔寶，賜給陳叔寶很多錢財，保證他的生活沒有受到影響，而且多次接見，讓他和三品以上的公卿大臣同班站立。陳叔寶參加宴會時，楊堅怕引起他的亡國之悲，都禁止在宴會上演奏吳地的音樂。陳叔寶剛到長安時，時刻都擔心楊堅會把他砍死。這時看到楊堅不僅沒有砍他，而且還這麼禮遇他，心頭安穩之後，又有點不滿足，便在負責監管他的人面前發牢騷，說：「我經常參加朝會，但卻沒有官秩品味，真有點名不正言不順啊。皇上應該給我一個官品。否則像個白丁一樣站在朝堂上，太沒有面子了。」

這個監管人員就把他的這個轉告了楊堅。

楊堅一聽，心裡有點不開心，說：「叔寶全無心肝。」他又問了陳叔寶的一些日常生活習慣。答：「陳叔寶經常喝得大醉，一天很少有清醒的時候。」

楊堅問：「他一天到底喝完多少酒？」

答：「每天他和他的子弟家人能喝完一石。」

楊堅想不到這個文弱的南方人居然能這麼能喝，而且濫喝到這個地步，就下令限制陳叔寶的酒量，不能讓他再這麼瘋狂濫喝下去了。可是轉念一想，還是讓他喝吧，讓他們都喝死算了，便又撤了這個命令，說：「隨便他吧，不用管他，他愛怎麼喝就怎麼喝。他本來就是個花花公子、酒色之徒，外加個亡國之君，不這麼喝，拿什麼打發日子？」

楊堅對陳王室還是很不放心的，畢竟這麼多人都在長安，哪天他們心情鬱悶起來，突然發飆，不願當亡國奴，胡鬧一場，也是不好玩的。於是，他下令把他們都安置到邊遠州郡，分配給他們田地產業，讓他們從此自食其力。不過，他每年都派人去看望他們，賜給他們一些衣服，讓他們的生活還過得去。

5

對於腐朽的南陳宗室以及那些文武百官的安排，楊堅基本上沒有花費多少力氣。能用則用，該殺則殺，能寬大的就盡量寬大。寬大這些人，其實就是為了懷柔南陳故地的。

楊堅對南方還是很謹慎的。他深知南北分裂已經三百年，兩邊的文化風俗還存在著很大的差異，如果弄不好，讓江南民眾不開心起來，他還是很頭大的。

北朝長期以來雖然也以中原王朝自居，但其風俗還是帶有鮮明的北方胡人烙印——文化烙印不是一時可以抹得掉的。雖然從北魏中後期以來，北朝皇帝都加快了漢化的步伐，但畢竟底蘊不足，幾經強力推進改革，其實都是在制席禮儀等方面進行了改裝而已，他們的心裡其實是沒有多少文化自信的。

有一件事充分說明了這一點。

楊堅初即位時，鄭譯認為：由於歷史原因，戰亂太多，早就禮崩樂壞了，七音七調已經不全，平時鬧著玩玩，亂吼亂唱倒沒有什麼問題。但用這些音樂來為皇上歌德頌德，一點沒有中原天朝大國的氣象。為此奏請朝廷修正雅樂。

楊堅馬上命太常牛弘、國子祭酒辛彥之、博士何妥議之。你從官銜上就知道，這幾位先生是當時長安朝廷中最有學問的大咖了。幾個人接過課題之後，就展開研究制定新的音律。可是研究來研究去，意見都沒有統一，弄得「積年不決」。最後，又把問題交到鄭譯那裡。

鄭譯曾經是宇文贇的近臣，每天陪著宇文贇玩樂，當然也很精通音律。還在北周時期，鄭譯就曾跟一個西域來的龜茲人蘇衹婆學過琵琶。當時，北周為了跟突厥聯合，就跟突厥可汗弄了一個和親，即宇文邕娶了突厥公主阿史那為皇后。突厥的木桿可汗在把女兒嫁出去時，陪嫁隊伍很隆重，其中就包括了一支龜茲樂隊。蘇衹婆就是這支樂隊的隊長。從五胡入華開始，中原就已經到處流行西域樂舞。那時，只要有宴會，總會有歌舞，而且由於胡舞十分歡樂，最能助興，因此當宴胡樂舞已經到處風行，甚至很多老大都喜歡縱舞狂歌。高歡、爾朱榮都喜歡在宴會上又歌又舞。高歡兵敗玉璧時，情緒落到最谷底，都還叫斛律金高唱〈敕勒歌〉，以穩定軍心。當鄭譯聽到蘇衹婆彈奏琵琶時，覺得十分動聽，就跟他學習彈琵琶。

透過比較，鄭譯這才發現，西域的音律跟中原的音律是有差別的。中原傳統上的音律只有五調，即宮、商、角、徵、羽。而西域卻多出了「變宮聲」、「變徵聲」兩調。龜茲人稱七調分別是：一曰婆妷力，中原稱為平聲，對應宮調；二曰雞識，中原稱為長聲，對應商調；三曰沙識，中原稱直聲，即角調；四曰沙侯加濫，中原稱應聲，即變徵調；五曰沙臘，中原稱和聲，對應徵調；六曰般贍，中原稱五聲，對應羽調；七曰俟利萐，中原稱斛牛聲，即變宮調。鄭譯習而彈之，最後用笙來定調，終於得到準確的七聲。最後，他再跟蘇祇婆研究，又推演出十二均、四十八調，用來校正太常寺太樂署樂師所演奏的音樂。發現全都乖異難符。於是，他在七個音級之外增加一個音級，然後把演奏的方法寫下來，向朝廷宣示。他的研究成果稱為「五旦七調」。五旦即五種不同調高（旦）上，各按七聲音階構成七種調式，每旦七調。五旦共得三十五調。後來，鄭譯又跟蘇威之子蘇夔合作，用排列黍粒的方法測量並確定律管的長度，以便重定律調。當鄭譯的這個方案上送到朝廷之後，大家都認為，這是朝廷大事，古音樂博大精深，豈是鄭譯和蘇夔兩人就可以決定得了的？楊堅本來又不喜讀書，當然對此一竅不通，不敢盲目拍板，至於牛弘雖然是當代大儒，學問無人敢比，可是卻不精音律，何妥也是個飽學宿儒，向來自視甚高，現在覺得自己古樂方面的知識反而不及鄭譯這個額頭上貼了奸臣標籤的人，心裡非常不開心，所以就不願跟鄭譯共事，但自己又沒有這方面的知識，無法在專業上跟對方辯論，於是，只要一討論修正雅樂，他就會從中「壞其事」，他看到鄭譯的方案後，直接就堅決反對。你想想就這樣一個團隊，能把事做好嗎？於是，雙方各持己見，各立朋黨，各說各的有理，鬧得不可開交。

有人看到他們越吵越不像話，就給了個折衷的建議：雙方各製造出一種樂調，完成之後，擇其優為標準。

何妥自知在音律方面遠不如對方，就想了個花招，奏請立即舉行演奏會，比試各種演奏方法，而且預先對楊堅說：「各律調中的黃鐘調演奏出來的音樂，是君主德行的象徵。別的都不是。」

楊堅別的學問沒有，但「黃鐘大呂」這幾個字還是知道的，因此覺得何妥先生說的太對了。等到演奏黃鐘之調時，楊堅馬上就鼓掌：「黃鐘調的音樂似滔滔洪流，宏大響亮，渾厚典雅，甚合我心。」

何妥馬上就當眾奏請只用黃鐘一種律調演奏音樂，不得再使用別的律調。楊堅馬上准奏——那些律調不是下里巴人，就是胡人傳來的。弄得鄭譯很鬱悶。自己可是這方面的專業人才，卻被一個非專業人士踩在腳下。

當時宮裡有個樂工叫萬寶常，非常精通黃鐘律調。鄭譯他們確定演奏黃種的律調後，呈給楊堅。楊堅自己當然無法評判，就請萬寶常來看看。

萬寶常一聽，說：「此亡國之音也！」

楊堅一聽，差點暴粗口來，弄了幾年，開了無數次課題研討會，大家爭得就差老拳相向了，好不容易弄出個標準音律來，居然是個亡國之音。他不惱怒他還是大隋皇帝楊堅嗎？但這事情還得繼續下去。他問萬寶常怎麼辦？萬寶常說，原本鄭譯他們是用排黍粒法定音，現在請用水尺來調理。楊堅同意他的方案。

萬寶常就以此為標準，製造出各種樂器。這些樂器演奏出的音樂都比鄭譯確定的律調低兩個律調，顯得很淡雅柔和。當時人們玩胡人的音樂已經習以為常，所以都不喜歡萬寶常製造出的這些樂器。而太常寺的樂人更加排斥這些音樂。蘇夔因為自己跟鄭譯確定的音樂被否決，心裡本來就已經大為惱怒，這時看到大家都不喜歡萬寶常的音樂，馬上就鼓吹那些反對萬寶常音樂的人一起攻擊萬寶常。最後居然動用到父親的力量，打壓萬寶常。於是，萬寶常製造的音樂也被摒棄。這表面看是幾個專家在較勁，其實是兩種文化觀念在融合過程中的對立。

直到平定了南陳，隋軍先後繳獲了宋、陳兩朝的舊樂器，楊堅讓樂師把這些樂器拿來演奏。他細細一聽，這才一聲長嘆：「此華夏正聲也！」於是，下令調理五音為五夏、二舞、登歌、房內十四種律調，在接待賓客和舉行祭祀時使用。之後，又詔令在太常寺設定清商署負責掌管樂師和樂器。

到了開皇十三年底，禮部尚書牛弘覺得這個調子太過單調，又請祖孝孫前來修訂雅樂。祖孝孫精通律呂之法，即在一個八度之內分為十二個不完全相等的半音——從「一」到「十二」各律的名稱及其等於的音高依次如下：黃鐘（f）↓大呂（#f）↓太簇（g）↓夾鐘（#g）↓姑洗（a）↓仲呂（#a）↓蕤賓（b）↓林鐘（c）↓夷則（#c）↓南呂（d）↓無射（#d）↓應鐘（e）。也就是六律六呂，據說其順序和十二個月分全部符合，每個律調又有五個音級，十個律調共有六十個音級，把這六十個音級重複六次，就構成了三百六十個音級，如此一來，又和一年三百六十天相對應，然後再和宮、商、角、徵、羽、變宮、變徵七個音級配合起來，就形成各種律調節奏。很多人看到些資料一路下來，頭都在發昏，不是個樂調標準嗎？為什麼要弄得這麼複雜。沒有辦法，當時就是這個樣子，不這樣子，就不博大精深。這個標準一出，大家都覺得傳說中的「旋相為宮」之法，又重見天日。旋相為宮出自禮記：五聲六律十二管，旋相為宮也。就是十二個律輪流作宮音，以構成不同調高的五聲或七聲音階。現在看來很簡單，可是當時就不簡單了。大家看到禮記傳說的標準重現於今日，實在是一件盛事，可喜可賀。牛弘就請求重新使用旋宮法演奏音樂。這本來是一件很好的事，可是楊堅在準備拍板同意時，突然記起何妥以前說的話來，馬上在牛弘的奏摺上寫了個不准，仍然只使用黃鐘一宮。本來音樂就是一個文化活動，越豐富多彩就越讓人喜聞樂見，可是這個文化一旦與皇權掛上鉤，由皇權來裁定，很多文化就會遭到毀滅式的打擊。

牛弘雖然花了很多功夫恢復了這個旋相為宮之法，但看到楊堅那個臉色，也不敢堅持自己的主張了，連夜加班，又上一個奏摺，表示堅決擁護陛下的英明決策，說前代的金石樂器之類全是毒草，強烈要求全部砸爛銷毀，從根本上剷除。牛弘弄了這個雅標準，看到楊堅斷然否則，真是聖意不可測，心裡很恐懼，為了挽回自己楊堅心目中的形象地位，又創作了武舞，用來歌頌大隋皇帝的功德，規定在舉行郊、廟祭時只使用黃鐘一宮，在祈求豐年的祭祀時，可分別使用黃鐘的角、徵、宮、商、羽五調。從此以後，老樂師逐漸死去，新樂師對黃鐘律調以外的其他聲律，都不再通曉。

到了開皇十四年的春天，經過多年的折騰和爭議，楊堅終於宣布新樂修訂完成。四月，下令頒行新樂。他在這個詔書裡特地強調：「民間音樂，流僻日久，棄其舊體，競造繁聲，宜加禁約，務存其本。」把民間音樂全部列為禁樂，一棍打死。

這個標準頒行之後，萬常寶去聽太常奏樂，當場落淚說：「樂聲淫厲而哀，天下不久將盡。」

此時大隋正處於全盛時期，四海昇平，實為三百多年來未有之繁盛局面，大家聽到萬寶常的話，都以為這個音樂家的腦袋凌亂了，嘴裡在說胡話。然而，十多年之後，他的話卻得到了應驗。萬寶常是宮中的樂師，算起來就是皇家歌舞團裡的明星，放在現在，絕對是重量級人物的，表演一場，必須有幾個助手來幫忙數錢，光漏稅的額度都有十億以上，可是當時的皇家樂師卻很窮。萬寶常窮得連個老婆都討不起，所以連個後代也沒有，結果老無所養，竟至餓死家中。他在臨終時，把他所有收藏的書籍，全部燒掉。他一邊燒，一邊說：「用此何為。」讀這些書真沒有用啊。

律調的確定，都拖了這麼多年，其他民間風俗的差異，就更不好協調了。因此挑選管理江南的人，就必須對南朝故地的民情風俗有著足夠的認知，否則只會越管越亂，這個國家亂了這麼多年，真的不能再亂下去了。

楊堅經過認真考慮，決定派黃州總管周法尚為永州總管，鎮撫嶺南。

周法尚原本也是南朝將領，其父周炅是定州刺史，周炅還有個身分——陳霸先的女婿。周法尚的少年時期，跟周羅睺有點相似，講義氣又勇敢，很有氣魄，也好讀兵書。他從軍的起點比周羅睺要高得多，十八歲就當上陳叔陵的中兵參軍，授伏波將軍。他父親去世後，他曾監管定州事務，掌管周炅生前的部隊。接著，因他立功多，朝廷升他為使持節、散騎常侍、兼管齊昌郡事務。沒多久，朝廷讓他的哥哥周法僧代任定州刺史。他們跟陳家雖然有親戚關係，但周法尚卻跟陳叔堅的關係一向不好。陳叔堅能讓跟他不和的周法尚繼續在朝廷上混下去嗎？他在父親面前鍥而不捨地說著周法尚的壞話，這個壞話的核心內容只有兩個字「謀反」。

陳頊雖然很英明，但聽到謀反兩個字之後，腦袋立刻昏了，下令先把周法僧抓起來——他可是定州刺史，如果配合周法尚，也是不好處理的。然後下令發兵，討伐周法尚。

本來，在此之前，周法尚做夢都沒有做過造反的夢，所以手下也沒有什麼部隊。如果朝廷的大軍打過來，他只有束手待斃了。手下看到形勢危急，就都勸他此處不留爺自有留爺處，趁朝廷大軍未到之時，抓緊時間撤離，投奔北周去也。可是周法尚仍然不願意，他當時覺得當個叛逃人士，是很可悲也很可恥的。

後來，他的長史殷文則對他說：「老大，當初樂毅離開燕國，你以為他是願意的嗎？是迫不得已啊。

現在朝廷都派部隊殺過來了，你還死抱著這個不切實際的幻想做什麼？事已如此，應早作決斷！」

周法尚一聽，馬上就清醒了過來，當機立斷，率著一幫心腹投降了北周。

宇文贇看到周法尚來降，當然很高興，授他開府儀同大將軍、順州刺史。

陳頊大怒，派樊猛率軍，高舉討伐周法尚的旗幟，渡過長江，務必把這個叛國賊抓回來。

周法尚這時當然不客氣了。當然，他並沒有跟樊猛直接硬拚，而是耍了個陰謀詭計，把他的部下韓明叫來，叫他如此，如此……韓明出來之後，馬上帶著一隊自己的手下，跑到樊猛那裡，說他是大陳的軍人，被周法尚裹挾，不得不投奔北周，現在祖國的子弟兵前來，他就又跑回祖國的懷抱。最後，他又對樊猛說：「再告訴老大一個情況，周法尚部下的士兵都不願意向北周投降。現在大家都在準備返回南方。如果有部隊接應，他們就會造周法尚的反。」

樊猛也不細想，毫無保留地相信地韓明的話，率領部隊就向周法尚進攻。

周法尚看到大軍殺來，裝作很怕的樣子，退保曲江。

樊猛當然繼續猛追，不把周法尚消滅、絕不收兵。

樊猛的部隊這時已經徹底看衰了周法尚，不斷地在與周法尚正面挑戰。

周法尚在表面上繼續裝得很怕，暗中卻派輕舟埋伏在浦中，又把精兵埋伏在古村之北。

一切安排妥當。

樊猛對周法尚的這些動作，一無所知，繼續猛攻。

此時，雙方的戰場已經轉到江面上。周法尚親自舉著旗幟，站在下游的船上，做著與樊猛一決死戰的姿態。

樊猛一看，你在下游逆流而戰，這是在找死。哈哈，看來老周真的腦袋進水了。

他下令全力攻擊。周法尚果然抵敵不住，而且是連續幾次抵敵不住，被打得狼狽不堪。

狼狽不堪的周法尚最後退到岸邊，然後棄船上岸。

樊猛當然不能讓周法尚逃之夭夭，也跟著全軍上岸，繼續猛追猛打。

雙方你追我趕幾里之後，樊猛被周法尚順利帶進了陷阱。

樊猛正殺得興起，眼看周法尚就在眼前，只要再加一把勁，就可以把他抓獲歸案，心裡一片大獲成功的感覺正滿滿地塞進來，沒想到突然之間，四面殺聲大起。

樊猛是戰場老手了，馬上了解到自己真的中了埋伏。他這才想起，以周法尚的勇武，他能在戰前如此畏懼嗎？他會在下游逆流跟自己對敵嗎？他是一個找死的人嗎？一時不慎，就會鑄成大錯。

樊猛被周法尚打得毫無還手之力。他只好又帶著大家退回船上——只怕退得晚了，別人把船隻燒掉，那可就後退無路了。

樊猛的猜測沒有錯，可是還是晚了一步。

他們退到岸邊時，果然沒有看到他們的船還在那裡，並沒有冒出滾滾濃煙。

樊猛心下暗叫僥倖不已。沒想到，有人突然大叫：「大帥。船、船……」

樊猛大叫：「就是要上船啊。」

那人再叫：「船上的旗已經換了啊……」

樊猛定睛一看，果然全是北周的旗號。原來，周法尚埋伏在這裡的兵，乘著樊猛上岸時，就過來把旗子全換了。

樊猛他們看到這個畫面，這才知道周法尚這個詭計真不是普通的詭計啊，先是詐降、然後示弱、誘敵深入進入陷阱，事先還斷了後路……周法尚啊，你還在南陳時，怎麼就沒有貢獻出這麼完美的戰術來啊。

南陳的部隊被周法尚打得四處潰散而又走投無路。結果，樊猛本人經過一翻死拚，這才逃了出來。當殺出重圍、身後再沒有追兵的腳步聲時，他回頭四顧，整個天地間就只有他一個人在提著兵器站著。根本不用再費心力猜測，他就可以下結論：他已經全軍覆沒。

此戰，周法尚俘獲敵軍八千人。可以說是戰果輝煌。他真的想感謝樊猛，在他投降北周時，給他送來這個投名狀。

沒多久，宇文贇掛掉，北周又到了一個歷史的關口。當時，楊堅的「司馬昭之心」已經暴露得十分顯明，三大總管也在醞釀著舉兵討楊堅。本來，以周法尚的身分，他是不會去站邊的。可是很多事，不是你想不站隊就可以不站隊的。

當時司馬消難是鄖州總管，他也是尉遲迥陣營裡的核心之一。他在宣布起兵前，就已經注意到周法尚了。他本來也想直接派人去把老周拉進自己的陣營，但畢竟周法尚初來乍到，雙方都沒有進行過接觸，也不好過於直接。於是他就派段珣率兵來到順州，說是助周法尚守城、共同抵禦南陳軍隊。其實，只要稍微有點腦袋的人都知道，段珣是來監控周法尚的——現在三總管恨不得把所有的力量都投入到反討伐楊堅的戰場上，哪裡還這麼顧全大局地分兵來幫周法尚守城？他來奪取順州倒是真的。

周法尚是什麼人？他本來也不想選邊站，可是你現在要來奪我的地盤，我只能選邊站了。於是，當段珣來到順州城外時，不管他如何大喊大叫，周法尚就是不開門。

段珣大怒，你以為不開門就可以萬事大吉了？他馬上把城池圍住。

周法尚此前沒有想到司馬消難會向他下手，因此一點準備都沒有——他的部隊都散居城外，一時怎麼可能集結過來？因此城裡沒有幾個戰士。情急之下，他只好動員全城官吏以及士兵都提著武器來守城。結果也只動員到五百個人上到城頭。他以為，只要他堅守若干天，就可以等到朝廷的部隊。沒想到，他咬著牙守了二十多天，都累得要吐血了，還看不到一個援兵。他這才知道，楊堅現在自己都已經困難了，哪還能派兵前來幫他？周法尚知道無論如何也堅守不住了，於是就打開城門，突圍而去。

司馬消難進了城，把周法尚的家人全部抓住。司馬消難雖然奪了周法尚的城池、俘虜了周法尚的家人，但三總管卻在主戰場上遭到了徹底的失敗。司馬消難知道自己的陣營大勢已去，帶著部屬向南陳投降。於是，周法尚的家人也被司馬消難當作投名狀帶到了南陳，讓南陳出了一口惡氣。

楊堅受禪之後，周法尚被任為馬州刺史。後來，他隨王誼打退了南陳軍隊的進攻，被提拔為衡州總管、都督四州諸軍事。周法尚被司馬消難一打，就打成了楊堅的心腹，深得楊堅的信任。開皇五年，楊堅巡幸洛陽時，特意召見周法尚，給了他很多的賞賜。周法尚看到這麼多東西，又是彩帛、又是名馬，還有一支三百人的奴婢，也有點受寵若驚了，急忙推辭。但楊堅一定要賞他。他只好接受。

楊堅這麼厚賜周法尚，絕對不是僅僅覺得他可愛，而是在為之後伐陳、治理江南作準備的。就在他厚賜周法尚的第二年，他就對周法尚下了一道密詔，讓他觀察南陳的動靜，以便經略江南。

兩年後，周法尚果然成為伐陳的大將之一。他受楊俊的控制，以行軍總管的身分，隨楊俊進至樊口，與南陳城州刺史熊門超大戰，結果周法尚大勝，在陣前生擒熊門超。

可以說，周法尚是個戰場好手的同時，又對江南民情風俗十分了解，在南方非常有號召力，是懷柔嶺南的不二人選，於是楊堅就任周法尚為永州總管，賜給他彩帛五百段、良馬五匹，還配給三千五百黃州兵給他作為帳內近侍，主要任務就是安撫嶺南地區。

周法尚帶著這支部隊走馬上任。

他在這一帶的威信果然不低。聽說他來了，原南陳桂州刺史錢季卿、南康內史柳璇、西衡州刺史鄧暠、陽山太守毛爽等幾個就排著隊出來向他報到，表示從今之後永遠高舉大隋旗幟。但定州刺史呂子廓卻不願當投降派，明知抵敵不住，也頑抗到底。他退守山洞，繼續高舉南陳那面已經破爛不堪的旗幟，不管周法尚如何呼叫，就是不出來投降。

周法尚只好率領部隊越過五嶺，進剿呂子廓。呂子廓的意志雖然還在堅挺，但他手下的士兵卻不願在死路上繼續前進了。他們不斷地告別呂子廓，從山洞裡逃了出來。呂子廓看到身邊的人越來越小，就帶著剩下的一千多人，繼續往深山裡逃。

呂子郭的手下再也忍無可忍了，最後抽出刀來，砍了他的腦袋，從深山裡走出，向周法尚投降。

嶺南就這樣被周法尚輕鬆擺平。

楊堅對岷州也採取了同樣的辦法。岷州雖然在西部，但這些年來，由於國家處於亂世，因此朝廷也很少顧及那裡。現在突厥已經疲軟，南方已經擺平，楊堅當然得好好地整治一下這些邊遠地區。

他派去當岷州首長的是辛公義。辛公義是狄道人，狄道離岷州並不遠。我們雖然不知道他的家世，但從他的經歷來看，他的祖上也是地方的土豪。他還很小的時候，他的父親就死了。如果是別人，有了這樣的遭遇，這輩子的路就是悲催復悲催，一直悲催到死亡的那天。可是他的父親死後，與他相依為命的母親，不但把他養大成人，而且還親自教授他各種典籍。這說明，他的母親是當地的大家閨秀兼才女無疑。如果他父親出身於世代為農的家庭，能娶到這樣的妻子嗎？

辛公義也不辜負他母親的期望，一直都好好讀書、天天向上，成為當地的資優生。後來，北周朝廷出了個政策，挑選良家子弟為太學生，他毫無阻力地被挑選上了。他在太學生那裡也是個資優生，霸到連宇文邕也知道了他，曾召他進露門學，專門講授道德理義——露門學是北周朝廷獨創的一個教育機構，裡面的學生只有皇太子和貴族子弟。他每天就在這裡跟當時的大儒討論，那些所謂的大儒最後都閉上了嘴，靜靜地聽著他的滔滔不絕，討論會成了他的一言堂。大家聽過他的高見之後，都一致認為他是奇才一個，使他成為太學裡的明星。後來，宇文邕發動平齊戰爭時，也把他帶了過去，戰爭結束之後，被提拔為掃寇將軍。楊堅成為首席大臣時，辛公義被授為內史上士，開始進入決策層，可以參與處理機要之事，從此變身為楊堅的親信。到了隋朝，辛公義就成為主客侍郎（大概等於外交部長），還兼任內史舍人。那時，楊堅為了全力對付突厥，對南陳基本就是韜光養晦，能客氣時就盡量客氣。當然這樣的客氣，也是要有藝術的。所以，每次南陳的外交人員來到長安，都必須由辛公義出來接待——既讓南陳人知道隋朝在鞏固雙邊的友好關係，也讓他們知道隋朝的讀書人也是很有學問的。

不過，楊堅很快發現，辛公義的學問很厲害，但他絕對不是書呆子，是真的能學以致用，如果都讓他在研究學問機構裡翻著那些毛邊書、做著務虛的工作，真的太浪費人才。於是就派他到江陵，安撫邊境地區——不要讓跟南陳接壤的邊境出現什麼流血衝突事件，保證楊堅韜光養晦策略的成功。之後，再派他當巡視組的組長去稽查馬場，果然獲得了十多萬匹戰馬。楊堅一看，非常開心，說：「唯我公義，奉國罄心。」

岷州情況複雜、風俗特異，屬於邊窮地區，楊堅很想把這個地方治理好。他派周法尚去治理嶺南、獲得成功之後，就如法炮製，立刻派熟悉岷州情況的辛公義去當岷州刺史。

辛公義到了岷州，進行了一番調查研究，發現這裡的人口很稀少。造成人口稀少的原因並不是這個地方的人嚴格執行家庭計畫政策，而是因為這裡的人怕生病——當然別的地方的人也怕生病，但他們的怕跟別人的怕不同。他們堅信，所有的病都能傳染給別人，誰跟病人接觸誰就會得病。因此，一旦發現誰有病了，全家人都採取緊急措施——這個緊急措施很簡單，馬上就跑出去，離病人越遠越好。病人沒有人照顧，結果大多數病人就都死了。那時醫學條件不好，衛生條件差，生病的人很多。如果任由這個風氣下去，岷州成為無人州也是遲早的事。

辛公義必須解決這個事。辛公義雖然沒有學過醫，但也知道不是所有的病都是傳染的，而且很多病都是能治好的。為了打破岷州人的疑慮，讓他們了解這個道理，他下令將病人都抬到自己的辦公大廳裡，把辦公廳變成了住院部。這個命令一下，當天就有幾百個病號送進了這個簡易的方艙，連辦公大廳的走廊都擺滿了病人。

很多人看到這個場面，都嚇得以手摀口，逃得遠遠的。他們平日裡看到一個病人，都還逃得命都不要，現在這麼多病人集中在那裡，每一個人面黃肌瘦，呻吟叫喚，不被嚇倒才怪。

辛公義卻毫無懼色，他不但沒有離開現場，反而把自己的床也搬到大廳中間，跟這些病人一起睡覺，全天候生活在病人中間。當然，他也不僅僅這樣陪著，而是用自己的薪水請來醫生、買來草藥，還不斷地給病人們噓寒問暖。這些病人的病都不很重，沒過幾天，就都陸續出院。每當有人痊癒出院，辛公義都會召見他們的親屬，對他們說：「生死有命，豈能相染？如果這些病能傳染，我現在早就死了。你們看看，我死了嗎？」

大家看到刺史大人果然神彩奕奕如故，他這幾天可是都生活在幾百號病人中間啊。如果真像他們當地人傳說那樣，老早就應該挺屍才是。可是，他現在一點事也沒有。他們知道，他們的認知真的錯了。於是，「皆慚謝而去」。後來，附近的人一有病，就都爭著跑去找辛公義，他們的親戚也不再那麼懼怕了，也都跑過來，守護在他們的身邊，把他們照顧好。於是，岷州社會的風俗得到改變，人與人之間「始相慈愛」。辛公義，大概是中國歷史上第一個展開救助病人公益事業的官員。

楊堅又讓辛公義轉任并州刺史。辛公義到并州的第一天，並沒有跑到州政府大樓那裡，接受新部下的接風洗塵，先泡個腳、睡個覺、養好精神、明天打好官腔進行有水準的就職演說，而是直接跑到監獄裡，在露天的地方坐下，現場辦公，親自提審犯人。一連十多天，直到把監獄裡的案件全部審理完畢，這才回到州衙門裡受理新的案件。他辦事從不拖延，當天的案件當天都得審理清楚。有時案件非常多、或者案情非常複雜，他就睡在議事廳裡，始終不回後室休息。他的下屬看到他這樣，就勸他：「老大啊，處理公事都有一定的過程，按部就班一步一步來，何必弄得這麼累？」

辛公義一聽，馬上嚴肅地說：「就因為我這個刺史無德無能，這才讓老百姓不能和睦相處，動不動就來打官司。所以，我不能把別人拘禁在監獄中而自己在家裡安然大睡。」

這話一傳開，連犯罪分子都受到感動，每次庭審都很痛快認罪服法。後來，再有要上官府打官員的人，他們的鄉親都過來勸：「你這種芝麻綠豆的小事，怎麼還忍心去勞煩刺史大人呢？」

如此一來，要去打官司的人大多都互相謙讓而作罷。

從辛公義的這些作為看，我們完全可以知道「父母官」這三個字的深刻含義。當父母官，最需要的是那份慈愛之心，而不僅僅是雷霆萬鈞的威嚴。辛公義並不是歷史的大名人，其知名度遠不如包青天大人，但包大人所有的，他都有；而他有的，包大人卻沒有。包大人審案，憑的是聰明，而辛大人憑的是那顆慈愛之心。包大人的先進事蹟裡，大多都是傳說，而辛大人的這些事，歷史都有明確的記載。一個是虛構，一個是非虛構。

虛構會充滿傳奇的色彩，而非虛構的故事性往往就差了幾條街，但卻更抵近人性。

第七章
爭頭功，賀若弼永不釋懷；失恩寵，李德林鬱鬱而終

1

楊堅在滅掉南陳、平定江南時，做得乾脆俐落，可是滅陳的幾大功臣，卻還在那裡一個不服一個。

楊堅在滅南陳之後，認真掐指一算，覺得賀若弼和楊素的功勞是數一數二的。他進封楊素為越公，並授其兒子楊玄感為清河郡公，賜物萬段、粟萬石。對賀若弼就更加優厚了：命賀若弼直接從大臣的班列中出來，上到他的御座，跟他同坐——這樣的待遇，恐怕還沒有先例，然後再宣布賜賀若弼物八千段、加位上柱國、進爵宋公。他覺得這樣獎勵還不夠，又給賀若弼和楊素增加了很多財富，還讓他們娶陳叔寶的妹妹為妾——這兩個美女雖然是原公主，但原公主也是公主啊。

如果賀若弼得到這些待遇，他就心滿意足、開心愉快地回去跟原公主洗腳睡覺，上班時就只在那裡當個可愛的功臣，這輩子的榮華富貴是不用愁的。但他仍然對頭功耿耿於懷。對於在戰場上拚命的人來說，

頭功實在太誘人了。可是現在大家都知道，是韓擒虎最先把陳叔寶抓在手裡的。賀若弼越來越想不開。

他此前曾跟韓擒虎為此爭吵過，而且爭吵得十分激烈。雖然後來不了了之，激烈之後，沒有再發生什麼事，但他的心裡就是過不了這個坎。

他在心裡大罵過韓擒虎無數次之後，終於忍無可忍，跟韓擒虎在楊堅面前辦起了爭功活動。

賀若弼一來就切入主題：「陛下，我在蔣山那裡以少量兵力跟陳朝主力硬碰硬，破其銳卒，陳朝的幾大驍將蕭摩訶、魯廣達等都是我把他們生擒過來的，打出了大隋的軍威和國威，這才平定了陳國。可是韓擒虎和陳朝的部隊幾乎沒有交戰，只是一路急行軍，就奪了首功，怎麼可能跟我相比？」

韓擒虎一聽，當然不服，你有那麼大的本事你為什麼不把陳叔寶抓在手上？他大聲說：「陛下，本來朝廷已經明確的部署，命令我和賀若弼合兵一處，共同攻打建康。可是賀若弼為了貪功，違反軍令，提前行動，碰到敵人就馬上開戰，造成重大損失。我只帶著五百輕騎，一路行軍，巧妙地來到建康城下，兵不血刃地拿下了金陵，逼降任忠，活捉陳叔寶，占領他們的府庫，攻進陳朝的老窩。我做完這一切之後，賀若弼到傍晚才進至北掖門。他來到之後，我就打開城門讓他進來。賀若弼這種不負責任的貪功行為，是應該治罪才對。他贖罪都來不及，居然還有臉來跟我爭功？」

楊堅一看，兩人越說越面紅耳赤，就揮了揮手，說：「二將俱為上勳。」別吵了，你們都是頭功，誰說頭功只能給一個人？我可沒有訂過這個規則。於是，他又進韓擒虎上柱國、賜物八千段。封賞的分量跟賀若弼相差不多，讓賀若弼氣得要命——如果他不在朝堂這裡爭功，韓擒虎怎麼可能有這個封賞？害人的行為反而成利人之舉，而且還把自己的人品暴露在大家面前。他不生氣他還是賀若弼嗎？

賀若弼正在暴跳如雷，不知如何是好，相關部門卻出來狠狠地踢了韓擒虎一把。當然，相關部門並不是為了助賀若弼一臂之力的，而是他們查出韓擒虎進入建康之後，「放縱士卒，淫汙陳宮」，大大地違反了紀律。他們將這些資料做好，把韓擒虎彈劾了一把。

楊堅只好把剛剛對韓擒虎的封賞又取消了。

賀若弼那口惡氣也算消了一點。

這兩人雖然為了爭功，吵得連面子都不要了，但楊堅對他們仍然很有好感。

賀若弼在準備出兵時，曾經給楊堅提出過很多建議。他大概在跟韓擒虎爭功時，沒有達到自己的預期目的，使得他在楊堅和大家的心目中，仍然處於跟韓擒虎同樣的位置。於是，他就把自己先前提出的那些方案重新整理，編成一個文件，題名〈御授平陳七策〉，然後呈送楊堅。雖然檔名是寫著「御授」兩個字，其實內容全是他自己的，他題上這兩個字，那是有歸功於首領的意思。他想以此來讓大家知道，他不但在伐陳時，全殲南陳主力，就是在南征之前，他也提出過這些高人一籌的策略戰術，韓擒虎能這樣嗎？

沒想到，當他把這個文字恭敬地呈送到楊堅面前時，楊堅看到「御授」兩個字，就不再往下看了，直接就說：「你提高我的名望，我很感謝你。可是我不想求名。你把這事寫到你的家史中去吧。」弄得賀若弼當時的面子都有些掛不住。當時，賀若弼的威望已經很重，他的兄弟們都被封為郡公，大多都官至刺史級別的高位，他家的婢妾都穿著綾羅綢緞，讓大家看著都羨慕不已。

賀若弼就這樣，在幸福生活面前，已經忘記了他父親的臨終遺言。

韓擒虎則被楊堅拿來當國臉。他長得既高大，又威嚴。有一次，突厥使者來到長安，楊堅問使者：「你聽說過江南陳國的天子嗎？」

答：「聽說過啊。」

楊堅馬上命令左右把突厥使者帶到韓擒虎的面前，然後說：「這位就是抓獲了陳國天子的將軍。」韓擒虎立刻在那裡瞪起張飛式的大眼，目光灼灼地對著使者。突厥使者見狀，心頭驚恐不已，不敢抬頭面對韓擒虎。

楊堅如此一來，又等於把兩人的功勞放在一個等級上了。當然，這讓韓擒虎很高興，但賀若弼心頭的鬱悶就越來越多了。

2

楊堅雖然大力賞賜賀若弼和韓擒虎，把他們當成最大的功臣，其實在他的心目中，真正的一號功臣並不是這兩個人，而是高熲和李德林。與這兩個人比起來，賀若弼和韓擒虎只算是功狗——頂多就是頭號功狗。因為從頭到尾的策畫，都由這兩人完成。李德林究竟替楊堅出了什麼具體南征意見，史書沒有明確記載，但從楊堅只把他單獨召過去，徹夜討論之後，這才拍板南征，之後對他也是大加賞賜來看，說明他的意見對楊堅的影響是巨大的，楊堅就是在跟他討論之後，才下定決心的。而且，自從隋朝宣布建政之後，李德林從頭到尾都「贊平陳之計」，是平陳之戰的主要策劃者。開皇八年，那次同州之行，還有個細節，李德林因為有病不能去同州，楊堅派人去召李德林，要他務必到同州去，而且親自在命令的後面批示：伐陳事意，宜自隨也。再後來，高熲準備到長安去，楊堅又特地交待：「李德林要是真的病得太重，無法行動，你就一定要親自到他的家裡，取其方略。」最後，楊堅把李德林制定的方略，都交給平陳總指揮楊廣。把這些細節一串連起來，你就知道李德林在平陳之戰的作用有多大、楊堅對他的依賴有多重了。

高熲是整個戰術的制定者、又是伐陳前線的實際指揮官。他制定的那個疲勞戰術，使得南陳在面對隋兵的全力攻擊，毫無招架之力，使得大隋能在非常短的時間內結束全部戰鬥，其功勞之大，誰又能出其右？平定南陳後，楊堅馬上就加高熲上柱國進爵齊公，賜物九千段——比賀若弼和韓擒虎還多出一千段。賞賜之後，楊堅還對高熲說：「你率兵伐陳之後，有人就到我面前，說你要造反。我一聽到這個誣告，馬上把他斬首。我們君臣之間，志同道合，豈是那些小人所能離間得了的？」

當賀若弼拚命爭奪第一功臣時，楊堅就對高熲說：「你跟賀若弼分別說看看各自在平陳之戰中的作用，看誰的功績更大？」

賀若弼一聽，當然做足準備。

高熲一聽，要是真的跟賀若弼爭功，不但得罪了賀若弼這個做事不計後果的莽夫，自己還有邀功之嫌。皇帝對功臣忌諱的就是「功勞」兩個字，你的功勞大了高了，就容易震主，而且很多「主」在這方面的心理非常脆弱，很容易「震」。

高熲不是賀若弼那種人，他知道他在楊堅心裡的位置，這樣的位置不是你爭論就可以搶到手的，因此就笑了笑，說：「賀若將軍先獻過平陳十策，後來又在蔣山拚死打敗敵人，戰功清楚地擺在那裡。我只不過是一個文職小官，怎麼能夠跟他爭戰場上的功勞呢？」

楊堅哈哈大笑，向他伸出大拇指，大讚他有謙讓之風。

可是對李德林，高熲就是另一個態度了。

當平定南陳後，楊堅已經下令大力賞賜李德林一把，高熲仍然出面阻止。當然，他阻止的理由是，有人說：如果歸功於李德林，諸將一定不服。其實，大家都知道，不是諸將不服，而是他自己不服——李德林在病榻上制定一個方略，就輕而易舉地立了大功，他自己帶著大軍，親臨前線，又是籌劃又是指揮，比狗還累，那不是白做了？

楊堅聽到高熲這一說，就又收回對李德林的嘉獎令。

但楊堅對於高熲的態度就不一樣了。雖然高熲在阻止楊堅嘉獎李德林時，給的理由是怕諸將不服，其實很多將領對他也不服。那些武將弄起人來，就不像他這樣藝術性很強，要經過大腦多次醞釀之後才實施，而是直來直往，想說就說。這些武將以右衛將軍龐晃為首，他們收集了高熲的一些負面消息，直接就向楊堅報送上去。他們徹底忘記了，就在前幾天，楊堅還在大家面前，大聲說過，他跟高熲的關係是牢不可破的，是任何人都離間不了的。言猶在耳，這幾個人就專門收集高熲的負面消息、要把高熲拉下馬。你們不記得了，難道朕就這麼容易健忘？他大怒之下，把這個團體通通「黜之」。然後他對高熲比以前更好，把高熲當成他最親密的同袍來看待，公開對大家說：「獨孤公，猶鏡也，每被磨瑩，皎然益明。」高熲的父親當年曾為獨孤信的部屬，被賜姓獨孤過，所以楊堅一向都稱高熲為獨孤公，顯得更加親密無間。

其實，就在這個時期，高熲已經形成一個以他為核心的利益集團。這個集團主要有四個人：高熲、楊雄、蘇威、虞慶則。

楊雄是楊堅的族子，所以深得楊堅的信任，長期以來都是楊堅決策圈中的高階人士。其餘三人，也一直是楊堅的心腹，楊堅對他們基本是言聽計從，是目前大隋朝廷中最有權力的人。當時，大家給他們取個名號：四貴！——似乎四個人尤其容易組成一個小團體，不久前的北齊，也曾有過「四貴」，後來某個時期也是四個人組成了一個團體。

跟所有的既得利益集團一樣，一旦組成一個團體，就會想盡辦法排擠冒上來的人。

3

正好這時也有個集團很顯眼，這個集團以西魏宗室人員為主要力量，核心人物叫元諧。西魏宗室人士雖然已經過氣很多年，但元諧由於跟楊堅是小時候的朋友、又是國子監裡的同學。楊堅有什麼想法都跟他商量。楊堅當政時，元諧就很清醒地看到楊堅所處的政治環境很險惡，曾對楊堅說：「公無黨援，譬如水間一堵牆，大危矣。公其勉之。」說楊堅內部沒有心腹團隊、外面沒有同盟軍，形容楊堅當時的情況跟正被水泡的泥牆一樣危險。

沒多久，尉遲迥高舉打倒楊堅的旗幟，起兵討伐。楊堅讓元諧領一軍在小鄉擊破叛軍的侵犯，為楊堅立下了大功。

楊堅受禪之後，請元諧來暢飲，舉著杯子大笑著對老朋友說：「水間牆竟何如也。」

後來吐谷渾作亂，楊堅又讓元諧為帥，率一萬部隊進擊之。

當時，前來侵犯的吐谷渾大將叫鍾利房。他手下的部隊雖然不多，但他很能做統戰工作，聯絡了的党項部落，共同對付元諧。党項人其實就是漢時的西羌人，是西部土生土長出來的勢力。在漢末三國時代，也曾活躍過一段時間，後來又沉寂下去。近來又開始冒泡。羌人也是游牧民族，向來作戰勇猛，當年對曹操製造過很多麻煩。鍾利房沒用什麼手段，就把他們拉進自己的陣營。他率三千騎兵渡過黃河，進入党項人的勢力範圍，動員他們跟自己並肩作戰。元諧知道這個情況之後，怎麼可能讓他們磨合之後再行動，馬上帶兵出鄯州，直赴青海，切斷鍾利房的歸路，逼其決戰。鍾利房想不到元諧來得這麼快，只好率領剛剛成軍的吐谷渾和党項聯軍出戰。雙方在豐利山前擺開陣地。力量對比：鍾利房鐵騎兩萬；元諧一萬步騎。

無論是數量，還是裝備，鍾利房都完勝。

大戰結果，元諧大敗鍾利房。

鍾利房大敗之後，並不服：反正這兩萬鐵騎是党項人的，吐谷渾的力量並沒有損失。他逃回去之後，派他的繼承人可博汗再帶五萬人前來反擊元諧——兩萬人打不過你，五萬人總能踩死你吧。

元諧毫無懼色，看到敵人隆重而來，馬上命令全軍出擊，別讓他們站穩了腳跟再打，又把吐谷渾的五萬大軍打敗，並追擊三十餘里，斬獲萬計。吐谷渾這才領教了中原軍隊的厲害，都懼怕不已。元諧遵照楊堅的教導，得勝之後並沒有再打，而是給他們發傳單。傳單的內容就是：服從中原的指令，你們會過得很幸福自在；與中央為敵，你們就會萬劫不復。

吐谷渾各部落的首領都被打怕了，各率其部前來辦理投降手續，使得楊堅的西部邊境又安定了一段時間，讓楊堅十分高興。楊堅因此拜元諧為寧州刺史。

元諧的個人能力很強，跟楊堅的關係又非同小可，但其個性很特別，剛愎自用、覺得自己十分了不起，那張嘴又很臭，一出口就傷人，更不會討好楊堅的左右。大家知道，上級的左右恨誰，基本就等於上級在恨誰。元諧雖然口無遮攔，但畢竟在官場混了大半輩子，眼光還是不錯的，看到楊堅左右對他的眼神已經充滿恨意，馬上了解到自己真的很危險了，便對老朋友說：「陛下最知道臣的性格。臣是個一心事主、心直口快的人，最不會說那些拐彎抹角的話。因此會得罪很多人。請陛下明察啊。」

楊堅揮揮手，說：「你不要再說這樣的話了。」

元諧聽到老朋友如此，心裡一定大大鬆一口氣。當然，如果楊堅現在仍然是太學生、或者是普通的人，不管他怎麼口無遮欄，一定都不會生他的氣。可是現在楊堅是皇帝。你當然可以把皇帝當老朋友，但你見過歷史上哪個皇帝還有老朋友嗎？皇帝可以有別的，但絕對不會有老朋友。

在楊堅說過這些話之後，元諧向楊堅提出的一些意見就不斷地被否決。尤其是那次，元諧向楊堅請求給陳叔寶和突厥可汗封官時，被楊堅當眾駁斥，沒有再給老朋友一點面子。這個鏡頭都被大家看在眼裡。

明眼人一看，就知道楊堅對這個老朋友已經不耐煩了。楊堅身邊那些工作人員，對元諧輕率的態度早就不滿了，但苦於他一直是皇帝的老朋友，就一直忍耐著沒有什麼行動，這時看到楊堅對元諧的態度大為轉變，就知道他們動手的機會已經來了。

他們經過一段時間的觀察，知道楊堅真的已經不把元諧當成老朋友了，就集體告發元諧謀反。當然不是元諧一個人在謀反，而是跟他的弟弟元滂以及田鸞、祁緒等人一起從事謀反活動。當然，他們也抓到元諧的一些把柄。這個把柄就是他在失意之後，就跟王誼往來密切。王誼在楊堅當政時，堅定地站在楊堅的陣營裡，率兵討伐司馬消難，逼得司馬消難逃到南陳，而成為楊堅的心腹。其實他也跟元諧一樣，曾經是楊堅的同學。這兩個身分一重疊，當時缺乏心腹的楊堅當然對他更是加倍籠絡。楊堅即位之後，曾親自到王誼的家裡宴飲，場面十分歡樂，讓大家都知道他跟王誼的關係非比尋常，這才盡興而回。

王誼也像元諧一樣，也覺得他們跟楊堅的關係真的非比尋常了。他以為在這個朝廷中，他是楊堅最親密的同袍，連蘇威的意見也敢反對。蘇威認為，現在人口增長很快，民間的田地已經不夠充裕了，就建議削減功臣的地，轉讓給百姓。如果從歷史的發展來看，蘇威的這個建議是很正確的。可是在當時，那些功臣能答應嗎？別人還沒有說什麼，王誼就先站起來，表示堅決反對：功臣們拚了多少代，這才有這麼多田產。你一旦把他們的田產剝奪，他們的心情會有什麼變化？大臣們從此之後，就不再努力為國效勞了，民間的田地再多又有什麼用？功臣們拚命是為了皇上，也是為了自己的幸福生活，並不是為了農民們去拋頭顱、灑熱血啊。

這話放在今天，那絕對是反動透頂的屁話，但楊堅聽到這話之後，覺得大有道理，立刻否決了蘇威的建議。蘇威雖然能力很強，但氣度向來不大，自己的意見被王誼反對，心裡當然萬分不開心。於是，王誼就站在了「四貴」的對立面。

有一次，楊堅到歧州視察，王誼就勸他：「陛下初臨萬國，人情未洽，何用此行？」

楊堅以開玩笑的口氣對王誼說：「我過去跟你們都是同事，地位名望，都處於同一個等級。現在你們一朝屈節為臣，心裡一定有些不自在。這次出巡，就是要震揚威武，欲以此來威服你們這些老朋友。」雖然帶著玩笑的口氣，其實又何嘗不是楊堅內心世界的真實反映？

如果王誼和元諧他們能從這個「開玩笑」中領悟到什麼，他們的結局可能不是那個樣子了。可是他們以為楊堅是真的開玩笑。於是，他們繼續保持著「老朋友」的心態。

當王誼還沉浸在過著「老朋友」的幸福生活時，他的兒子王奉孝卻突然死掉。王奉孝是王誼兒子的同時，也是楊堅的女婿，是當朝駙馬。這件事成了王誼在官場上失意的轉捩點。本來，這件事跟政治無關，也跟混官場無關，可是在王奉孝死後一年，王誼有事無事硬是上了一個表，稱公主還年少，不必再服喪了，請皇上恩准公主除孝服。

這個表本來也沒有多大的政治含義，但楊素硬是從中抓了個把柄，直接彈劾王誼，說他位高權重、欲為無禮、傷風敗俗，宜付相關部門處理。

如果是別人，被這個大帽子一蓋，一定會被狠狠地治罪。可是楊堅特意下詔勿治其罪。但對他已經開始疏遠。

王誼馬上就知道，楊堅已經不把他當老朋友了。心裡就不斷地鬱悶，不斷地鬱悶之後，就不斷地口出怨言。那些平時看他不順眼的人一看，知道又可以對他下手了，便向楊堅誣告他謀反。楊堅這次再也沒有為他說話，下令：查！幸虧主辦案件的人還有點良心，認真調查之後，沒有找到王誼謀反的證據，就向楊堅報告，王誼只是出言不遜，並無反狀。楊堅一聽，心裡有點失望，就又打了個圓場，擺了個酒席，請王誼前來喝個小酒，表示以後不會有什麼事了。

王誼當然無法釋懷，我不光是你的老朋友，也是你的功臣啊。別人說我造反你也信了？於是，心頭就更加鬱悶了。恰在這時，元諧也成為失意人士。兩人一天沒事可做，又同病相憐，一天到晚就相互串門。串門聊天的話題當然不是釣魚、把妹這些事，而是都說楊堅的壞話。那些政敵都在嚴密地監控著這兩個人。他們很快就知道這兩個人還在賣力地埋怨楊堅，於是就上奏朝廷，說王誼大逆不道，罪當死。

楊堅一定知道王誼只是埋怨，而不會做出什麼大逆不道之舉來，但留這樣的老朋友在這個世界上，終究讓他不開心，於是決心藉這個機會把老朋友做掉。他還是做了個表面文章，把王誼叫過來，用一付愴然的表情對老朋友說：「朕與公舊為同學，甚相憐愍，將奈國法何。」老同學啊，我很想幫你，但我也不敢做違法之事啊。

然後下了個詔書，公開王誼的罪狀：王誼首鼠兩端，心裡想一套，口頭說一套。在背地裡公然宣稱，他名應圖讖，有帝王之相；還說天上有王誼之星，其發祥地在桃鹿二州，當興帝王之業。他也曾多次請大師為他掐指一算，什麼時候可以出兵。綜上所述，王誼謀反，已經是證據確鑿，宜伏國刑。你一看，這些罪狀基本都可以貼上「莫須有」這三個字了。但當時人就信這個。楊堅這個詔書一下發，王誼之死就合法化了。

楊堅也知道他羅列的這個罪名，實在難以讓老朋友心服口服，就又派大理正趙綽去當王誼的說客：「時命如此，將若之何。」王大人啊，認命吧。

王誼不認命還能怎麼樣？於是，接過趙大人的那杯酒，喝了下去……王誼被賜死了，元諧當然也不能活。這絕對是楊堅內心最真實的想法，同時也是「四貴」的希望。雖然在辦王誼時，「四貴」並沒有誰直接出手，但在整個過程中，王誼一直在跟四貴不對調，如果沒有「四貴」在幕後當推手，誰敢對皇帝的老朋友這麼下狠手——須知，他們在朝中的地位並不比四貴低啊。

他們順利辦完王誼之後，就又向元諧這個態度輕率的老朋友下手了。告發王誼時，還是個莫須有的罪，而辦元諧的時候，就更容易了。直接說元諧就是王誼的心腹，是王誼謀反集團的核心。

弄掉了一個老朋友，楊堅再弄掉另一個老朋友，心頭的底氣就更厚重了。他接到彈劾元諧的負面消息後，馬上下令徹查。

相關部門很快就做成鐵案。這一次，他們資料裡虛實結合，做得比王誼的資料要完整許多：元諧已經祕密命令祁緒勒兵党項，切斷通向巴、蜀地區的道路。他們很忌憚楊雄和高熲，都想用誣告的方式搞定這兩位大人。他們認為他們可以成功，其依據是：左執法星動已經四年，只要他們的的狀子一遞上去，高熲必死無疑。又說，近來太白犯月，光芒相照，主必殺大臣。這要應在楊雄身上。元諧跟元滂一起面見皇上之後，對元滂說：「我才是那裡的主人，殿上坐的其實是民賊！」元諧還叫元滂運用天文知識，為他望雲氣。元滂望過雲氣之後說：「彼云似蹲狗走鹿，不如我輩有福德云。」說陛下的雲氣好像一隻蹲著的狗和亂跑的鹿，而他們頭頂上的是福德雙全的雲氣。從這個資料上看，完全可以看得出，元諧和王誼真的得罪了以高熲為首的「四貴」。

這個訊息的細節很生動真實，所有的細節都是大逆不道的動作。楊堅一看，老朋友又死定了。他馬上「龍顏大怒」，下令把元諧、元滂、祁緒一起處死。

幾個老朋友就這樣玩完。

其實，所有人都知道，這兩個老朋友真的連造反的想法都沒有產生過，但因為他們是楊堅的老朋友——這個身分已經很危險了，偏偏他們又態度輕率，到處以皇帝老朋友身分囂張，既傷到楊堅的尊嚴，又影響到「四貴」的利益。於是在「四貴」和楊堅的合力之下，他們就只有死了。

楊堅依靠這些連他自己都覺得底氣不足的手段，把兩個老朋友送去見了上帝，也很想大大地鬆一口氣：人一當皇帝還真累。以前跟著幾個老朋友，一天到晚，悠然地喝著小酒、泡著小妞，越聊越投機，全天候都沐浴著千里快哉風。可是一當皇帝之後，硬是看老朋友不順眼，非得讓他們從這個世界上消失，他才心安理得。他也有些想不通。其實，這問題是很容易想得通的，因為他現在需要的是奴才，而不是朋友。處理了老朋友之後，他就提拔蘇威為尚書右僕射，讓楊素成為納言。可是他的這一口氣卻鬆不下來。

很快他那雙皇帝的眼睛又覺得楊雄很值得懷疑。

楊雄這時是左衛大將軍、封廣王，手中的權力很重。楊堅對他的猜忌並不是因為他是「四貴」中的核心成員，也不是他現在的位高權重，而是因為他的性格很好，對待部下向來很寬容，不管是民間還是朝廷中，他的口碑都很好。用通俗一點的話來說，他就是深得民心。也許很多人會認為，深得民心是好事啊。是的，如果放在現在，一個地方官能深得民心，那絕對是大大的好事。可是在那個時期，楊堅可不是這麼認為的。你把民心收服過去了，我還有個屁民心。你可以在戰場上多消滅敵人，但不能在民心上的占有比皇帝多啊。

楊堅心裡一陣緊縮，雖然沒有抓到楊雄的其他把柄，而且這些想法也只在夜深人靜的時候展開，實在無法拿楊雄怎麼樣。但他仍然做了個手腳，不能再讓楊雄當什麼左衛大將軍了——這可是軍方的老大之一。他當然沒有粗暴地免去楊雄的軍職，而是大大地提拔了楊雄一把，高調宣布提拔楊雄為司空，然後順理成章地讓楊雄交出兵權。司空向來就是一個安慰性的職務，級別頂天、權力歸零。

你從楊堅的這兩個人事任免動作來看，就知道他對四貴也是有點不放心。提拔楊素為納言，其實就是不動聲色地分掉四貴手中的權力，再把楊雄的兵權拿下，使四貴無法坐大。

楊雄也是在官場上混了大半輩子的人，再加上剛剛看到兩個「老朋友」的下場，當然了解到自己已經引起楊堅心裡的某些反應了，如果再像以前那樣到處訪貧問苦，結交朋友、關心民眾的疾苦，那頂謀反的大帽子很快就會套到他的腦袋上。因此，他當了司空之後，馬上就閉門謝客，安心在家養老，做個名副其實的司空。

楊堅連續幾下組合拳，殺了兩個讓他噁心的兩個老朋友，又奪下了楊雄的兵權，覺得自己的威脅大大地降低了幾個等級。

4

但高熲和蘇威他們仍然覺得不舒服。高熲心裡很氣李德林，是因為他跟李德林同為楊堅的謀主，就自然而然地把李德林當成自己的權力場上的競爭對手，而李德林的資歷比他要高得多，他當然就不服了。尤其讓他難堪的是，南伐之時，楊堅居然派他前往李府請求李德林把伐陳大計的方案拿來，送給楊廣。這讓他的身分大大地放低了。他雖然在舉薦蘇威時，表現得很大方，可是面對李德林時，他是寸土必爭。於是，當楊堅在獎賞李德林時——甚至楊廣已經宣讀了嘉獎的詔書，他仍然說服楊堅收回成命——心裡有多大的忌恨才會這麼做啊。

蘇威恨李德林，則完全因他有個很能記恨的性格。

去年，也就是開皇九年二月，蘇威認為北魏以來的社會基層組織已經不適應現在社會的發展了、必須改革。當時，北方政權實行的是三長制：即五家立一鄰長，五鄰立一里長，五里立一黨長。這個制度是北魏孝文帝時期根據李沖的建議確立的，對管理地方發揮很大的作用。但蘇威認為，很多地方都已經進行了改革，這個制度也必須改革了。他提出的方案是，在里的架構上，再設定鄉——也就是說五百戶設定一個鄉。鄉的首長稱鄉正，專門負責管理全鄉百姓，審理本鄉的訴訟糾紛。蘇威自從進入朝廷高層以來，一直是各項體制改革的操盤手，而楊堅對他的提出的各種方案，向來都是舉雙手贊同。蘇威當時很自信地認為，當他把這個方案提交討論時，絕對沒有誰提出反對意見。

沒想到，當楊堅要求大家發表意見時，別人都不說什麼，只有李德林站出來表示反對，他的理由是：「原本廢除鄉一級官吏審理案件的權力，是因為他們和案件當事人的關係太過密切，不是鄉里鄉親，就是親朋好友，判起案來，很難完全的公平。現在讓鄉正專治五百戶，恐怕危害更大。另外，某些偏僻小縣，百姓還不滿五百家，難道讓兩縣共管一鄉？」

在場所有的人都認為，李德林的這些話還是有道理的。

可是楊堅卻認為沒有道理，根本不把他的話聽進去，下令：「五百家為鄉，置鄉正一人；百家為里，置里長一人。」

李德林只好板著臉退朝。李德林還在北齊時，就是個大才子，連南朝那些大名士對他都十分尊重。後來，他被楊堅拉進團體，為楊堅出謀劃策——在高熲進入之前，他是楊堅唯一的謀主，而且他的判斷十分準確，數次為楊堅的事業力挽狂瀾，不管是資歷還是功勞，他都有資格成為當朝第一大臣。可是他水準高，眼光也高，也像很多文人那樣，有著恃才傲物的問題。他能力強、功勞大，人望也足，而口才更佳，常常仗著這些優勢，跟別人進行辯論賽，把別人駁得顏面盡失。如此一來，他不但讓楊堅不開心，也讓朝廷中的很多人不開心。在整個朝廷一致的不開心當中，這個大隋的佐命功臣，整整十年得不到晉升。

李德林因為這一次跟蘇威槓上，從此之後，兩人的不合就成了常態——一個恃才傲物，一個小心眼，能合得來才是怪事。兩人經常鬧出意見相左的事，而在兩人相左的時候，高熲不管對錯，都堅決地站在蘇威一邊，公開上奏對楊堅說李德林是個凶狠暴戾的人，千萬不能聽取他的意見。楊堅本來對李德林就已經沒有好感，現在高蘇兩人都說李德林是個不良份子，他當然就完全站到高蘇兩人的立場上——每當蘇威跟李德林不合時，他總是選擇了蘇威。

當然，楊堅也知道李德林是個大才，雖然很討厭，但一直就捏著鼻子很嫌棄地任用。任用了，就得給別人一點甜頭，一來鼓勵別人，二來也是人之常情——否則誰再幫你打天下？有一次，楊堅決定賞賜李德林一座豪宅。當時剛剛平定王謙之亂，於是他就順手把王謙的豪宅賞給了李德林。

李德林看到詔書已下，萬分高興。按兆說王謙豪宅的產權已經完全可以變到李德林名下了。李德林已經選好了喬遷之喜的好日子，卻突然又變卦了。

原來楊堅覺得崔謙更應該擁有一座豪宅，於是又把王謙的這座豪宅賞給了崔謙。

李德林氣得要吐血。但他還有什麼辦法？如果是賞給別人，他一定會去爭取一番，但現在卻賞給崔謙。崔謙雖然不是政壇能人，也不是軍方猛人，但他是楊堅的兒女親家。這層關係，比千年玄鐵還堅硬啊。李德林只好把那口氣忍下來。

後來，楊堅覺得自己這麼對待李德林，實在有點不厚道，就想補償一下。

這一次，他沒有再送豪宅，而是送一個店面，也不再指定哪個店面，而是由李德林自擇。李德林得到這個待遇，感激得差點淚流滿面——是啊，這麼多年來，他在楊堅的眼裡已經越來越不值得一看了，除了有事叫他來獻計獻策之外，自己平時提出的意見，除了被否決，仍然被否決，自己在朝堂上，每天都被高熲和蘇威組合懟著，從沒讓他舒服地說過話。他很想讓楊堅幫他主持一下公道，但每次楊堅都為高蘇組合撐腰，讓他十分無奈。現在楊堅終於給他這麼一個面子，他沒有理由不感激。當楊堅向他宣布這個決定時，他想也不想，直接就說，我就要高阿那肱在衛國縣的那個店面吧。這一次，楊堅不再把這個店面轉賜給他的親家了，當場就宣布，從現在起，那個店面就是李德林神聖不可侵犯的不動產。

李德林很高興，這個店面原主人叫高阿那肱，原本是北齊的大奸臣，在北齊曾經說一不二，是個出名的奸滑人士，他的店面當然只會選在好的地方，是一個當全世界都陷於金融危機的時候，它仍然是旺鋪的地方。

當李德林放心地把店面租出去、安心地收著鉅額租金時，他做夢也沒有想到，這個店面會給他埋下終生難忘的禍根。

開皇九年，楊堅巡幸晉陽。晉陽是北齊的政治中心，北齊自從高歡以來，掌管實權的人一直都住在這裡。高阿那肱的那個店面當然也會在晉陽。當然，如果這個店面純為高阿那肱所建，那也沒有什麼。事實是當年高阿那肱看中了這個地方，就利用手中的權力，強行把土地搶到手，然後蓋成店面，租給別人。

當楊堅來到晉陽之後，原本的田主就告到楊堅那裡，請皇上大人為他作主。

楊堅大吃一驚，想不到居然會有這個情況。如果是別人還好，卻偏偏是高阿那肱。高阿那肱可是近代最出名的大奸臣之一啊。對這樣的奸臣，是必須清算到底的——即使死了，也不能放過。但現在自己卻把這個店面送給了李德林，間接地為高阿那肱的非法所得合法化。這事情傳出去，這張臉還有地方放嗎？他急忙叫相關部門趕快給原店主送去現金，作為補償。

那店主拿了現金，滿臉笑容地回去了。這事似乎到此就可以翻過一頁了。但似乎翻過其實就是翻不過。翻不過是因為此事涉及到李德林。照理說，高阿那肱強搶民田的事，跟李德林完全沒有關係，後來楊堅賜給李德林，也不是李德林的錯——因為楊堅只說由李德林選擇，並沒有叫李德林先做好調查，保證這個店面來路清楚、合理合法才給他的。李德林也僅僅知道有這麼一個地方，對別的情況一點也不知曉。楊堅也沒有在這方面怪罪李德林。

可是楊堅沒有怪罪李德林，不等於蘇威就放過李德林。

蘇威對鬱悶不已的楊堅說：「陛下，李德林犯了欺君之罪！」

楊堅一聽，不由得覺得詫異，他對李德林是很了解的，李德林雖然很討厭，很恃才傲物，看人不起，但對他向來是忠心耿耿的，這樣的人怎麼有會欺騙他呢？他盯著蘇威說：「不會吧？朕對李德林還是有所了解的。」

蘇威說：「以前他沒有欺君，但這次他欺了。高阿那肱搶占民田的事，陛下當年遠在長安，跟高阿那肱不在同一國，登大寶之後，又日理萬機，當然不知其中的曲折。李德林是不一樣的。他是北齊的舊臣，對高阿那肱最是熟悉不過的，怎麼可能不知道其中的原委？但他硬是選擇了這個店面，置陛下於不義，其心可誅。」

司農李圓通看到蘇威說得這麼狠——欺君之罪一旦成立，那是要殺頭的，知道讓李德林落井下石的時候到了，便出來給蘇威助攻一把，對楊堅說：「陛下，據臣查知，該店每年收取的租金，跟食邑一千戶的收入差不多。請陛下計算時間，把所有的贓款追回來。」

任何人一聽，這兩個人這是要把李德林做掉的意思。

楊堅雖然看李德林不順眼，但他也只是討厭一下李德林而已，認真想起來，這事還真是怪不得李德林。如果因此就治李德林死罪，歷史會如何評價自己？因此，他並沒有直接對李德林怎麼樣，但心裡對李德林的討厭就更上一層樓了。

李德林躲過一劫，但他的性格仍然沒有改變。他繼續有什麼就說什麼，繼續跟蘇威和高熲唱對臺戲。

開皇十年四月，虞慶則等人奉命出使關東地區進行巡查工作，回來之後，都上奏楊堅：「鄉正全權處理民間訴訟糾紛時，都憑著自己的愛憎，袒護同黨，徇私枉法，公然收受賄賂，毫無公正可言，對老百姓實在是有害益。」

楊堅一聽，就下令將這個制度廢除。

這事情仍然跟李德林無關，如果他這時緊閉嘴巴，什麼事也不會發生。可是李德林是一個不能閉嘴的人。他馬上出來說：「此事本來我就認為不可。但朝廷一定要改革。現在剛剛下令施行沒多久，便又立刻廢除。如此政令不一，朝成暮毀，完全違背了帝王制定法律的本義。我請求陛下明令宣布，從現在起百官群臣對於已經確定的律令制度不能隨意更改，違者軍法從事。如果不這樣做，以後還會出現朝令夕改之事。」

楊堅本來已經心頭鬱悶，聽了李德林這番話，更是怒火萬丈，指著李德林大罵：「爾欲以我為王莽邪。」連蘇威和高熲都弄不清楊堅為何如此大動肝火。因為李德林說的話沒有一句是錯的，治國理政，只有不亂惹事，才能長治久安。其實，他們都讀不懂楊堅內心世界的想法。他靠玩弄權術、耍陰謀詭計得國，總是覺得來路有些不正，對群臣的話向來都往你想不到的地方去猜疑。李德林說不能朝令夕改，他腦海裡馬上就躍進王莽的形象——因為王莽就是變更法令而亡的。他以為李德林是在以王莽來諷刺他，所以才勃然大怒。

此前，他雖然多次在李德林跟蘇威的爭論中，都站在蘇威一邊，沒有給李德林多少好臉色，但從沒有像今天這樣雷霆萬鈞地大罵李德林。大家看他的臉色、聽他的口氣，簡直恨不得把李德林整個人一口生吃掉。

所有的人都知道，他要處分李德林了。

當然，如果光憑他說了這幾句話就處分一個開國功臣，無論如何都說不過去。況且李德林說的又沒有錯。而楊堅對自己怒氣沖天的原因實在又難以啟齒、無法詳加說明。要治李德林，還必須找他別的罪狀。在這樣的政治生態，挖掘李德林的某些過失，對於那些有這方面經驗的好手來說，實在是小菜一碟。

給事黃門陳茂馬上就出來，向楊堅告發李德林。

仍然是欺君之罪。

原本，李德林雖然是官二代，但他還很小的時候，父親就死了。於是，他父親也沒有給他帶來什麼錦繡前程。他也變得跟寒門子弟差不多。當時，寒門子弟想要進入官場是很困難的。那時的用人政策全盤向官二代倒，當然也不是所有的官二代都能排著隊進入官場的，只有父親混到一定級別才有資格獲得朝廷的贈官。李德林的父親擔任過最高的官只是校書郎，這是個很低等的小官、只有九品，第二代根本沒有獲得贈官的資格。後來李德林為了獲得贈官，進入仕途，他就謊報其父當過太尉府諮議參軍。諮議參軍是從四品。於是他就順利獲得了贈官。這本來也沒有什麼，而且已經過去了很多年，完全可以忽略不計。可是陳茂仍然把這事挖掘出來，向楊堅進行了告發。

楊堅一聽，就更加生氣了，把李德林叫來，歷數他的罪行：「你擔任內史之職，掌管著朝廷和我的機密政事。近來我不讓你參預朝政商議決策的原因，並不是我忘記了你，而是因為你的所作所為太不光明正大了。你編造諸言騙取店面，還曾謊報自己父親的官職，騙取贈官。朕對你太失望了，也早就懷恨在心，只是看在以往交情的份上，沒有表現出來而已。現在決定派你到一個州去。」

李德林雖然口才生猛，但在皇帝的痛斥之下，那張嘴只能緊閉著，連大氣都不能出一口，無限的委屈也只能強壓心裡，任由其在心裡翻滾如沸。

楊堅罵過之後，看著李德林在那裡汗出如漿，心頭的惡氣大大地出了一口，然後大筆一揮，任命李德林為湖州刺史。

李德林知道自己的政治生命到此已經結束，但還是不想離開首都，便拜謝道：「臣不敢復望內史令，請但預散參。」這話的意思就是，我不敢奢望當內史令了，不過請讓我以散職——也就是閒官的身分參加朝會。

這個要求並不高，何況楊堅歷數李德林的那些罪行，除了謊報父親的官職之外，其他的罪行都是莫須有三字而已。楊堅貶謫李德林，並不是因為李德林真的有罪，而是他太討厭這個北齊舊官而已。當別人告發高熲謀反時，楊堅想都不想，直接就把誣告的人拉下去砍頭，說明楊堅那雙眼睛的分辨能力還是很高的，而當別人誣告李德林時，他基本都全盤相信——他不是不知道那是誣告，而是他太需要這些負面消息了。你看看那些告發李德林的罪行，基本都是欺君之罪，是完全可以把李德林拉下去砍頭的，而那些人也都是把李德林往死裡告發的。可是他在處分李德林時，並沒有對李德林重罰，只是把李德林降了幾個級別，然後趕出首都了事。這只能說明，他是知道李德林並沒有欺君，李德林真的對他忠心耿耿，所以也不好意思把李德林從嚴從重從快地加以嚴打，只是以此為藉口，讓他從此不在自己的面前徘徊。

因此，在李德林請求不離開首都時，楊堅同樣堅決地不批准，而且又調任他為懷州刺史。

於是，曾經的大隋開國頭號謀主，就這樣扛著包袱、懷著萬分沉重的心情，離開了長安，到新工作地懷州報到。懷州就是河內，是標準的中原地帶。條件不算差。可是對於李德林這樣的人來說，這個結局太讓他傷感了。他盡心輔佐的皇帝，就這樣對待他。當需要他時，連他臥病在床都還派高熲過來討要錦囊妙計。當不需要他時，就羅列了一大堆禁不起一點推敲的罪名，把他踢出高層，讓他在這裡當一個地方官。是啊，他老了，南陳被滅了，皇帝不需要他了，關隴集團那群人更把他當成眼中釘，非要他消失而後心甘。於是，他就只好滿懷憂憤地被打發到這裡，而且還是以戴罪之身。

李德林就這樣在懷州刺史任鬱悶著，沒多久，就如楊堅、高熲和蘇威所願死去。

當我們看到這裡時，所有的情節似乎都是李德林跟蘇威和高熲的個人恩怨在糾葛。其實背後的原因就複雜得多了。楊堅建立隋朝，其政權的組成人員有幾大部分，其中最重要的就是北齊舊官集團、關隴集團、北周集團的成員。李德林代表的是北齊舊官集團，而楊堅、高熲、蘇威則是北周和關隴集團的代表。大家知道，當楊堅建政之初，李德林和高熲、蘇威都盡心盡力地輔佐著楊堅，三人合力，使得楊堅一路有驚無險地涉過危險地帶，終結了幾百年的分裂局面。如果三人繼續合作下去，則開皇之治的局面大概還會延長。可是由於李德林和高蘇兩人分屬兩個集團，有著天然對立的屬性。再加上李德林身上滿是名士習氣，非常自大。他總以為自己全程參與了大隋王朝的建立，徹底忘記了自己原本是被征服的一方，硬是在那兩大集團面前孤芳自賞、目空一切，終於未能融入勢力強大的北周、關隴集團，最終被這兩大集團踢出團體。當然，身為本地集團的代表、大隋王朝的第一大臣，高熲未能展開胸懷，包容李德林，讓李德林跟他們一起為建設大隋作出更大的貢獻，這也是一個歷史的遺憾。在那樣的政治生態裡，這樣的遺憾是必然的，也是稀鬆平常的。

李德林被趕出首都這件事，出力最多的是李圓通和陳茂。李圓通本來是楊堅的家奴，是標準的低端人口，但地位低端並不表示他的能力也低端。這個家奴很早就在楊堅面前表現得很有才能——那時楊堅還是北周的大臣。楊堅承襲他父親成為隋公之後，就提拔李圓通以及陳茂為自己身邊的僚佐，讓李圓通丟掉了低端人口的標籤。他跟楊堅的私交太好，對楊堅的內心看得比誰都透澈。他知道楊堅已經不能容忍李德林，因此就第一個跳出來炮製李德林的負面消息。陳茂也不是什麼好人。後梁國解散時，楊堅發現後梁國的太府卿柳莊學問很高深，而且善辭令、明習典故、精通政務的處理，連高熲都很佩服他，於是就讓他跟陳茂一起當自己身邊的工作人員——等於顧問。柳莊雖然很有水準，但性格卻很耿直，從不玩曲意逢迎那一套——很多有水準的人，都不屑於玩這一套，對陳茂這個楊堅身邊元老級的顧問，也從不巴結客套，把雙方的關係保持在一般同事的程度上，這讓陳茂很不高興。你有水準，但我有資歷。你還在江陵傀儡朝廷時，我就在皇上身邊出謀劃策了。現在你來了，居然也不拜碼頭。你有處理政務的水準，我有誣害任何人的能力，看誰玩得過誰。於是，他在一個楊堅心神不寧的日子裡，來到楊堅面前，把柳莊狠狠地誣告了一番，說他一天到晚老是懷念著江陵小朝廷。這的確戳中了楊堅那根最敏感的神經。楊堅馬上把柳莊趕出首都，去當饒州刺史。楊堅對柳莊的處分，跟對李德林的處分如出一轍。由此可知，楊堅對陳茂的誣告並不全信，之所以這麼處分柳莊，仍然是因為柳莊的性格跟李德林一樣——耿直，有什麼話都藏不住，身上那個大學問家的氣質更沒有收藏，讓楊堅很不自在，乾脆就把他趕走了事。而陳茂對楊堅的這個心態掌握得比誰都到位，因此一番沒有證據的誣告，就把原本楊堅很看好的柳莊踢出圈子——整個過程毫無技術可言。

5

楊堅雖然從北周皇帝手中奪過大位，但因為耍的是陰謀，使用的又是強硬手段，這個過程一直是他無法根除的心病。而且這個心病隨著時間的推移，在他體內擴散得越來越快，導致他的疑心也越來越重。他一天到晚都在懷疑這個懷疑那個，懷疑別人把他當王莽看待，把他當成一個徹頭徹尾的野心家，然後也去效法他。為了防止別人抄他的作業，他都認真研究法律，然後睜著那雙銳利的眼睛，死死地盯著群臣，盯得明察秋毫，盯得群臣都膽顫心驚。他覺得光自己一個人明察秋毫是不全面的，就經常派左右近臣出馬，偷偷摸摸，像中情局的特務一樣，近距離無死角地刺探朝廷外的百官大臣。一旦抓到某大臣的把柄，立刻就從重從嚴從快處分，絕對不讓案件留過夜。當然，他也很痛恨貪腐分子，最怕那些掌管辦事實權的令史利用職務之便，貪汙腐敗。大家知道，反腐說起來是很容易的，但真的反起來，難度還是很大的。這些腐敗分子基本都是社會的菁英，智商很高，腐敗動作做得很隱蔽，真的不好查證。但這也難不倒偉大的隋文帝楊堅。他很快就想到了一個甄別的辦法。這個辦法其實也很簡單，後來很多朝代都還在暗中使用。這個辦法就是釣魚法。他一旦覺得某個官員像個腐敗分子，自己又抓不到把柄，就派人帶著錢財去試探，如果對方真的滿臉微笑地接受這個錢財，他便立刻將之處死。這個辦法的確很有效，只是太卑鄙了。

楊堅為了讓大臣們徹底不敢有多餘的想法，保持對他的畏懼之心，他經常在朝堂中掄起大棒打大臣的屁股。有時一天之內，連打三四個大臣。而且打的時候，打輕打重，都隨著他情緒的起伏——哪天心情尚可，那麼打得就不那麼重，哪天的心情受天氣影響嚴重，打的就嚴重。有幾次，他覺得心情極度糟糕，又在朝堂上下令打大臣的屁股。眼看那幾個大臣在那裡被打，居然慘叫聲都沒有發出，就認為負責操作的打手不盡心不用力，當場就咆哮起來，下令把那幾個打手拉下去砍了。

高熲和柳彧一看，楊堅的這些做法完全是暴君行為了，就向他勸諫，說：「陛下，朝堂是商討國事之地，不是殺人的場所；殿廷更不是決罰之地。誰犯了王法，請依照法律，由相關部門依法處理才對，請陛下不要再在這裡打人殺人了。」

所有的人都知道，楊堅對高熲向來言聽計從，看到老高出馬，以後大家屁股遭罪的日子看來真的結束了。但楊堅這一次不聽了。他當場滿臉怒氣地表示不採納高熲的話，老子就是在這裡打人，難道你想讓老子到大街上打人？

高熲看到楊堅不聽他的勸諫，也把心一橫，率著全體大臣集體到朝堂請罪：你就打吧，把我們打死算了。

楊堅看到他們前來請願，並沒有慌了手腳，而只是轉過頭來問一下領左右都督田元：「我的仗刑真的很重嗎？」

田元說：「重！」

楊堅說：「你說說看，怎麼個重法？」

田元說：「陛下打人的棍子比指頭還粗，打人三十下，就比普通仗具打幾百下還重，所以，很多被打的人回去後就死了。」

楊堅一聽，心裡是非常不開心，但看到群臣一致地在那裡向他請願，也知道自己的這個辦法實在是太不得人心了，再堅持下去，這些人還擁護他嗎？只好鬱悶地下令撤走殿庭內的刑具，以後要是有所處罰，交由相關部門去執行。

可以說，如果不是高熲，滿朝文武的屁股仍然不得安生。

大家在心裡都很感謝老高，高大人啊，你真是我們的大救星。

但這個社會就是很讓人哭笑不得，在大家都感謝高熲的時候，仍然有人去說高熲的壞話——而且說的剛好是這件事的壞話。

這個人叫李君才，現任職務是楚州行參軍。他大概看出楊堅對高熲的這個做法很不滿意，覺得如果自己站起來，給楊堅遞上刀子，就可以把高熲搞定，然後自己就會被大大地提拔。他對楊堅說：「陛下，我有一言，不知當不當講？」

楊堅說：「怎麼不當講？」

李君才一臉媚笑地說：「陛下寵高熲過甚了。」

楊堅雖然很生高熲的氣，但他知道高熲的這次勸諫是沒有錯的。而且他也知道高熲目前對他還是十分重要的，現在這人居然敢在他面前說高熲的壞話，想讓自己砍高熲的腦袋。這不是教唆老子做蠢事是什麼？老子近來心情雖然不好，但是非還是能分辨的。你如此居心叵測，還留在這個世界上做什麼？他指著李君大喝：「好啊，既然你說高熲請我免除朝堂杖刑不對，那現在我就打你。」馬上下令杖打奸臣李君才。

可是朝堂的刑具剛才撤走，打手們找不到刑具。

楊堅大聲道：「杖具沒有了，難道沒有馬鞭？誰說馬鞭只能策馬不能打人？」

李君才大驚，這才知道誣告人不光是個技術考驗，還是個智力考驗，更是個冒險的事情，你稍不小心，就會反受其害。這時他已經沒有說話的餘地了，而且整個朝堂的大臣，都咬牙切齒地在心裡說覺得這小子活該，更沒有誰出來為他說一句求情的話。

結果，人神共憤之下，李君才被馬鞭活活打死在朝堂。全體文武百官在高熲的帶領下，拚了老命這才免除楊堅的這個殘暴行為，他為了逢迎皇帝，又想恢復這個刑罰、順便還把高熲陷害一番，大家不恨他恨誰？他這也算是求仁得仁了。

由於他以身試法，使得楊堅又得以在朝堂上放置仗具——於是，高熲們白白弄了一個請願活動，然後被李君才以性命為代價又讓一切回到原點。沒有幾天，楊堅「怒甚」，又在朝堂上把人打死。兵部侍郎馮基覺得楊堅這樣做，真的太變態了，又出來勸諫，而且是苦苦地勸諫，但怒氣勃勃地楊堅根本不聽。根本不聽的楊堅又在殿廷內將人活活打死，他現在覺得不在這裡打死人，他那一段時間就形同虛度。

楊堅連續打了幾個人之後，又突然有點後悔。如果是別的人，後悔之後就會取消這個刑罰。可是楊堅不是別人——他後悔之後，就生群臣的氣，說這麼多個大臣在現場，明明知道他這樣做不對，居然沒有一個人勸諫他。可是這個怒氣又不好公開表達出來，只好轉過頭去，跟馮基聊天，誇他馮侍郎是個忠誠的好大臣。

楊堅在朝堂上把群臣的屁股打得皮開肉綻、叫苦連天的時候，江南一帶又出現了亂事。

第八章

率兵渡江，楊處道平定江南；恩威兼濟，冼夫人鎮撫嶺表

1

江南自從東晉以來，那些執政者大多是門閥貴族，每個人都受名士風度的影響，鬆鬆垮垮，貴族氣很濃厚，大家都有「禮豈為我而設」的高傲心態，因此刑法向來疏緩，刑法制定得本來已經很寬大了，而又執法不嚴。因為這樣的做法，太適合於那些任性的貴族橫行了，他們可以為所欲為地霸凌著寒門。隋朝平定南陳之後，地方官吏都依照隋朝的法令，強行改變這個現狀——本來革新這個無法可依的現狀是沒有錯的，可是地方官向來心急，沒有考慮到各地的特色，基礎工作還沒有展開，一來就按快轉鍵，很多人就接受不了。蘇威還針對性地寫了《五教》之書，當成法律教材，命令江南百姓不分男女老少都熟讀。那些士民對此怨聲載道。

於是，人心就開始浮動。

人心浮動最利於謠言的產生。

當大家都在埋怨著天天去讀《五教》的時候，有一個謠言就出現了：朝廷將要弄個史上規模最大的異地安置工程，江南所有百姓都要遷到關內去。

中國人向來最離不開故土，如果不是因為戰亂和天災，很少有人做出背井離鄉的舉動。現在好好地在家裡待著，你要讓他們遠遷關內，他們一萬個不願意。當這個謠言一播放，所有聽到這個謠言的都「驚駭」不已。

跟很多歷史事件一樣，每一次謠言之後，就會發生一些或大或小的歷史事件。

當這個謠言得到廣泛地傳播之後，汪文進、高智慧、沈玄三人分別於婺州、越州、蘇州舉起了造反的大旗，而且都自稱天子，署置百官，做得有模有樣。

另外一幫人看到這三個人冒出頭了，也紛紛出來響應，有點規模的主要有：李崢、蔡道人、吳世華、沈孝徹、王國慶、楊寶英、李春。他們起事得稍晚，沒有搶到先機，所以不敢稱天子，就都稱大都督——覺得像周郎一樣，也是很拉風的。這些人的效率都很高，沒幾天，就都喊殺連天地到處發動戰爭，進攻他們所在的縣城。

一時之間，原南陳境內到處是大大小小的造反勢力，勢力大的有幾萬人，小的也有數千人。他們還互相聲援，到處捉拿朝廷派過去的官員。一旦抓到某個縣令，二話不說，當場處理。而且處理的方式非常殘忍：有的抽出他們的大小腸，有的則血淋淋地割下他們的肌肉煮火鍋，吃得滿臉橫肉，他們一邊殺這些人，一邊還憤怒地大喊大叫：「看你還敢不敢叫我們熟讀《五教》。」

這些情況很快就傳到楊堅那裡。

楊堅雖然在處分大臣們時很變態，但他並不是真的已經變態了，他接到消息後，馬上任楊素為行軍總管，前去討伐。此前，他提拔楊素為內史令，接替了李德林。可見這時他對楊素已經非常倚重，隋朝的政治版圖也開始有所變化，而且這個變化對歷史過程的影響十分巨大，只是當時沒有誰看得出而已。

楊素帶著部隊來到長江邊上，派麥鐵杖戴著蒿草，在半夜裡游過長江，去偵察敵情。麥鐵杖去了一趟回來報告之後，又去了一趟。這一次，他被敵人抓了個正著。敵人見老麥長得肌肉發達，看上去十分彪悍，就派三十多個壯漢看守他。

麥鐵杖知道這些敵人殺起人來，手段很殘忍，如果逃不出去，那些縣令的下場就是他的下場，明天這個時候，他就會成為這些敵人肚子裡的肉。他仔細觀察四周，突然搶過一個看守人員手裡的大刀，然後猛然跳起，大刀翻飛，砍向看守他的那三十名壯漢。三十名壯漢當然也不示弱，都向他圍攻過去，他們以為他們有三十個人，無論如何都可以把這個俘虜砍死。沒想到，這個俘虜本來武打能力就強，現在又是處於生死關頭，拚起命來，勇不可擋，一場激戰之後，三十多個壯漢全部被他砍翻在地，光榮殉職。麥鐵杖殺完這三十人之後，還割下他們的鼻子，再渡江而還。楊素聽到他的描述，又看了看三十多個鼻子，不由得「大奇之」，當場請上奏楊堅，請求授予麥鐵杖儀同三司。

楊素在掌握對方的情況之後，率舟師從楊子津進入江南。

他最先碰到的叛軍是朱莫問部。當時，朱莫問帶著自己的武裝力量守在京口，居然一點都不把楊素放在眼裡，看到楊素大軍來到，馬上就拍馬迎戰。楊素揮軍猛殺過去，朱莫問這才知道，對方雖然叫楊素，但他真不是吃素的，一時被打得毫無還手之力，很快就徹底敗下陣。楊素打完朱莫問，並沒有休息，繼續向進軍，在晉陵又打敗顧世興。顧世興不服氣，回到大營之後，又帶著部將鮑遷出戰，又被打敗，而且鮑遷以及三千人都成了政府軍的戰俘。另一股勢力又過來迎戰，結果毫無懸念地被全殲。你一看這些叛軍真的只會製造麻煩，卻連起碼的軍事常識都不懂。他們在起兵之初，都是以對抗政府軍為終極目標，但他們並沒有在戰鬥中聯合起來，統一協調，而是各做各的，自負盈虧，結果被楊素各個擊破，全部完蛋。

此時，另外兩個叛軍組織沈玄儈和顧世興正在圍攻蘇州。刺史皇甫績雖然意志堅定，但手中的兵力太少，跟叛軍交戰多次，多次都失敗。

蘇州城已經非常危急。

楊素急率兵前去援救，跟皇甫績對叛軍來個內外夾擊。沈玄儈抵敵不住，逃到南沙陸孟孫那裡避難。楊素當然不會放過他，踩著他的尾巴，追擊過去。陸孟孫只好硬著頭皮迎戰。楊素根本不把他放在眼裡，揮兵打過去，一接觸就大破之，將陸孟孫和沈玄儈一個不漏地生擒過去。

2

收拾了這幾個勢力，楊素接著把矛頭指向了高智慧。

高智慧的勢力比沈玄大得多。此時，高智慧率著全部力量守在浙江東岸，連營百里，江面上布滿了戰艦，看上去聲勢十分浩大。

楊素當然不被這個場面嚇倒，他下令全軍做好大戰的準備，只等他一聲令下，全部出擊。

但來護兒認為不能這樣打，這樣打跟蠻幹沒有區別，馬上跳出來反對這樣做。

來護兒本來是南陽新野人，據說是東漢名將來歙的十八世孫——當然到他這一代時，早已沒落了N年。他的曾祖來成後來投奔南梁，把全家都遷到廣陵，於是他們就成了江南人氏。來護兒還很小的時候，就父母雙亡，成為孤苦伶仃的孤兒。但他還是很幸運的，他沒有了父母，卻碰上了一個好的伯母吳氏。吳氏對他盡力撫養，「甚有茲訓」——不但把他養大成人，而且還給他很好的教育。

來護兒也很爭氣，還很小的時候就表現得很勵志，給人一個「卓犖不羈」的光輝形象。他隨著伯母讀書，從來不讀死書，而是帶著強烈的理想去讀的。他讀《詩經》讀到「擊鼓其鏜，踴躍用兵」、「羔裘豹飾，孔武有力」時，便把眼睛從書本上抬起，投向遠遠的天際，擊桌而嘆：「大丈夫在世，就應當為國滅賊以取功名。安能區區專事筆硯也。」他的那些同學聽到，無不向他投去驚奇的目光，覺得他的志向真的很遠大。他長大後，果然英氣非凡，看上去就讓人有出類拔萃之感。他還小的時候，不光他的父母去世了，他的伯父也去世了。後來，他常聽到伯母提及伯父之死，原來他的伯父之死並非自然死亡，而是為同鄉惡霸陶武子所殺——那時正值侯景之亂，國家亂成一團，皇帝連自己的命都保不住，誰還管鄉間的一個殺人案？他聽到這件事之後，心裡就裝滿了復仇的想法。陶武子的家族是當地的大族，整個宗族有數百家，財力雄厚，稱霸一方，而他們來家是外來戶，上一輩人死的死，窮的窮，活得都很難艱，是標準的弱勢群體。但來護兒並不怕。他懷著強烈的復仇心態，睜著那雙充滿仇恨的眼睛，努力尋找機會，決心把復仇大業做得轟轟烈烈。

機會終於來了。

陶家舉辦一場婚禮，賀客盈門，喜氣外溢，熱鬧非凡。大家正喝得高興，每個人舉杯高聲向新郎新娘祝福早生貴子之時，突然有人覺得氛圍有些不正常。正驚愕之間，只聽到大門外，一陣很有分量的腳步聲傳來。

大家轉眼望去。

只看到來護兒手提雪亮大刀，滿臉殺氣地大步而來。

所有的賓客都不知道為什麼這個畫風突然變成這個樣子。

陶武子一時也忘記了他曾經滿臉橫肉地殺過來護兒的伯父，一時也愣在那裡，別人來赴婚宴是拿紅包進來，你怎麼拿刀過來?等婚禮結束後，一定要好好地教訓一下這個外來戶。陶武子教訓別人已經成為常態，這時他首先想到的是之後如何教訓來護兒。他那滿是霸凌的目光射向騰騰而來的來護兒。

沒想到，來護兒不但一點也沒有退縮，邁出的步伐反而更大。大刀在他的手裡握得緊緊的，刀刃在滿堂紅燭的映照之下，閃閃發光。

陶武子從那一閃一閃的刀光裡，看出對方的深仇大恨。他這才猛然記起，他曾經殺過來護兒的伯父。他指著來護兒，想說現在是他們家的大喜日子，你想報仇，也得再等明天，我們再對決。不要這麼不講武德，在婚宴上偷襲老朋友……。可是他看到來護兒來得太堅定，容不得他再出聲，便想躲到別人的後面，讓賓客當他的人肉盾牌。

賓客們這時也已經了解到，來護兒是來殺人的，而且是來殺陶武子的，誰敢讓自己的屁股當陶武子的保護傘？看到陶武子躲過來，誰也沒有大意，都閃得比風還快。

來護兒衝了上來……

陶武子看到大家都在躲著他，這才知道這些親朋好友，平日裡都跟他稱兄道弟，一起作惡時，都團結在他的周圍，吃飯喝酒時，也從來不缺席，天天說著恭維他的話，說要到去收拾誰時，也都摩拳擦掌衝在最前頭。沒想到，一碰上麻煩，這些人暴露出的是這個嘴臉，既沒有誰出來幫他擋一下過來取他性命的來護兒，便連屁股都捨不得擋他一下，每個人避他如瘟神。他一下感受到了從天神到瘟神驟變的滋味！

來護兒目標明確，只是望著他大步衝過去。

陶武子已經癱在地上。

癱在地上的陶武子，這時已經完全是一副躺著待斃的弱勢人員的形象，往日的窮凶極惡神態已經毫無保留地蒸發。大家看到他臉上全是哀憐的神色。而他身上穿的卻是鮮紅喜氣的服裝。

來護兒大步來到他的身邊，手起刀落……

眾人都閉上了眼睛，但聞慘聲起，就都知道他們的老大陶武子已經血光暴閃，身首異處了。

來護兒如在無人之境，從血泊中割下陶武子的首級，然後大步而出，在場的賓客誰也不敢做什麼舉動。

他提著陶武子的首級來到他伯父的墳前，祭奠了他那個從未謀面的伯父。

就是亂世之時，他當眾殺了一個人，官府也沒有誰來管。

當時，北周的軍隊正跟南陳爭奪淮南。來護兒所住的白土村，就是雙方經常發生戰鬥的地方。他經常看到雙方的部隊戰來戰去。別人看到軍隊殺來殺去，都躲得遠遠的，唯恐兵匪一家、刀槍無眼，那就完事了。但他的眼裡對軍人卻充滿了羨慕之情，心頭慨然有建功立業的志向。

開皇初年，宇文忻和賀若弼等人鎮守廣陵，他決定到軍中實現自己的抱負。於是，他成為隋兵的一員。因為他是本地人，所以賀若弼經常派人渡江偵察敵情。他也在這期間不斷地立功，被授大都督。後來，他又跟賀若弼出征南陳，大敗南陳大將曾永，被加授儀同三司，之後他繼續立功，晉官開府，受賞財物一千段。可以說，他是一個對江南情況十分熟悉的將領，所以楊素南征時，又把他帶上。這時他看到楊素要跟這些叛軍正面對打，就知道糟糕了，對楊素說：「吳地的人都非常勇悍敏捷，更善於水戰，而且他們都懷著必死的決心跟我們作最後一拚。我們真的很難跟他們唱反調。」

楊素說：「那怎麼辦？」

來護兒說：「老大只能在這裡嚴陣以待，千萬不要跟他們硬碰硬。然後派我帶幾千精兵，偷偷地渡江過去，襲擊他們後方的營壘，切斷他們的退路，使他們進不得戰，退又無路。當年韓信就是用這個辦法大破趙軍的。」

楊堅一聽，不由得大叫妙哉，馬上按計而行，派來護兒率輕舸數百，偷偷地渡江而去。來護兒到對岸之後，馬上行動。高智慧的後方守軍對此渾然不覺，沒有一點戒備，突然被來護兒襲擊，連招架的動作姿勢都來不及擺開，就被他大破了。來護兒成功襲擊敵人的大營之後，馬上放起大火，使敵人的大營陷於一片火海之中，遠遠望去，都能看到煙焰漲天。

叛軍雖然被來護兒成功地襲擊了一把，損失並沒有很大，如果對方的指揮官經驗豐富，冷靜一下，計劃反擊，也完全有扳回局面的可能。但這些叛軍都是剛從田裡捲起褲腳就來當兵的農民，種田耕地很有一套，而上戰場才是頭一次，哪有什麼經驗可言？他們看到這麼大的火勢，每個人都面如土色，覺得末日已經降臨，都爭著要逃出去。

楊素看到對方已經亂成一團，便「縱兵奮擊」，結果當然是「大破之」。

高智慧的腦袋這時也一片空白，連一點智慧也不殘留了。他看到自己的士兵都在跑路，自己不管怎麼約束也約束不了，這才知道兵敗如山倒真沒有一點誇張的成份。他也緊急逃命，駕著那艘船一口氣逃到海上。

楊素看到高智慧揚帆而去，馬上重拾力量追擊，一直追到海邊，沒有追到。

楊素乘勝進軍樂安，把汪文進勢力又一舉打掉。

楊素這次出兵，是兩路出擊的。他自己率主力正面攻擊之外，還派總管史萬歲帶著一支只有兩千人的偏師從婺州經小路翻山越嶺，然後由海路南進，一路出其不意，乾脆俐落地搗毀了很多股小規模的叛軍，而且進展神速，一路下去，沒多少天就打了七百餘戰，路程一千多里。由於他們太過深入，無法跟楊素再取得聯絡，以至楊素一百多天都沒有聽到他們的消息，以為他們已經全軍覆沒了。

史萬歲打了很久，才了解到自己該向總部匯報一下自己的情況，可是回頭望去，離開總部已經很遙遠了，真的無法派人穿越敵占區跑到總部。於是，就寫了一封信，裝在竹筒裡，做成漂流瓶，放到水中，或許能讓楊素他們收到。史萬歲做這個漂流瓶時，心裡一定沒有抱多大的希望，只是抱著試試的態度。沒想到，後來還真的有人撿到這個漂流瓶，並送到楊素那裡。

楊素大喜過望，想不到天下居然有這樣的奇蹟。他馬上把這件事也向楊堅進行匯報。楊堅也是大為驚異，連聲稱奇，然後賞給史萬歲家人十萬錢。

楊素這時更是信心滿滿，一路破敵無數，在溫州打敗了沈孝徹，隨後由陸路逼向天臺山，直指臨海，打了大小一百餘仗。高智慧節節敗退，最後退到閩越一帶。

楊堅看到楊素已經連續作戰幾個月，雖然捷報頻傳，但幾乎是天天在戰鬥，擔心他勞累過度，就派人徵召他回朝休養一段時間再說——身體才是革命的本錢啊。可是楊素回到長安後，並沒有進入休養模式，而是又當面對楊堅說餘賊未殄，恐為後患。請求皇上一定讓他繼續戰鬥。楊素知道，如果不趁現在這個時候把叛亂平定，讓他們再喘一口氣，以後要剿滅他們，費的功夫就更大了。再且，如果他聽令而回，楊堅一定會派別的人前來繼續平亂，而且也一定能把這個亂事平定下去——畢竟，叛軍的主力已經被他打完，現在只剩下一點尾巴。如此一來，他的功勞就不完整了。他不能讓別人來分享這個功勞，他必須獨吞這個勝利果實。

現在天下一統，已經沒有多少這樣的大功可以建立了，這是開國功臣們的最後一功。這個功勞會讓他的政治資本更加厚實。現在他是決策圈中的第三號人物，他必須超越排在他面前的高熲和蘇威。高熲和蘇威在前半場的表現，他無法爭奪，那他就把下半場搶到手。

楊堅看到楊素不怕累，當然同意他的請求。

楊素又奔赴前線，來到會稽，直接面對叛軍的另一支力量——王國慶勢力。

王國慶雖然知道自己不是楊素的對手，但他也認為自己的優勢很大。他的優勢其實就是那個老掉牙的優勢——水戰。當時，他居於海上，認為楊素的部隊都是北方子弟，就是在長江上都受不了，怎麼可能在波濤洶湧的大海揚帆而來？他望著深藍色的大海，覺得就是發給楊素請帖，他都會堅決謝絕。於是，就在那裡睡大覺，根本不用怕楊素的兵打過來。楊素偏偏不信邪，硬是派出大兵，乘風破浪而至。當政府軍已經殺上來時，王國慶這才知道自己真的太大意了，讓對方偷襲成功。王國慶和他的手下看到政府軍衝殺過來時，就知道自己根本不能抵擋，便丟掉據點，有的散入海島，有的則深入溪洞據險而守。

楊素分兵進擊，不管是水路還是陸路，都全面清剿。

王國慶的部隊顧此失彼，根本無法抵抗。

楊素除了武力猛打之外，還展開政治攻勢，偷偷派人去跟王國慶見面，勸他認清形勢，乘著政府軍沒有向他們展開最後一戰，還有投降的機會。否則除了死路一條，真的沒有別條路能走了。王國慶這幾天來，都被打得傻了，連逃跑的方向都有點亂了，現在看到楊素還給他一條生路，便毫不猶豫地答應了。但楊素的第二個條件又來了——要求他抓住高智慧，作為接受招安的投名狀，否則這麼空手過來投降，真的毫無價值，這樣的投降投得有點丟臉。

王國慶一聽，的確是這樣，既然都投降了，如果不帶點功勞過去，臉上真的無光。雖然高智慧曾經是自己同一條戰壕裡的同袍，可是現在也顧不得那麼多了。王國慶在對付楊素時，雖然動作慢得像蝸牛，但算計起老同袍來，他一點都不猶豫。他的決心一下，馬上就行動。

高智慧這時對一切還矇在鼓裡，對老同袍當然沒有一點防備。結果王國慶一舉得手，把高智慧抓了起來，扭送楊素處。楊素在泉州將高智慧斬首。高智慧在臨死之前，心裡最恨的一定不是楊素，而是他的老同袍。

高智慧一死，他的餘黨也都放下武器，前來投降。

江南又被平定了。

楊堅大喜，在楊素班師回朝時，還特地派左領軍將軍獨孤陀到浚儀那裡迎接慰勞楊素——獨孤陀是獨孤信的兒子，也是獨孤皇后的弟弟，歷史知名度雖然不高，但當時的地位卻不普通。楊素抵達京師時，楊堅每天都派人到楊素府上慰問楊素，還授楊素的兒子楊玄感為儀同三司。

大家由此就看出，楊素在楊堅心目中已經非同小可了。雖然現在高熲是頭號大臣，為楊堅立下的功勞也十分巨大，但高熲還從來沒有享受過楊素這次班師回來的待遇。

楊素不但長得威嚴，而且治軍也十分嚴整。他絕對是表裡如一的大帥，不但面容永遠保持著那份殺氣、讓江南人才看到就不自主地退縮，而治軍手段也非常強悍，每到臨敵之時，就在軍中尋找那些違紀人員，少則幾十個，多則一百餘人，拿到軍前排頭砍下。眼前血流滿地，他那張威嚴的臉上卻談笑自若，好像倒在他面前的只是一群被小屁孩們踩死的螞蟻，而根本不是鮮活的生命。在跟敵人對陣時，他更有一套，先挑選一兩百人在前面大喊大叫著衝擊敵人的陣地，如果能攻破敵人的陣地，他那張臉的殺氣就沒有再增加，如果衝不破敵人的陣地而又退回去，他就全部排頭砍去，讓血淋淋的現實告訴你，不能破敵，就只有斷頭。他斬掉第一批之後，又安排兩三百人的敢死隊去衝鋒——如果退回，就繼續大刀侍候，讓大家徹底了解，拚命衝鋒也許還有活下去的機會，如果回頭就絕對身首異處。於是，衝鋒的人都是抱著必死之心去拚殺，都勇不可當，使得他每戰必勝——這個勝利雖然勝得血淋淋，勝得讓大家每個人膽顫心驚，但再怎麼血淋淋的勝利也是勝利——打仗本就是血流成河。士兵們血流成河的結果，就是造就了楊素一代名將的光榮稱號。

楊素雖然在滅陳時，功勞比不過賀若弼和韓擒虎，但他橫截在長江當中，奮力地擋住了長江上流南陳的援軍，其策略意義是巨大的，如果不以攻占首都為首功，仍然沒有誰敢跟他比。現在他又一次平定江南，兩個功勞一疊加，真的沒有誰再可以跟他比戰功了。楊堅對他也非常滿意。楊堅滿意他的另一個原因是，不但他的戰功多，而且其他水準也不錯。於是，他又一躍而成為朝廷新貴，楊堅對他又「言無不從」，跟隨楊素出征的將士，那是「微功必錄」，而別的大將，雖然立有大功，但在朝中卻常受文官集團的排擠。有了這個優勢，雖然楊素的手段雖然十分殘忍，但大家仍然願意跟隨他。

楊素終於達到了自己的目的——透過打仗來實現自己的政治目的。

很多人以為，經過楊素這一番掃蕩，南陳故地應該平靜了。沒想到，吳地的造反勢力已經宣布歸順，嶺南那裡的少數民族卻又活躍起來。

先是番禺夷族老大王仲宜不服隋朝。雖然他看到吳地的叛軍很快就被全部擺平，但他仍然不怕——三吳一帶，吳儂軟語，唱唱戲那是很悅耳動聽的，掄起大刀做造反事業，那只能是呵呵了。看我造反給你們看看。

王仲宜在當地還是很有號召力的，他一宣布起兵，嶺南一帶的大小頭目都紛紛響應。他馬上帶著這些力量包圍了廣州。

廣州總管韋洸絕對是個倒楣人士，才一開戰，就被一支來歷不明的箭射中，而且一箭取命。消息傳到長安，楊堅急令韋洸的副將慕容三藏當首長，繼續戰鬥。

3

此前，楊堅已命裴矩前往嶺南。裴矩本來是楊廣元帥府的記室，在平定江南之後，楊堅就安排裴矩前往嶺南招撫各方力量。沒想到，他還沒有出發，高智慧他們造起反來，他只好繞道前往嶺南。這時，他才來到南康。他出發時，嶺南還沒有造反，他是獨自一人前去完成任務的。他知道現在他不可能一個人可以展開招撫工作，而且廣州總管剛被打死，廣州被圍困得危在旦夕，要等朝廷派兵，就有點晚了。於是，他趕快在南康招兵，但也只招到幾千人。他帶著幾千人向南急奔，去救廣州。

王仲宣看到連總管都被自己打死了，廣州被自己圍得氣不敢出，得知裴矩帶著幾千人狂奔過來，當然不會把裴矩放在眼裡，便派周師舉帶兵去攻打衡州，不必管裴矩那幾千新兵。

可是他忘記了一點，裴矩手下的兵是新兵，但裴矩卻不是新兵。他經歷十分豐富。他雖然個官三代（祖父裴佗曾任北魏的荊州刺史、父裴納曾任北齊太子舍人），但他的父親卻不長壽，他還在襁褓之中，裴納就離開了人世。他由他的伯父裴讓之撫養長大。他稍成長之後，十分喜愛文學，文章寫得很有文采，但他絕對不是個書呆子，而是很有心計。他伯父很早就看好他，對他說：「你這麼聰明，只要努力一定會大有成就。如果想當大官，還必須留心世事，累積豐富的社會閱歷。」他覺得伯父這話說得很對，就一邊讀書一邊留心世務。他的仕途起點也在北齊，先後當過司州的兵曹從事、高平王文學。北齊滅亡之後，他又跟上了楊堅，成為楊堅的記室，很受楊堅的器重。那時，楊堅剛剛當上定州總管，因此他也可以算是大隋朝老一輩的革命家。

他當楊堅的記室沒有多久，他的母親去世，他只好辭官回家鄉喜聞守孝。

楊堅當定州總管沒有多久，就被任為丞相，成為當朝第一大臣。楊堅當政之後，發覺自己身邊人才太短缺了，又記起裴矩，馬上派人來到喜聞，召裴矩回京，提拔他為丞相記室。

楊堅稱帝後，他升任給事中，主持內史省事務，成為楊堅的心腹。

楊堅部署平南之役，他又被派到楊廣那裡，當楊廣的記室——說明他起草文件、協調能力、處理事務能力是很出眾的，否則，楊堅不會把這麼多個記室打包給他。楊堅在部署平南的時候，把手中最好的牌都塞給了楊廣。

在這個過程中，裴矩深度參與了平定南陳的策略部署，有著豐富的作戰經驗。

王仲宜只看到裴矩手下的兵沒上過戰場，卻沒有看到裴矩豐富的閱歷。

裴矩帶著部隊向衡州奔來，跟周師大打一場。周師舉抵敵不住。裴矩解除了衡州之圍，繼續追擊周師舉，先後在大庚嶺、原長嶺接連大敗周師舉。周師舉終於受不得這麼多次失敗，在原長嶺那裡被裴矩斬殺。

裴矩沒有停留，一路狂奔，直到南海。

王仲宜大吃一驚，這才知道輕敵的後果真的很嚴重。

王仲宜正想著如何不重蹈周師舉的覆轍，哪想到又一個不利的消息傳來：高涼的那位冼夫人已經派兵前來救廣州。他追問一下，冼老太婆派誰當大將？

答：「她的孫子馮暄。」

王仲宜抹了一把大汗，說這個好辦。他馬上派陳佛智前去迎戰。原來，陳佛智跟馮暄是老朋友。馮暄大步跑來之後，碰到陳佛智，果然就礙於朋友之面，沒有再前進。

冼夫人知道後，又驚又怒。馮暄你這小子太不上道了。你現在不前進，就等於是敵人的同盟。我們馮家能生存到現在，靠的全是政治選擇正確沒有錯。你以為你現在很夠朋友，其實是在做族滅的事啊。她馬上派人過去，把馮暄抓起來，投放獄中，改派另一個孫子馮盎去帶兵。

馮盎不是陳佛智的老朋友，所以一點也不給陳佛智面子，一來就大打。陳佛智本來帶的兵就不多，被馮盎一打，當場就敗下陣來，被馮盎在戰場上砍了腦袋。

馮盎帶著得勝之兵來到南海，與裴矩的部隊會合。

兩人與廣州城裡的慕容三藏取得聯合，對王仲宜內外夾擊。

王仲宜被打得大敗，逃得不知去向。

廣州之圍這才得以解除。

這一仗，其實全靠冼夫人的力量。這個嶺南少數民族的女性，在風雲莫測的南北朝時期，硬是憑藉其超凡的政治眼光，每每在關鍵時刻，都能看出時局的關鍵，然後果斷帶著本部勢力做出最正確的選擇，從南梁到南陳，再到現在的大隋，她的選擇沒有失誤過，使得馮家在嶺南一直屹立不倒。

當廣州之圍解除之後，冼夫人更是親自出馬，穿上鎧甲，乘坐著披甲的戰馬，全副武裝，張著錦傘，率領著她手上的部隊，前來充當裴矩的安保部隊，全程陪同裴矩巡撫嶺南二十多個州。那些心裡還存在複雜想法的老大，看到這個場面，都不得不果斷地封鎖那些想法，出來迎接裴矩大人。裴矩則根據需求，任命這些老大當朝廷命官，有的當刺史、有的當縣令，皆大歡喜。

嶺南又歸於平靜。

裴矩回朝覆命，把這些情況詳細地匯報給楊堅。

楊堅聽完匯報之後，對高熲和楊素說：「韋洸當年帶兩萬戰士，居然花了很多時間才能到達嶺南。我當時總是擔心他帶的兵太少了。現在裴矩只帶三千新兵就能直插南海，平定所有叛亂。有臣如此，朕亦何憂？」拜裴矩為民部侍郎。當然他更知道，裴矩能夠成功，全仰賴冼夫人。現在冼夫人在嶺南的威望已經無人能及。可以說，只要冼夫人擁戴中央，嶺南就會平安。因此他拜馮盎為高州刺史，追贈馮寶為廣州總管、譙國公。馮寶被追封譙國公，冼夫人的身分當然也必須置換為譙國夫人。其實被冊封為夫人，基本上就是個待遇而已，但楊堅知道冼夫人的能力和聲望，因此還特地下詔，開夫人幕府，也就是說冼夫人可以開府辦公，設定長史等官屬，還發給她一枚印章，可以根據需求調撥本部落所屬六州兵馬，如果轄區內出現緊急情況，完全可以便宜行事，無須請示中央。眾所周知，楊堅疑心非常重，能給冼夫人這麼大的權力，實在是絕無僅有，也可見冼夫人在嶺南的地位真的無人可比。楊堅也知道，嶺南地處偏僻，民族成份也很複雜，南朝也很少管到那裡，如果朝廷派出的官員，缺乏能力，處理不好，仍然會發生很多頭痛的事，只有讓冼夫人在那裡全心全意地為朝廷出力，中央才會省卻很多不必要的麻煩。為了讓冼夫人更能團結家族，為大隋穩住嶺南，楊堅又下詔特赦馮暄之罪，而且還拜為羅州刺史。

還沒有結束，楊堅出手完了，獨孤皇后也不閒著，又翻箱倒櫃，拿出一些金銀首飾和宴會禮服一套，賜給冼夫人。

冼夫人接到這個禮物之後，心情非常爽快。她特地用黃金打造了一個精製的箱子，專門裝這些珍貴的禮品，分別和南梁、南陳朝廷賞賜的物品，各藏在一個庫中，每年舉行部落大會時，她都拿來陳列在大廳裡，讓子孫們參觀，然後對他們說：「我事三代主，唯用一忠順之心，今賜物具存，此其報也；汝曹皆念之，盡赤心於天子。」

楊堅聽到這些話，心裡哈哈大笑，預期目的順利達到。

沒多久，番州又出了狀況。當然這個狀況不是當地部落弄出來的，而且是楊堅派去的番州總管趙訥弄出來的。

趙訥以為自己是朝廷命官，又是總管大人，級別比冼夫人大多了，根本不理這個老太婆。他覺得當總管如果不利用職權撈一把，這個總管真是白當了。因此他到任之後，立刻瘋狂展開貪腐工作。他不但貪，還為政暴虐，不把當地少數民族當人看，弄得很多俚族、獠族的人紛紛離開家鄉，外出避難，有的忍無可忍，又要拿起菜刀做起造反事業來。

冼夫人一看，如果讓這個趙總管繼續這樣下去，嶺南離一塌糊塗的亂世又不遠了。她當然管不著總管，但她可以把這個情況上報中央。

她派她的長史張融給楊堅上了一封密信，先是論述了自己為政的主張，提出了一些有效的管理百姓的辦法，然後揭發了趙訥的罪行，認為趙大總管的所作所為，離為人民服務的宗旨太遠了，不但不能招撫和懷柔邊遠地區的各族人民，反而會激起百姓的不滿，引起嶺南地區的動盪，這是很危險的。

楊堅一看，馬上知道趙訥壞了事，派出使者來到番州，審查趙訥。

趙訥這幾天來，以為自己處在番州，山高皇帝遠，自己就是這裡的土皇帝，完全可以一手遮天，因此做起貪腐活動來，公開透明，人盡皆知，到處都留有證據。辦案組根本不費什麼功夫，就拿到了趙訥大量的貪腐證據，馬上就依法將他治罪。趙訥這才知道，遠邊地區也不是法外之地啊。當然，這是因為有冼夫人在這裡。

楊堅知道，再派總管還真的管不了這個地盤，不如全權授予冼夫人，就又給冼夫人一個許可權，由她全權負責招撫懷柔那些因為趙訥而逃離故土以及反叛的人民。

冼夫人沒有讓楊堅失望，她親自出馬，帶著楊堅的詔書，宣布現在她是朝廷的使節，全權代表朝廷來慰問大家，勸大家不必再驚慌，朝廷已經嚴厲處理了大老虎趙訥，希望大家都回到老家安居樂業。其實那些反叛的人都不是像魏延那樣天生就叛逆，實在是被趙訥壓迫得沒有活路了，這才不得不起來拚命。他們本身是十分熱愛和平的。現在看到他們敬愛的冼夫人出來招撫，便都出來歸順，十多個本來已經亂象紛呈的州，又都全部平定。

楊堅得知，又大大地鬆了一口氣，如果派兵前去平叛，成本就大得多了。他一高興，又高調下令嘉獎冼夫人，宣布把臨振縣賜給她湯沐邑——這可是大功臣封了侯才有的待遇啊，然後又追贈馮僕為崖山州總管、平原公。不但讓子孫受益，還讓祖先榮光，是真正的光宗耀祖。

4

江南、嶺南終於清靜了。

吐谷渾的老大慕容夸呂的膽量也收縮了。他聽說南陳滅亡之後，不由得大懼：論綜合實力，南陳比他強多了，而且南陳還有長江天險——當年連曹操、苻堅都跨不過長江啊，現在楊堅輕鬆地打過長江去，把南陳滅得像捏死一隻螞蟻一樣，要是楊堅舉兵西來，自己能擋幾個回合？而且現在大隋的其他邊境都已經沒有敵人，如果要西征，完全可以舉國之力前來，自己就更不堪一擊了。

他大懼之後，就逃得遠遠的，不敢再到邊境來製造麻煩了。夸呂年紀已經很大，再加上性格怪異，連太子都容不下，現在又擔心受怕，逃了沒有幾天，就自動死掉了。

夸呂死後，他的兒子慕容世伏終於接位。這個在繼承人的位子上，惕然如履薄冰、不知哪天父親突然情緒不穩定起來又要拿他祭刀了。呆坐幾年的慕容世伏，在看到父親闔上了那雙眼睛之後，這才手撫胸口，暗叫僥倖：自己終於可以繼續活下去了。

慕容世伏沒有夸呂那麼變態，知道自己這點力量，真不足以跟大隋分庭抗禮，倒不如向大隋低頭，先結束這個提心吊膽的日子，以後再說。在當年（開皇十一年）二月，他派他的姪子慕容無素來到長安，獻表稱蕃。慕容無素還帶來很多地方特產，並強烈請求楊堅讓他把女兒送到後宮，以後我們就是親密無間的兒女親家了。

如果是別的皇帝，看到這個請求，一定張著那張已經缺牙的大口哈哈大笑，據說西部的美女也很是風情萬種啊。可是楊堅卻一點也不高興（他的兒子雖然很好色，但他在這方面卻沒有製造出什麼緋聞來，通常認為是獨孤皇后看管得很緊），對楊素說：「如果答應了慕容世伏的請求，別的國家聽說了，也一定會競相仿效，到時候我們還有什麼理由拒絕呢？朕現在心裡想的是如何愛護天下百姓，讓百姓過上好日子，怎麼能徵取天下美女充實後宮呢？朕不能答應。」堅決不答應慕容世伏的請求。

吐谷渾可汗慕容世伏就想不通了，我的女兒長得也不差啊，怎麼他就這麼一口回絕得沒有商量的餘地了？以前不接受我幾個哥哥的投降，現在連我的女兒也不接受。是不是楊堅那雙眼睛就是看不起我們家？

不管他想不想得通，楊堅就是這樣。楊堅對朝廷裡的能人們都疑心重重，以至於在殿廷上杖擊大臣，而且杖擊到令人當場慘死的程度，其暴虐的手段，幾追南朝那幾個暴君，但在外交時卻很冷靜，當年還能放下大國皇帝的架子，在南陳面前把謙虛的話說得十分到位。在處理吐谷渾的事情上，也是很冷靜的。他沒有接受那兩個太子的投降，一定也是有他的深意的，他當時還不想花精力深入吐谷渾的事務，不如由他們父子在那裡打鬥，這種自殘行為，很符合大隋的利益，等你們鬥到最後，不管誰勝誰敗，都是大隋的勝利。至於現在他仍然表現得這麼冷酷，讓膽顫心驚的慕容世伏更摸不透他的底牌。摸不透他底牌的慕容世伏就會在大隋面前更夾著尾巴做人，心裡充滿了自卑感。

慕容世伏覺得自己很倒楣，但楊瓚比他更倒楣。

5

楊瓚是楊堅的親弟弟，還在北周時代，他就靠父親楊忠的大功受封竟陵郡公，而且又娶了宇文邕的妹妹順陽公主，曾做到納言之職，授儀同之號。他是貴公子出身，再加上長得容貌俊美，是帥哥一枚。楊堅不愛讀書，只愛玩權謀，而他卻喜歡讀書，一天到晚只跟那些士子在一起喝酒熱聊，是標準的名士作派，在當時很有名望，大家都叫他楊三郎。而宇文邕也十分喜歡和信任他。宇文邕發動滅齊之戰時，各個親王都跟隨前往，唯獨留下楊瓚守衛長安。宇文邕當時對他說：「現在朝廷的各種事務，都由你全權處事，我很放心。」

楊瓚跟宇文邕的關係很好，可是卻看他哥哥楊堅很不順眼。可以說，如果宇文邕不死得那麼早，楊瓚絕對不是歷史上的這個面目。可是宇文邕死了，然後是楊堅入朝主政。

楊堅這時身邊沒有什麼人，根本沒有組建什麼班底，想來想去，雖然平時這個兄弟對自己不怎麼熱情，但畢竟還是兄弟，上陣父子兵嘛。現在自己需要幫手的時候，他應該幫自己。於是就叫楊勇過去召楊瓚，讓他來跟自己商議朝事。沒想到，楊瓚對楊堅的成見太深，居然一口回絕了楊堅的邀請。他這時已經覺得楊堅野心很巨大，因此就對別人說：「當個隋國公就已經很危險了，想保全家人的性命，都有點難，何必還要跳進深淵、做族滅的事呢？」

後來楊堅擔任丞相，仍然沒有放棄對這個弟弟的團結，提拔他當了大將軍。不久之後，再提為大宗伯。可是楊瓚仍然沒有改變自己對楊堅的看法。他冷眼看著楊堅的一舉一動，發現朝臣對楊堅並不是很順從，就更擔心楊堅以後會把楊家推往深淵，讓他也會死於非命。他從擔心變成恐懼，恐懼到一定程度後，就覺得只有把楊堅像清除病毒一樣清除，他們楊家一眾男女老少才能安全著陸，才能繼續人丁興旺，把弘農四知楊的家風發揚光大。於是，在別人都沒有跟楊堅作對的時候，楊瓚就決定要動手把楊堅做掉。他當時雖然職務很高，但手中並沒有什麼實力，如果要光明正大地權傾朝野的楊堅，顯然是行不通的。只有暗殺。只要抓準機會，一夫之力，就可以完成一件轟動歷史的大事。

楊瓚雖然能力不差，但畢竟是個書呆子，向來沒有辦大事的經驗，因此還沒有出手，就被楊堅發覺了。楊堅看在他是弟弟的份上，並沒有為難他，想來個兄弟一笑泯恩仇，對他以禮相待。如果他從此之後，只老實地當自己的親王，過著名士加貴族的生活，他還是很幸福的。楊堅稱帝之後，就封楊瓚為滕王，還任命他為雍州牧——成為一方能人。楊堅有時間跟他見面時，總是讓他跟自己坐在一起，從不稱他的名字，而是親切地叫他阿三。

可是楊瓚這時心態已經發生了巨大的變化，並沒有老實過著自己應該過的生活，硬是做了觸犯法律的事。他此前策劃暗殺楊堅，楊堅可以原諒他，可是現在他觸犯了律法，楊堅天天高喊以法治國，喊得嗓子都啞了，當然也不好意思放過這個弟弟了。他只好免了楊瓚的職務，命令他以藩王身分就第。

楊瓚一被處理，名士的風度就全面蒸發，嘴裡怨言不斷，而且他老婆也跟著大發牢騷。他老婆是宇文邕的妹妹，如果還在北周時期，他們將是何等的風光，現在楊堅搶過皇帝之位，讓他們宇文氏成了廢皇族，雖然她是楊家的媳婦，但終究也懷恨在心。現在看到老公的本兼各職，全部都被撤銷，名片上連個榮譽性的頭銜都沒有了，跟個財主沒有什麼區別，也是牢騷滿腹。她心裡有氣之後，一見到獨孤皇后就訴說，就發牢騷，就請皇后為她們家作主。獨孤皇后當然不為她家作主。她看到自己的牢騷沒有人理，心裡就更氣憤，就恨不得楊堅和獨孤皇后死去。當年楊瓚磨著尖刀，暗殺楊堅不成功，她當然也不敢有暗殺的想法。不能派人去展開暗殺活動，那就請鬼神代勞吧——楊堅能防人，但他能防鬼嗎？於是，她請來幾個大師，在陰暗的角落，玩起巫蠱詛咒的事。歷史已經多次證明，玩這個把戲的，到頭不但沒有把對方詛咒死去，反而把自己玩得身敗名裂。宇文氏雖然在陰暗的角落裡玩著，但仍然被楊堅發覺了。楊堅可以原諒楊瓚要暗殺他，便對宇文氏的這個做法堅決零容忍。

楊堅把楊瓚叫來，厲聲要求楊瓚馬上跟宇文氏離婚，絕對不能讓這樣的女人還保留楊家的戶籍。

楊瓚對哥哥雖然很絕情，但對宇文家的感情很深厚，一點也不願跟宇文氏離婚。楊堅反覆催他幾次，他就是不離。楊堅看到他這麼堅決，只好作罷。楊堅雖然不再強迫楊瓚離婚，但心裡對楊瓚已經十分惱怒，對他的恩賜已經大不如前。明眼人都看得出，楊堅對楊瓚的態度已經發生了質的變化。

開皇十一年八月，楊堅突然興致大發，說秋高氣爽，實在是遊園的好天氣啊，便請楊瓚過來，陪他一起到慄園遊玩，然後一起喝酒。大家一看，這天兄弟倆在那裡喝得很盡興，楊堅好像對兄弟又恩寵如故了。

沒想到，楊瓚這場酒喝過之後，迅速暴斃。

當大家聽到這個消息時，心裡一致地認為，一定是楊堅在酒裡做了手腳——雖然沒有誰拿到證據，但這些事還需要證據嗎？

大家這樣認為之後心裡不由得一涼，如果楊瓚不是皇帝的弟弟，他就未必會暴斃。

6

很多人都為楊瓚心裡發涼，但蘇威卻實在地被當頭打了一棒。

他在和高熲聯手把李德林擠出權力圈時，弄得乾脆俐落，一點也不留情，大有權傾朝野之勢。很多人認為，這人如此得到楊堅的信任，必將繼續臭屁下去。

可是才沒有多久，楊堅就狠狠地給他一個顏色看了。

當然，表面上並不是楊堅給他顏色，而是被何妥參了一把。

事件的來由，並不因蘇威本人而起，而是他那個寶貝兒子蘇夔。

蘇夔之前在參與朝廷禮樂的制定，就跟何妥結下了梁子。而何妥歷來又跟蘇威不對盤，兩人一討論問題，就發生爭吵，從來沒有達成過共識。

當時楊堅把何妥和蘇夔兩人的方案拿給朝臣們討論時，一來蘇夔年輕，口才好，又是太子通事舍人，平時人緣很好，再加上有個權勢顯赫的父親當堅強後盾，因此大家都附和他，弄得何妥成為少數。何妥雖然有大儒之名，其實心胸並沒有那麼寬廣，看到自己居然被蘇夔這臭小子孤立起來，不由得大怒：「我當國子博士四十多年，現在反而被這乳臭未乾的小子欺負。老子要是再忍得下這口氣，老子還是人嗎？」他雖然是個書呆子，這時腦袋還是很靈光的，知道蘇夔能這麼臭屁，絕對不是因為他長得帥，而是因為有他父親蘇威撐腰。你光對蘇夔開炮是沒有用的，只有把他的保護傘蘇威拉下來，才能把蘇夔搞定。

如果是別人，一定不敢跟蘇威唱反調。即使偶然想一下，也會立刻想到李德林的下場，接著就會把自己跟李德林比比看，你比李德林厲害嗎？然後就會把那口氣洩掉。可是何妥就是個書呆子，書呆子的腦袋沒有別人那麼複雜，傻氣一堵上來，就顧不得那麼多了。他一氣之下，提筆給楊堅寫了個奏文，直接告發蘇威，說蘇威跟禮部尚書盧愷、吏部侍郎薛道衡、尚書右丞王弘以及李同和等人天天勾搭在一起，結為朋友，組建自己的政治小圈子。他們十分狂妄，尚書省裡居然稱王弘為世子、稱李同和為叔叔，這就是說，他們兩人如同蘇威的兒子和兄弟。然後又告發蘇威以不正當手段為堂弟蘇徹、蘇肅謀求官職，是典型的腐敗行為。

楊堅雖然對蘇威極端信任，但當那雙眼睛一接觸「結為朋黨」之類的字眼時，那根從沒有鬆弛過的神經馬上一彈，下令成立專案組，由他的一個兒子楊秀為組長、虞慶則為副組長，全面調查蘇威。專案組一查，果然確有其事。

楊堅大怒，於是開皇十二年七月，免掉蘇威的官爵，以開府儀同三司的身分回家賦閒，這個團體中的另一個核心分子盧愷則被雙開除名，受此牽連獲罪的知名人士一百多人，可以說是大案子了。這個案子表面上看，是何妥的告發而引起的，真正的原因還是楊堅想辦一下蘇威。蘇威雖然跟高熲一樣，是楊堅的左臂右膀，向來深得楊堅的信任，在跟李德林的鬥爭中，楊堅從來都堅定地站在蘇威這一邊。但蘇威在官場上的謀略比起高熲就差得遠了。高熲在楊堅急需用人時，挺身而出，為楊堅打了關鍵的一戰，使得楊堅對他的信任毫不動搖，再加上高熲從不張狂，不斷地向楊堅推薦人才，尤其在推薦蘇威時，甚至甘願屈居蘇威之下，表現得對權力很不在乎。這讓楊堅很高興，所以當別人三番兩次告發高熲有異志時，楊堅都堅決砍掉那些誣告者。可是他對蘇威就缺乏這份信任了。因為他發現蘇威對權力太過熱愛，已經熱愛到觸動他的那根神經了。只是之前，他的這個想法還沒有很明顯，因此沒有對蘇威怎麼樣。何妥一紙狀子送上去，他的那根神經立刻活躍起來，於是就辦了蘇威。當然，他也知道，蘇威也僅僅弄了一個小團體，其政治野心並不大，但他必須叫停這樣的團體——尤其是在查案中，他發現盧愷和薛道衡主管吏部，所有主管都由他們考核，已經形成利益集團，如果任其下去，不久的將來大隋朝廷就會是楊家天下蘇家黨，到時就積重難返了。於是，他嚴查了此案。讓大家知道，任何人，只要勇於結黨營私，他就會毫不留情，是真正的不管你職務有多高、功勞有多大。而且從他對案件的處理來看，他把蘇威周邊的人員處罰得很重，但對蘇威的處分很輕，只是免官歸第而已。

讓蘇威驚出一身冷汗，更讓大家看了一齣不好看的戲。

這齣戲演完才沒有幾天，楊堅又演了另一齣。因為他又讓剛處分不久的蘇威重新出山。他對大家說：「蘇威是個德才兼備的人，他被處分是被盧愷他們的連累的，是交友不慎而已。經過一段時間的反省，他也理解到自己的錯誤了。也該讓他出來為人民服務了。」當然，他並沒有馬上把蘇威恢復到原來的位置，而是先恢復一下他高級主管的待遇——可以參加朝會和宴會。大家知道，蘇威復出進入決策層已經沒有什麼懸念了。

當然，現在楊堅覺得蘇威已經沒有以前那麼可愛了，他覺得楊素的可愛指數遠遠高於蘇威。開皇十二年十二月，楊堅任命楊素為尚書右僕射，成為僅次於高熲的第二大臣，跟高熲共同主持朝廷日常工作。楊素是武將出身，長得威猛，還有辯才，但卻保持著軍人的粗放性格，仗著自己的威勢，對他人隨意褒貶，似乎誰都不在他的眼裡。當然，他在高熲面前還是稍微掩飾他的張揚，對另一個同事牛弘也很恭謹，甚至對蘇威那個心腹薛道衡也還不錯，但偏偏看蘇威不順眼，覺得這人除了熟悉那些法律條文、會編造那些五教之類的教科書之外，沒有別的本事，而且那些教科書，很多人都讀不懂，編好之後，等於白編。連蘇威都被他看不起，其他的朝臣就更不在話下了。其他能人要是看不起別人，那也是在那裡做出一副高高在上的模樣，讓你不敢接近，而且楊素看不起人的方式就不一樣了——他動輒對你來一場讓你把面子丟盡的凌辱。因此他在朝廷中的口碑並不好。大家基本都認為，他的器量和才識，辦事的公正性，遠不如高熲，也就是比起高熲來，他真不是宰相之才。

大多人對楊素的做法敢怒而不敢言。

但賀若弼例外。

這一年的十一月，他的死對頭韓擒虎死了，讓他大大地出一口氣。他到現在仍然認為自己是大隋的第一功臣，應該被提拔為宰相級別的職位。以前沒有被提拔到這個位子，那是因為有韓擒虎這個攔路虎在擋著，楊堅為了照顧韓擒虎的心情，不好意思提拔他。現在韓擒虎掛掉了，應該放心提拔他了。沒想到，楊堅卻不斷地提拔楊素，好像已經忘記他一樣。現在他跟楊素相比，他仍然是右領軍大將軍，而楊素已經是宰相級別了。於是他又嚴重不滿意了，那個性格又暴發出來，一有時間就埋怨，而且埋怨的用語越來越是刻薄難聽，說自己立了這麼大的功勞，最後也就這個樣子，那些功勞都是白白建立的。

從此之後，大家看到他時，他那張臉上永遠是憤憤不平之色，那張嘴裡也永遠是憤憤不平的話。他以前跟韓擒虎爭功，鬧得很凶，但楊堅對他都採取安慰的方法，一看到他生氣，就給他賞賜一下，讓他的情緒暫時平息，然後就不了了之。可是現在楊堅看到他這樣，就惱怒異常——以前是跟韓擒虎爭功，現在是在恃功邀賞，向他索取權力，已經大大地犯了皇帝的大忌。這在楊堅的心裡，性質已經有著本質的區別。楊堅氣憤起來，下令把賀若弼免官——看你還想不想當宰相。賀若弼萬萬沒想到自己這個滅陳的第一功臣，最後是這樣的待遇。他此時已經徹底忘記了他父親的臨終囑咐，被免官之後，仍然沒有了解到自己已經碰觸了楊堅那個十分脆弱的底線，更是變本加厲地埋怨，為楊家立了這麼多功，腦袋都差不多落在滅陳的戰場上，換來的就是這個下場，還比不過那些南陳俘虜過來再投降的文武百官。什麼叫薄德寡恩？這就是啊。

這時楊堅對他生氣的程度已經十分深入，聽到他的這些話之後，一怒之下，將他下獄，老子不信堵不住你那張臭嘴。在賀若弼準備被投放監獄時，楊堅還跟他進行了一場對話：「我任命高熲和楊素為宰相，你老是說這二人都是飯桶。這是什麼意思？」

如果賀若弼抓住這個機會，管好自己的嘴巴，修改一下那個性格，也許就不用到牢裡體驗鐵窗生活了，可是他卻沒有這個覺悟，嘴硬地回答：「高熲跟我是老朋友了，楊素是我舅舅的兒子，我對他們了解得比誰都深刻，所以才有這樣的評價。」

楊堅萬萬想不到這個人居然這樣回答，你罵他們是飯桶，那老子重用他們十多年了，這雙看人的眼睛不是全廢了？老子不是昏君一個了？他沒有把對話繼續下去，揮手下令把賀若弼先關了再說。

那些大臣一天做得最出色的就是看著楊堅的臉色辦事。這時他們從楊堅的臉色已經看出，他真的恨賀若弼恨得要死了。於是，就集體上奏，說賀若弼怨恨朝廷，其罪當死。

楊堅看到這些奏摺，心裡很高興，覺得這些大臣真會看臉色，自己需要什麼他們就送上什麼，便又召見賀若弼，向他宣布了大家的強烈要求，並說：「百官們嚴格執法，堅決要判你死刑。你可以說說你不死的理由。」

賀若弼除了滅陳功勞外，他還能說出什麼理由來？他說：「臣仰仗陛下天威，率八千兵渡江，活捉陳叔寶。我請求以這個功勞來救命。」

楊堅道：「你這個的確是大功勞。可是我已經對你格外重賞了——老早就抵消了，現在怎麼還提這個事？」

賀若弼一聽，不由得心裡一急，只好厚著臉皮說：「我的確是得了重賞，但我仍然請求陛下開恩，保全我的性命。」

楊堅看到他低頭了，心也有點軟起來，畢竟就說幾句難聽的話，就處死一個大功臣，以後史家記載到這裡，一定不會有什麼好評語，於是沒有直令把他押赴刑場。過了幾天，楊堅的態度又軟化下來，回想到賀若弼的功勞，便又放了賀若弼一馬，讓他從監獄裡出來，只是除名了事。過了不久，又恢復了他的爵位。只是楊堅對他已經有所猜忌，沒有再授予他任何有實權的職務。不過，楊堅為了展現自己的寬宏大量，只要有酒宴，都請他列席，表面上給他的待遇還是很優厚的。

盛世未竟的隋朝——承平下的暗潮洶湧：

權謀、戰爭與改革，揭開這個短命帝國的榮耀與悲劇

作　　者：譚自安
發 行 人：黃振庭
出 版 者：複刻文化事業有限公司
發 行 者：崧燁文化事業有限公司
E-mail：sonbookservice@gmail.com
粉 絲 頁：https://www.facebook.com/sonbookss/
網　　址：https://sonbook.net/
地　　址：台北市中正區重慶南路一段 61 號 8 樓
8F., No.61, Sec. 1, Chongqing S. Rd., Zhongzheng Dist., Taipei City 100, Taiwan

電　　話：(02)2370-3310
傳　　真：(02)2388-1990
印　　刷：京峯數位服務有限公司
律師顧問：廣華律師事務所 張珮琦律師

定　　價：450 元
發行日期：2025 年 05 月第一版
◎本書以 POD 印製

國家圖書館出版品預行編目資料

盛世未竟的隋朝——承平下的暗潮洶湧：權謀、戰爭與改革，揭開這個短命帝國的榮耀與悲劇 / 譚自安著 . -- 第一版 . -- 臺北市：複刻文化事業有限公司 , 2025.05
面；　公分
POD 版
ISBN 978-626-428-123-2(平裝)
1.CST: 隋史 2.CST: 通俗史話
623.7　　　114004950

電子書購買

爽讀 APP

臉書